中国流通研究院
China Academy of Circulation

中国流通业增长效率研究

Research on Growth Efficiency of Circulation
Industry in China

李晓慧 /著

图书在版编目（CIP）数据

中国流通业增长效率研究/李晓慧著 . —北京：
经济科学出版社，2017.9
ISBN 978 - 7 - 5141 - 8503 - 4

Ⅰ.①中…　Ⅱ.①李…　Ⅲ.①流通业 -
产业发展 - 研究 - 中国　Ⅳ.①F724

中国版本图书馆 CIP 数据核字（2017）第 239723 号

责任编辑：李　雪
责任校对：刘　昕
责任印制：邱　天

中国流通业增长效率研究

李晓慧　著

经济科学出版社出版、发行　新华书店经销

社址：北京市海淀区阜成路甲 28 号　邮编：100142

总编部电话：010 - 88191217　发行部电话：010 - 88191522

网址：www. esp. com. cn

电子邮件：esp@ esp. com. cn

天猫网店：经济科学出版社旗舰店

网址：http：//jjkxcbs. tmall. com

北京财经印刷厂印装

710×1000　16 开　15.5 印张　220000 字

2017 年 9 月第 1 版　2017 年 9 月第 1 次印刷

ISBN 978 - 7 - 5141 - 8503 - 4　定价：53.00 元

（图书出现印装问题，本社负责调换。电话：010 - 88191510）

（版权所有　侵权必究　举报电话：010 - 88191586

电子邮箱：dbts@ esp. com. cn）

前　　言

现代经济条件下，流通业以其引导生产、促进消费、具有较高的产业关联度，正成为国民经济的先导和基础产业。20世纪90年代以来，随着改革开放的推进和市场经济的发展，流通业的重要性日益显现，国家制定了一系列政策措施大力发展流通业。经过长期的持续快速发展，我国商品市场已经从总体短缺转变为总体繁荣，从卖方市场转变为买方市场，市场需求对经济发展的约束作用越来越大，流通业在国民经济及社会发展中发挥着越来越重要的作用。但长期以来，我国流通业存在发展水平偏低、创新能力不强、物流成本较高、商业损失严重等问题，还远远不能适应快速发展的国民经济的需求。效率是产业持续增长的动力和源泉，只有通过生产率的提高，才能增强产业的竞争力和可持续性。因此，要促进流通业的持续增长，提升流通产业竞争力，必须致力于生产率的提高。

本书综合运用现代经济理论和规范的经济学分析工具和方法，在全要素生产率（Total Factor Productivity，TFP）研究框架下，理论和实证相结合，深入研究了中国流通业增长的效率问题，进而提出促进我国流通业增长和效率提升的政策建议。本书共分为8章，各章内容安排如下：

第1章　导论。该章主要阐述了研究背景、研究范围、研究内容、研究方法，综述了国内外相关研究成果及本书可能的创新之处。

第2章　理论基础。该章主要介绍经济增长理论、服务经济理论和流通经济理论，回顾这些理论的发展脉络和最新进展，以作为本书的理论基础。

第3章　效率与生产率分析方法。该章重点介绍了效率与生产率的前沿分析方法——以参数方法为代表的随机前沿模型（Stochastic Frontiers Approach，SFA）和以非参数方法为代表的数据包络分析（Data Envelopment Analysis，DEA），探讨两种方法的特点和适用性，以作为本书的方法论基础。

第4章　中国流通业增长现状分析。该章主要采用描述性统计和比较分析等方法，从总量增长和结构变化两个方面分析了中国流通业的增长状况。

第5章　中国流通业技术效率分析。该章借助随机前沿生产函数模型，分析了中国流通业的技术效率和影响因素，并进一步分析了技术效率的区域差异。

第6章　中国流通业全要素生产率分析。该章基于非参数Malmquist生产率指数分析了中国流通业全要素生产率的增长情况及其特征，并对流通业TFP增长进行了收敛性检验。

第7章　中国流通业和制造业生产率比较。该章对比分析了制造业和流通业的生产率，并应用经济计量方法实证检验了流通业的溢出效应，分析了其同政府产业结构政策制定标准之间的关系。

第8章　结论与展望。该章结合理论分析和实证研究，归纳全书得出的主要结论，并根据这些结论提出相关政策建议，最后指出进一步研究的方向。

目 录
Contents

>   >   >   >   >   >

第 1 章

导　　论

1.1　选题背景与研究意义

1.1.1　选题背景

随着经济的发展和科技的进步，世界经济已经由工业经济进入服务经济时代，服务业正在以前所未有的速度扩张，成为全球经济增长的新动力。流通业作为一个重要的服务产业部门，以其引导生产、促进消费、具有较高的产业关联度，正成为国民经济的先导和基础产业。流通业的发展状况已经成为衡量一个国家和地区经济发展水平和综合竞争力的重要标志之一。我国现代流通业起步于 20 世纪 90 年代，改革开放的推进和市场经济的发展，使得流通业的重要性逐步显现，国家开始制定一系列政策措施发展流通业。1992 年，国务院颁布了《关于加快发展第三产业的决定》，文件明确了在改革开放阶段大力发展第三产业的重大战略意义，并将流通业列为重点发展产业之一。此后，加快第三产业的发展，提高第三产业在国民经济中的地位，成为各级政府政策调控的重要导向，流通业的发展也进入一个新的阶段。特别是 2000 年以后，流通业逐渐步入稳定发展态势。

2005 年国务院召开第一次全国流通工作会议，会后下发了《国务院关于促进流通业发展的若干意见》，明确其后一段时期我国流通业发展的指导思想和主要任务。2007 年国务院《关于加快发展服务业的若干意见》中，提出要优先发展物流业，提升改造商贸流通业。2008 年国务院《关于搞活流通扩大消费的意见》中，提出要加大投入力度、支持流通业发展。2009 年国务院出台的十大产业振兴规划中，《物流业调整和振兴规划》被列入其中。2012 年国务院《关于深化流通体制改革加快流通产业发展的意见》中，提出新形势下要深化流通体制改革，促进流通产业发展方式转变，有效地降低流通成本，提高流通效率和现代化水平。

经过长期的持续快速发展，我国商品市场发生了巨变，已经从总体短缺转变为总体繁荣，从卖方市场转变为买方市场，市场需求对经济发展的约束作用越来越大，流通业在国民经济及社会发展中发挥着日益重要的作用。2007 年最终消费支出对国内生产总值的贡献率为 40.6%，首次超过投资和出口，拉动 GDP 增长达 5.3 个百分点；2008 年最终消费支出贡献率上升至 45.7%[1]。2010 年，批发零售业实现商品购进额 248040.9 亿元，销售额 276635.7 亿元，国内全年社会消费品零售总额达 156998.4 亿元，比上年增长 18.3%[2]。2011 年社会消费品零售总额再次保持高速增长，达到 18.4 万亿元，生产资料销售总额突破 45 万亿元[3]，流通业增加值占国内生产总值的比重达 15.8%，在第三产业中居于各行业之首。然而，长期以来我国流通业的发展还存在很多问题，主要表现在：产业总体规模偏小，技术水平和创新能力不强。尽管我国流通业在 GDP 中所占比重接近 16%，但发达国家这一比重通常超过 20%。流通行业内的技术水平偏低，创新能力不强，国内流通技术与发达国家之间的差距较大；企业管理水平落后，经营效率较低，竞争力不强。根据中国商业联合会的资料，近几年我国国有商业企业流动资本年平均周转次数为 3 次，而日本 21 世纪

---

① 中国商业联合会，中华全国商业信息中心. 中华人民共和国成立 60 周年商贸流通业发展取得巨大成就 [R]. 中国商业联合会，中华全国商业信息中心，2009.
② 数据来源：《2011 年中国统计年鉴》。
③ 数据来源：《2012 年中国统计年鉴》。

以来非制造业（包括批发业、零售业）流动资本年平均周转次数达 15 次 ~ 18 次①。物流成本较高，中国物流与采购联合会发布的数据显示，2010 年我国物流总费用占国内生产总值比重约为 18%，比发达国家高出一倍②。尽管近年来，物流总费用占国内生产总值的比重有微弱下降趋势，但目前这一比重仍然达到 16% 左右。商业损失严重，根据中商联商业防损专业委员会的调查，2009 年我国商业损失率平均为 1.6%，高于同时期美国 1.51% 和全球 1.43% 的平均水平③；2012 年商业损失额约为 2577 亿元，较 2011 年的商业损失率略有扩大④。由此可见，我国流通业发展的空间还很大。

经济理论表明，随着经济的发展和科技进步，资本、劳动等生产要素对产出增长的贡献份额将逐渐下降，全要素生产率的提高将成为经济增长的主要源泉。效率是产业持续增长的动力和源泉，只有通过生产率的提高，才能增强产业的竞争力和可持续性。那么当前，中国流通业增长水平到底如何？中国流通业生产率增长的来源是什么？技术效率、技术进步在转型期中国流通业增长过程中究竟扮演了怎样的角色？本书在综合分析服务业生产率理论与方法的基础上，尝试将服务业增长理论与方法应用于流通业的研究，从技术效率、技术进步、全要素生产率等方面研究我国流通业增长的效率问题，揭示流通业增长的源泉，指出促进流通业增长和效率提升的路径，以期促进我国流通业的增长与发展。

1.1.2　研究意义

本研究具有一定的理论与实践意义。从理论上来看，我国学界在经济效率尤其在全要素生产率及其相近领域的理论与实证研究还处于起步阶段，尤其是在前沿分析方法（生产前沿面方法）的研究上，现有的文献

---

① 张志刚. 加强我国现代流通理论研究 [J]. 北京：中国流通经济, 2011 (10)：6.
② 资料来源：中国物流与采购网。
③ 张志刚. 加快推进我国流通现代化 [J]. 北京：中国商贸, 2010 (7)：28.
④ 资料来源：中国商业联合会。

资料研究，成果还不是很多，而国外在这个方面的理论成果已经非常丰富。而且，国内已有的研究主要集中于宏观经济整体层面，从产业层面看则主要集中于农业、工业、服务业领域，但对于服务业细分行业的研究还很少，特别是在流通业生产率研究方面，国内基本上还处于空白。本书既是对效率与生产率分析方法应用领域的扩展，也是对该方法的检验、发展与完善。同时，将生产率理论和方法引入流通领域，结合经济增长理论、服务经济理论、流通经济理论等，运用规范的经济学分析工具和方法，研究流通业的增长效率问题，在一定程度上拓展了流通理论的研究领域。

从实践方面来看，目前我国正处于经济发展方式转变的关键时期，流通业作为国民经济的先导性产业，经济发展方式的状况必然会反映到流通领域。本书通过对流通业生产率的研究，有助于从数量上认识和评估中国流通业的增长质量，从根本上分析和理解中国流通业的增长过程，客观地评价中国流通业的发展水平和增长效率，从而为推进流通业发展方式的转变提供有益参考。而流通业的发展和市场体系的完善也有助于促进经济发展方式的转变。在我国加入 WTO 的背景下，无论从国内流通业的发展状况，还是从国际竞争力来看，中国流通业的发展都面临着巨大压力。本书通过对其增长效率问题的研究，提出了具有针对性和可操作性的建议，有利于促进中国流通业的增长与效率提升，从根本上增强产业的竞争力和可持续性。

1.2　概念界定与研究范围

流通通常被看作国民经济活动的动脉之一，支撑着其他经济活动尤其是有形物质要素运动的经济活动的运行。从社会再生产过程来看，它把生产和由生产决定的分配和消费联系起来，是连接生产和消费的重要环节。目前，学界对流通产业的概念界定还没有形成一个统一的认识，不同国家和地区有着不同的理解和定义。

日本统计审议会对流通产业的界定是：流通产业主要由流通专门产业（商品交换流通产业和物质流通产业）、流通关联产业（金融流通产业和信息流通产业）和流通周边产业（服务流通产业）构成。商品交换流通产业是狭义的流通产业，指批发业、零售业及制造业销售部门，物质流通产业是与陆地、海上、航空有关的产业及仓库业、搬运等有关的产业。金融流通产业是指金融业和证券业，信息流通产业包括大众传播、广告业等。服务流通产业是指饮食业、旅馆业、典当业等①。韩国《流通产业现代化促进法》（1980）中规定：流通产业是指从事农水产品及工业品的批发、零售、运输、保管、包装及与此相关联的情报、服务等行业。欧美发达国家对流通产业主要从分销业、物流业、零售业等分行业来进行描述，相关的定义如 distribution、logistics、retailing、marketing channel，等等。经济合作与发展组织（1997）（以下简称 OECD）认为，流通产业主要包括批发业及零售业，其中零售业直接面对消费者，而批发业则是介于生产商与零售商之间的中介机构，但是由于产业变动快速与产业间的融合，使得流通产业的范围已逐渐模糊而难以区分②。

国内学者对流通产业的定义也存在较大差异。林文益（1995）认为，流通产业是指整个流通领域内所包含的产业部门，主要有商业、物资贸易业、仓储业、邮电通信业、金融业、保险业等。张绪昌和丁俊发（1995）指出，流通产业包括流通加工业、流通配送业、流通信息业、流通仓储业、流通科技业及其他相关行业。夏春玉（1998）认为，流通产业相当于第三产业"第一层次"中的"交通运输业、国内商业、对外贸易业、物资供销业和仓储业"或联合国国际标准产业分类中的"批发与零售商业"及"运输业与仓储业"③。张声书（1999）认为，流通产业是指从事商品流通活动的经济群体或部门，它是第三产业中最重要的产业，分为从事商品流通的商业、物资供销业、粮食流通业、外贸业和专门负责农村商

① 王月辉. 现代日本流通业［M］. 北京：科学技术文献出版社，2005：13 – 14.

② OECD. Regulation and Perfermance in the Distribution Sector［R］. OECD Working Paper, 1997, 5（75）.

③ 夏春玉. 现代商品流通：理论与政策［M］. 大连：东北财经大学出版社，1998：96 – 98.

品购销的供销社系统；从事物流活动的运输业和仓储业，以及从事信息传输活动的邮电通信业①。郭冬乐等（1999）认为，流通产业是指与商品流通和商业直接相关联，或为商品流通和商业提供必要条件的各种投资领域（产业）的总称，主要包括农产品、工业消费品和工业生产资料等商品的购销体系、商业基础设施、仓储业、运输业、包装装卸、流通加工、流通技术开发，以及与此相关的信息产业、服务业等②。

马龙龙（2005）认为，流通产业应包括交易流通与物流业，即包括专门从事媒介商流的批发业、零售业，以及从事物流的运输业、仓储业及综合物流服务业等，还应包括生产者利用自产商品的剩余流通能力为其他企业服务的情况，消费者组成的消费合作社，专门以流通活动为业，也应纳入流通产业③。洪涛（2007）指出，流通产业是一个相对独立的产业组织，是一切实物贸易和商业服务贸易活动的组织群体，包括商品批发零售餐饮业、住宿业、物流配送业、电子商务业、租赁业、拍卖业、典当业、旧货业、商业服务（理发及美容保健、摄影扩印、洗染、家政）、会展业、商业信息业、商业咨询业，包括各类生产企业的分销渠道组织④。中国社科院课题组（2008）认为，商贸流通服务业的内涵是指国民经济中从事商品和服务交易活动的产业，外延包括专门从事商品（服务）的批发、零售、物流、餐饮产业，以及工农业领域自行开展的购销活动⑤。

本书认为，流通业是一个重要的服务产业部门，是国民经济中与商品流通全过程相关联的各种产业的总称。对于流通产业范围的界定，必须以流通为基点，从事商品流通和为商品流通提供服务的行业就是流通产业。因此，流通产业应该包括两大部门，一是商业，主要包括批发业、零售业、住宿业和餐饮业；二是专门为商业服务的行业，主要包括物资供销

---

① 张声书. 流通产业经济学 ［M］. 北京：中国物资出版社，1999：6 - 9.
② 郭冬乐，宋则，王诚庆，冯雷. 商业经济学 ［M］. 北京：经济科学出版社，1999：450 - 451.
③ 马龙龙. 流通产业政策 ［M］. 北京：清华大学出版社，2005：2 - 3.
④ 洪涛. 流通产业经济学 ［M］. 北京：经济管理出版社，2007：1 - 33.
⑤ 中国社会科学院课题组. 商贸流通服务业影响力实证分析 ［J］. 中国流通经济，2008（3）：9 - 12.

业、仓储业、运输业、包装业等物流业。前者可以被认为是流通产业的主体部分，后者则是流通产业的外延部分，两者共同构成流通产业的产业体系。金融业、保险业等，由于它们已不再专门服务于商品流通过程，而是服务于整个社会生产和生活，因而不应该再将其划入流通产业的范畴。受社会专业化分工的标准限制，一般可以把流通活动划分为相应的流通行业，如批发业、零售业、住宿业、餐饮业、交通运输及邮政业等。按照我国现行统计口径和标准，通常能进行独立统计和具有系统数据的仅仅是其中专业化、社会化的批发业、零售业、住宿业、餐饮业和运输业。而规模庞大的农业和工业自我衍生、自我服务的采购机构、分销机构、物流服务机构等，难以从经济活动中分离出来单独统计。因此，根据行业性质及各行业在经济运行中发挥的作用，同时考虑到数据的可得性及统计口径的一致性，本书所研究的流通业范畴是包括"交通运输仓储和邮政通信业""批发零售住宿和餐饮业"在内的行业。

1.3 国内外研究述评

1.3.1 国外相关研究综述

自富克斯（Fucus，1968）提出"服务经济"[①] 概念，并将服务业的发展与经济增长问题联系起来，服务业生产率就逐渐成为国外学者的研究焦点。富克斯（Fucus，1968）利用美国国民经济统计资料，通过对1929～1965年服务部门和生产部门生产率的比较，深入分析了服务业的经济增长问题。研究发现，1929～1965年美国服务业人均产值的变化率平均低于工业1.1个百分点。如果从生产要素总投入的单位产值来看，工业和服务业在生产率方面的差异则降为每年的0.4%。就具体行业来看，通信和

---

① Fucus V R. The service economy [M]. Columbia University Press, 1968.

公共事业的生产率变化处于领先水平，政府机构的生产率增长最慢。鲍莫尔（Baumol，1967）通过构建一个两部门非均衡增长模型，从理论上分析了服务部门和制造部门生产率存在显著差异的原因，并且可能导致的若干经济现象。鲍莫尔和富克斯早期对服务业经济增长方面的研究，形成了著名的鲍莫尔—富克斯假说[①]。

肯德里克（Kendrick，1985）实证研究了美国 1948～1981 年经济发展状况。研究结果表明，这段时期服务业产出的增长远高于工业，但服务业全要素生产率的增长远低于工业。工业部门的扩张依靠的是技术进步和经济效率的改善，而服务业的增长主要通过资本和劳动的投入来推动。萨默斯、豪斯和莱韦森（Summers，Saxonhouse & Leveson，1985）分别根据国际、日本和美国服务业发展的实际情况，对鲍莫尔—富克斯假说进行了实证检验，他们的检验结果基本上支持了这一假说。但以格里利兹（Griliches）为代表的经济学和统计学家认为，由于服务部门的"不可测度性"[②]，服务业的产出与生产率核算存在着误差，现行的计量方法可能低估了服务业的真实产出和生产率的变化。里德尔（Riddle，1986）则指出，不能孤立地看待服务业生产率，服务业的发展因其"黏合剂"[③] 作用而提高了经济总体生产率。加拿大学者格鲁伯和沃克（1989）在《服务业的增长：原因与影响》一书中，对加拿大及部分 OECD 国家第三产业增长的原因及第三产业增长对国民经济的影响进行了深入系统的研究。研究发现，战后发达国家经济的实际增长，主要来自生产性服务或中间投入服务，各国生产性服务业占该国名义 GDP 的 28%～33%，占该国服务业名

---

① 鲍莫尔—富克斯假说提出了"服务业劳动生产率增长滞后论""服务业就业增长过快论"，以及"成本病"等相互关联的重要思想。该假说提出后，受到了学界的广泛关注。

② 和实物产品不一样，服务产品具有无形性的特点，这导致很难找到合适的计量服务产出的单位。因此，这些学者认为服务业具有不可测度性。

③ 里德尔（Riddle，1986）认为，服务业是促进其他部门增长的过程产业（process industry）。……服务业是经济的黏合剂（glue），是便于一切经济交易的产业，是刺激商品生产的推动力。里德尔还通过构造一个"经济部门相互作用模型"（an interactive model of the economic sectors）表明服务活动在整个经济活动中的核心作用。具体参见 Riddle D. Service – Led Growth：The Role of the Service Sector in World Development [M]. NY：Praeger Publishers，1986：21 – 28.

义 GDP 的一半以上。

古耶特·克劳丁和塞尔吉奥·佩雷尔曼（Gouyette Claudine & Sergio Perelman，1997）利用前沿生产函数方法和 Divisia 指数法，使用全要素生产率（TFP）、技术效率、技术进步指标，测算了 1970～1987 年 13 个 OECD 国家服务业的生产率变化状况，并将之与同期工业的表现进行了对比。研究结果表明，所考察的 13 个 OECD 国家服务业的技术效率平均水平较高，超过 75%；服务业的 TFP 在 1970～1987 年缓慢增长，平均增长率为 0.5% 左右；服务业 TFP 受全球经济状况影响较大；服务业的 TFP 增速低于制造业，服务业微弱的 TFP 增长主要来自技术进步；在考察期内，样本国服务业生产率存在收敛现象。尼古拉斯·奥尔顿（Nicholas Oulton，1999）同样使用全要素生产率指标，比较了英国 1973～1995 年 123 个行业的生产率。结果发现，在此期间多数服务行业的全要素生产率低于制造业和建筑业，但运输和通信服务业的全要素生产率是所有行业中最高的；金融、商务服务和销售业在计算整体全要素生产率中占据了较大权重，仅次于制造业，但这些行业对整体经济全要素生产率的贡献却相对较低，说明这些服务行业自身的全要素生产率增长较慢。

普雷特和巴里（Triplett & Barry，2002）把服务业生产率增长分为劳动生产率增长和全要素生产率增长，并认为全要素生产率是服务业劳动生产率增长的主要原因，全要素生产率也是服务业劳动生产率加速的主要源泉。伯纳德和琼斯（Bernard & Jones，1996）对 14 个 OECD 国家 1970～1987 年生产率总趋同中部门作用的考察发现，服务部门正推动着劳动生产率与全要素生产率的总趋同，而制造部门在劳动生产率与全要素生产率趋同方面表现出的作用并不是十分明显。普雷特（Triplett，1999）的研究结果表明，美国 20 世纪 90 年代对计算机投资最多的五个部门都是服务部门，但除了批发业和通信业外，金融服务业、保险服务业、经营服务业这三个行业的生产率都出现了负增长。麦提（Metty，2001）计算了美国 1977～1996 年服务业生产率的变化趋势。结果发现，这段时期美国人均服务产出以每年 0.5% 的速率下降，而劳动力成本以每年 6.9% 的速度上升。服务业人均产出与劳动力成本呈现相反的变化趋势，导致服务产品价格以高于整体平均水平的幅度上涨。雷努卡·马哈德文（Renuka Mahade-van，2000）使用面板数据，通过建立随机前沿生产函数，测算了1976～1984年、1986～1990年和1990～1994年三个时期新加坡服务业的全要素生产率、技术效率增长率及技术进步率，分析了新加坡服务业的增长源泉问题。

拉坦（Ruttan，2002）通过数值模拟证明了服务业的低生产率可以降低经济总体的生产率，而且服务业生产率越低，经济总体的生产率就越可能趋于零。但服务业生产率总是低于制造业生产率是经济学家做出的一个错误假定。在美国，服务业生产率对总体生产率的贡献已经达到70%，成为促进经济增长的新动力。沃尔夫（Wolfl，2003）也考察了服务业生产率增长模式，在总生产率水平上存在两个非平衡增长部门，即相对先进的制造部门和相对滞后的服务部门。然而，服务部门本身是由很多异质性的行业构成的，这些行业的生产率变化幅度很大，既有低增长或负增长的行业，也有超过制造业增长率的行业。费尔曼德斯（Fermandes，2009）分析了东欧转型经济体1997～2004年服务部门内部生产率的异质性增长。研究发现，服务部门作为一个整体的生产绩效与不同区域内部的各服务部门的生产绩效存在很大的异质性。密集采用信息通信技术和具有高技能劳动者的服务部门表现出最高的劳动生产率增长。研究还发现，技术前沿接近的服务部门对服务业劳动生产率和下游制造部门具有显著的正效应。

流通业是重要的服务部门之一，但目前国外对于流通业生产率的研究还非常少，多数学者都把研究重点放在流通企业的效率和供应链的效率上，对于整个流通产业生产率的定量研究还不多见。尽管如此，本书还是收集了一些相关文献，借此可以得到一些启发。柯诺帕（Konopa，1968）利用调整的单位设施销售额、单位劳动力销售额等指标，分析了1948～1963年英国零售业的生产率变化。研究发现，此期间英国零售业的生产率总体是上升的。因格尼（Ingene，1982）构建了分销渠道中生产率及其变化的影响因素模型，认为应该通过对产出和投入的指标选取，进而建立零售业生产率分析框架。古德（Good，1984）以劳动力工作时间、从业人员数量、工资报酬作为投入，交易数量、价值增值、销售额作为产出，研究了零售业效率问题。研究结果表明，零售业中存在广泛的规模经济现象。企业资源利用率是造成零售业生产率差异的重要原因，而商业组织形式、生产技术水平、劳动力密集度等并不是造成生产率差异的主要因素。托马斯等（Thomas et al.，1998）用单位营业面积从业人员数、全职员工与兼职员工的比率、年薪与工资总额、店铺经营年限、基本租金和占用成本、年运营费用、到最近可选择店铺的距离、存货等作为投入要素，用销售额和利润额作为产出要素，利用 DEA 方法测算了美国 552 家连锁店的效率。

塞勒斯·卢比奥和马斯·鲁伊斯（Sellers Rubio & Mas Ruiz，2007）认为，零售生产率的变化可能源于效率变化或者技术进步，效率变化反映在现有零售技术水平下，通过固定投入水平获取最大水平产出的能力，技术进步则反映由零售创新或零售技术变化所引起的效率边界的移动。巴罗斯和阿尔维斯（Barros & Alves，2003）采用数据包络分析方法估算了葡萄牙零售连锁店 1999~2000 年的全要素生产率变化，并将其分解为技术效率变化和技术进步。研究发现，一些零售企业的生产率为正增长，而另一些为负增长。莫雷诺（Moreno，2008）采用基于非参数数据包络分析的 Malmquist 指数，实证分析了西班牙零售企业 1995~2004 年的生产率增长状况。研究结果表明：（1）各零售部门的生产率存在较大差异，有些零售部门生产率呈正增长，有些零售部门的生产率呈负增长；（2）多数零售部门技术进步明显；（3）有些部门技术效率有所改进，而另一些部门技术效率恶化；（4）TFP 的增长主要归因于技术进步，只有少数部门出现技术效率的改善。巴罗斯和佩里戈（Barros & Perrigot，2008）采用两步法对 2000~2004 年法国零售业效率的影响因素进行了实证分析。他们首先采用 DEA 方法测算出零售商的技术效率和配置效率，然后通过截断回归对效率的影响因素进行了研究。

从流通渠道效率角度，蒂斯（Teece，1992）认为，随着市场竞争的加剧，供应商和零售商必须形成一种合作关系，这种长期导向的合作关系不仅能够提高带给消费者的价值而且可以降低渠道成本，进而改善渠道绩效，提升竞争力。布朗等（Brown et al.，1995）的研究结果表明，供应商与零售商之间的经济绩效呈正相关关系，双方可以通过传递信息等方法，以提升渠道绩效，获取渠道竞争优势。盖斯肯和斯廷坎普（Geyskens & Steenkamp，2000）指出，渠道成员非强制性权力的使用能提高彼此的绩效满意度，强制性权力的使用则降低渠道成员的绩效满意度。鲍尔索克斯等（Bowersox et al.，2002）认为，竞争性产品价格的可获取性、产品本身的可得性（或库存控制）、订单周期长度、资金管理能力、产品组合及竞争力等是影响渠道绩效的重要因素。程（Cheng，2007）认为，市场竞争的加剧及消费者期望的提高，促使供应链中的企业通过良好的合作关系，以达到信息和资金共享，进而提高效率。谢和吴（Hsieh & Wu，2009）的研究结果表明，由供应商和零售商组成的供应链的内部协调机制在不对等的供应商和对等的供应商下的运作效率是一样的，也就是说，只要供应链之间实现相互协调和有效合作，即使零售商和供应商的势力不均衡，供应链一样有效率。

达伦、柯兹和瑟克（Dalen，Koerts & Thurik，1990）通过构建劳动—产出的计量经济模型，研究了 1979～1985 年德国批发业的劳动生产率。研究结果表明，劳动力质量、库存周转率、运营模式，以及在分销渠道中所处的环节能够显著影响批发业劳动生产率。乌姆等（Oum et al.，1992）探讨了交通生产率的概念，并针对不同的问题提出了不同的测算方法。戈登（Godon，1993）建立了一套新的衡量多要素生产率的指标体系，该指标体系不仅包含产出和劳动投入指标，而且还包含能够改善交通工具质量的资本投资。通过该指标体系，戈登（Godon）对美国交通运输业 1948～1987 年全要素生产率进行了实证研究。研究发现，与大规模投资时期相比，"二战"后尤其是 1973 年之后，美国交通业生产率增长放缓。唐索恩（Tongzon，2001）运用 DEA 方法对国际集装箱港口的效率进行了评价。巴罗（Barro，2003）分析了 1990～2000 年葡萄牙 10 个港口的技术进步和技术效率。

刘（Liu，1995）采用港口企业的人均工资、账面固定资产与总资产的比率作为投入指标，以总吞吐量作为产出指标，采用随机前沿生产函数方法对港口企业效率进行了评价。闵（Min，2006）将税前利润额作为产出指标，职工工资、运营设备、财产规模和运营成本作为投入指标，对美国 6 家著名第三方物流企业的效率进行了对比分析，并分析了物流企业服务绩效及服务广度对生产效率的影响。周等（Zhou et al.，2007）选用固定资产净额、支付员工的工资报酬、经营费用和当期负债等作为投入指标，用运营收入作为产出指标，采用 DEA 方法对中国十大第三方物流企业的效率进行了测算。研究结果表明，中国第三方物流企业效率呈逐渐下降趋势，效率的下降在一定程度上源于这些企业大多从传统的国有运输企业转型而来，对市场经济的适应能力缓慢；市场机会、技术水平与第三方物流企业的经营效率呈正相关关系，但是公司规模大小与企业绩效无关。此外，坦斯卡宁（Tanskanen，2003）通过案例研究如何改进物流供应链中的效率和生产率，在深入研究物流供应链的速度、提高效率和生产率的基础上，指出应通过改变生产和库存的规划来提高物流供应链的效率。

1.3.2　国内相关研究综述

在国内，很多学者对服务业生产率进行了研究。郭克莎（1992）运用索洛余值法对我国 1979～1990 年的服务业增长进行了分解。研究结果表明，这一时期全要素生产率对第三产业增长的贡献率为 25.7%，分别低于第一产业和第二产业 40.7 个百分点和 11.4 个百分点。程大中（2003）运用一个能够反映技术的总量生产函数，分析了 1978～2000 年我国服务业增长与要素投入、生产率和技术进步之间的关系。研究结果表明，从 20 世纪 90 年代开始，我国服务业增长的驱动力发生了变化，资本—产出比增长率对服务业人均产出增长率的贡献开始超过全要素生产率增长率的贡献。主要原因在于，我国服务业的技术进步并不是劳动增强型的，而是略微资本增强型的。据此提出建议，在推进服务业发展战略时，应重新审视通过服务业吸纳农村剩余劳动力和城市失业人员的就业措施；继续推进中国服务业的工业化和市场化发展战略；在服务领域引进外国直接投资；促进服务业竞争力的提高和对外开放。

徐宏毅和欧阳明德（2004）基于超越对数前沿生产函数模型，对中国服务业生产率进行了实证研究。研究结果表明，1993～2002年服务业全要素生产率对中国经济增长的贡献率达到42.5%，这一贡献主要来自技术进步。这段时期，第三产业生产率增长是逐年提高的，并在中国服务业经济增长中发挥着越来越重要的作用。顾乃华（2005，2008）分别采用随机前沿生产函数模型和数据包络分析方法，分析了我国1992～2002年服务业的增长效率特征。研究结果表明，这段时期我国服务业的发展远未能挖掘出现有资源和技术的潜力，技术效率低下；服务业的增长主要由要素投入推动，全要素生产率的贡献微弱，粗放型特征比较明显，而且区域间的效率差距明显并在不断扩大。全要素生产率的变化主要受起点因素、就业人员教育水平的变化、市场化程度及资本密集度变化的影响。顾乃华和李江帆（2006）运用随机前沿生产函数模型，分析了我国服务业技术效率的区域差异及其对劳均服务业增加值区域不平衡的影响。研究结果表明，东部、中部、西部地区服务业技术效率存在显著差异，这加剧了我国服务业区域发展失衡现象。

杨向阳和徐翔（2004）从生产率与规模报酬的角度研究了要素投入的边际变化对服务业增加值增长的影响。杨向阳和徐翔（2006）进一步从投入要素整体对产出效率影响的角度进行分析，采用非参数 Malmquist 指数方法实证分析了中国服务业全要素生产率的增长状况，并将其分解为技术效率和技术进步。研究结果表明，1990～2003年中国服务业全要素生产率的平均增长率为0.12%，技术进步水平的提高是全要素生产率增长的主要因素，但技术效率下降所产生的负面效应也不可忽视，技术效率和技术进步在不同时期内对服务业全要素生产率增长的贡献存在一定的差异；东中西部地区之间和地区内部服务业全要素生产率的增长率也存在显著差异。刘兴凯（2009，2010）采用非参数 Malmquist 指数，测算了 1978～2007 年中国服务业 TFP 的变动情况。研究结果表明，改革开放以来，中国服务业 TFP 不断提高，但增长幅度呈阶段性下降趋势。随着服务业资本深化过程的推进，要素投入在服务业增长中的推动作用非常明显，但 TFP 增长的贡献逐渐降低。在服务业 TFP 增长的源泉中，技术进步的"增长效应"明显，技术效率的"水平效应"相对有限。在空间分布上，TFP 增长及其分解存在显著的区域差异，但各省区的 TFP 增长呈现出长期的收敛趋势。

谷彬（2009，2010）利用超越对数生产函数的随机前沿模型，测算了改革开放以来中国服务业 TFP 增长率，发现效率演进过程的阶段性特征，以 1992 年为分界点，其中技术效率的改进促进了 TFP 的增长，而规模效率的恶化阻碍了 TFP 的增长；服务业技术进步及其区域差距分别经历了"U"型和倒"U"型的演变过程；配置效率的持续改善出现在 1992 年之后。影响因素的研究证实，市场化改革和对外开放是推动服务业效率演进与提升的根本动力。杨青青等（2010）运用随机前沿生产函数模型，实证研究了 1993～2007 年我国服务业生产率及其影响因素。研究结果表明，这段时期我国服务业前沿技术进步水平的年均增长率为 3.2%，而技术效率的年均下降速度为 2%。服务业生产率存在显著的地区差异，东部地区生产率水平和生产率增长率均处于较高水平，中部地区的生产率水平高于西部，西部地区生产率增长率更高，出现这种现象的主要原因在于东、中、西部地区的资源禀赋差异。人力资本、信息化、市场化和社会资本等因素对服务业生产率的提高具有长期性的影响作用。

随着生产性服务业迅速崛起并日渐成为服务业中最具活力的部门，近年来一些学者开始关注生产性服务的效率问题。张自然（2008，2010）分别采用非参数 Malmquist 生产率指数方法和非中性技术进步超越对数随机前沿模型对 1993～2004 年中国生产性服务业的 TFP 进行测算。研究结果表明，技术进步对 TFP 增长起主要作用，技术效率则对 TFP 增长起着补充作用。东部、中部、西部地区的全要素生产率及增长很不平衡，全要素生产率对生产性服务业的作用还有待进一步提高。原毅军等（2009）利用非参数 Malmquist 指数方法考察了 1997～2005 年中国生产性服务业全要素生产率的变化原因、地区差异与变动趋势。研究结果表明，中国生产性服务业仍表现为粗放型增长方式，全要素生产率呈现负增长，但下降的速度在逐年放缓。这段时期，导致生产性服务业全要素生产率下降的主要因素不同，前期为技术进步，后期为技术效率。东部地区全要素生产率下降的速度要远低于中部、西部地区。信息传输、计算机服务和软件业、租赁和商务服务业的全要素生产率相对较高。黄莉芳等（2011）采用超越对数随机前沿模型，对我国生产性服务业技术效率和技术进步及其影响因素进行了实证分析。陈艳莹和黄嚣（2011）考察了我国生产性服务业生产率的变化原因、地区差异与变动趋势。

目前，国内对流通业生产率的研究也主要集中于流通企业的效率上。尤建新和陈江宁（2007）选取我国 12 家上市零售企业，采用 DEA 方法，对各企业的经营效率进行了实证分析。研究结果表明，我国零售业与国外著名零售企业的差距主要在人员投入和企业净利润上。刘勇和汪旭晖（2007）运用 DEA 模型对我国 30 个地区零售行业运营效率进行了实证分析。研究发现，我国东部和沿海地区零售行业非有效程度低于中部、西部地区，非 DEA 有效的决策单元更多的是产出的不足而不是投入的过剩，零售行业的各投入指标对产出指标存在显著的正向影响。汪旭晖和徐健（2009）运用 DEA 模型、Malmquist 指数及 Tobit 回归，实证研究了 1998～2007 年我国零售业上市公司的效率及影响因素。研究结果表明，我国本土零售业上市公司总技术效率较低，主要原因在于纯技术无效率；东部、中部、西部地区间零售业上市公司的生产率增长、技术进步与总技术效率变化存在明显差异；企业规模、资产负债率、地区经济发展水平、消费潜力、对外开放程度都对本土零售上市公司效率具有显著影响。樊秀峰和王美霞（2011）采用我国零售业上市公司数据，实证分析了零售业上市公司的效率变化及微观影响因素。

张宝友和黄祖庆（2007）运用数据包络分析方法，对 2002～2005 年我国沪深两市 14 家上市物流企业进行了绩效评价。研究结果表明，我国物流行业总体绩效不佳；物流企业的纯技术绩效较好，但规模绩效不佳。邓学平等（2008）以我国 8 家上市物流企业为例，利用 DEA – Malmquist 生产率变化指数对其 2001～2006 年的全要素生产率进行了实证分析。研究结果表明，我国物流企业生产效率逐渐上升，但上升程度并不明显，其中技术效率和技术有所下滑，而规模效率则有所上升。庄玉良等（2009）以我国 16 家物流上市公司为样本，运用 DEA 方法测算了 2002～2006 年每年的静态效率值，以及反映跨期动态效率变化的 Malmquist 生产率指数。研究结果表明，我国物流业 TFP 平均增长率为 4.7%，技术进步与创新是生产率提升的主要原因。汪旭晖和徐健（2009）运用超效率 DEA 模型对我国 24 家物流上市公司的效率进行了评价。研究结果表明，我国物流上市公司技术效率高的企业较多，大约占总体的 50%；物流上市公司效率受到区域经济因素的影响，经济发达地区物流上市公司效率更高。

近年来，一些学者开始关注物流业的生产率问题。田刚和李南（2009，2011）分别运用 Malmquist – DEA 方法和随机前沿生产函数模型，对中国物流业效率、地区差异与变化趋势进行了实证分析。研究结果表明，中国各地区物流业全要素生产率呈增长态势，全要素生产率增长的主要动力是技术进步，技术效率的恶化阻碍了生产率的增长。各地区存在严重的投入拥挤和资源浪费现象。东部、中部、西部区域之间全要素生产率存在显著差异，全要素生产率增长最快的是东部地区，西部技术进步增长明显，低水平的技术进步与技术效率使得中部地区全要素生产率增长最慢。并且，技术效率在三大区域之间和区域内部均表现出发散的趋势。刘秉镰和余泳泽（2010）、余泳泽和武鹏（2010）分别使用数据包络分析和随机前沿生产函数模型，测算了中国物流产业的效率，并考察了物流资源利用率、地区制度变迁、区位因素等对物流产业效率的影响。研究结果表明，整体上我国物流产业效率不高，但处于稳步上升阶段；区域间物流效率差异有逐步缩小的趋势；经济发展水平、物流资源利用率、地区制度变迁、区位因素对地区物流效率具有显著影响。

　　值得注意的是，近几年国内已有部分学者开始从产业层面，对流通业全要素生产率进行研究。章迪平（2008）采用 Cobb – Douglas 生产函数对浙江省 1980 ~ 2006 年流通业全要素生产率进行了估算。研究结果表明，资本投入对流通业增长贡献最大，达到 47.83%，劳动投入对流通业增长贡献最少，仅为 19.94%，全要素生产率对流通业增长贡献也不高，为 32.23%，浙江省流通业增长方式基本还处于投入推动型的粗放增长阶段。研究发现，产业发展规模、市场化、城市化等方面因素对流通业发展方式转变具有正向作用，总体来看，流通业结构还不够优化，简单的劳动投入不利于流通业的技术进步，人力资本对流通业发展方式转变具有积极的推动作用。刘向东等（2009）运用索洛余值法实证研究了中国流通产业的增长方式。研究结果表明，1992 年之后中国流通产业同时出现了由资本与技术共同驱动发展的趋势，两者在大部分年份贡献了 90% 以上的增长份额，特别是技术进步在多数年份都贡献了 50% 以上的增长份额，在部分时期内技术进步对商业发展的贡献甚至更高，而单纯的劳动要素投入在我国商业的增长中已经不再占主导性地位。我国当前正在发生深刻的流通增长方式的转型，客观上，这也要求我国的流通政策进行相应的调整。

　　此外，还有学者从效率角度，对我国流通业的效率状况进行了实证研究。尽管这类研究并不是从全要素生产率角度研究流通业的生产率问题，但在数据收集和投入产出思想方面与生产率研究有某些相似性，因而也具有一定的借鉴意义。李骏阳和余鹏（2009）基于流通效率视角，构建了我国流通效率测度指标体系，包括周转率指标（工业企业流动资产周转率、批零企业流动资产周转率、批零企业库存率、批零企业存货周转率）、规模性指标（零售业集中度、批发业集中度）和效益性指标（从业人员劳动生产率、批零业总资产报酬率、单位 GDP 所耗物流费用、批零业人均年销售额）三大类共 10 项指标，并运用因子分析法对我国 1995 ~ 2007 年流通效率进行了实证研究。研究结果表明，这段时期我国流通效率呈现出先降后升的演进趋势，并对这种变化趋势的原因进行了解释。同时他们从流通效率发展趋势角度判断，我国流通效率未来将继续呈现整体上升趋势。

1.3.3　简要评论

通过对现有研究的回顾，可以发现国外关于服务业生产率的研究经历了早期的单要素生产率到全要素生产率的演变过程，并且对全要素生产率的研究主要以规范的实证分析为主，这些研究为服务业生产率问题提供了一个清晰的理论框架和逻辑思路。我国学者对服务业生产率方面也展开了很多研究，这些研究对于深入理解我国服务业增长的性质和特征，制定更为合适的政策措施，有着非常积极的意义。

但是，现有研究也存在一些不足：第一，就研究领域而言，还存在进一步的拓展空间。因为服务业本身是一个庞大复杂的产业，其内部各服务部门的差异很大，内部结构也在不断发生变化。因此，行业层面生产率的分析应该是一个更加细致深入且更具有应用价值的领域。但目前针对服务业生产率的研究中，主要是针对服务业整体进行的，而对于细分行业，例如流通业的研究则非常少，反映了长期以来理论界对流通业增长效率研究的忽视和该领域研究的不足。第二，在流通业生产率研究视角上仍存在一系列问题。尽管国内外一些学者已经对流通业生产率进行了一些实证研究，但多数只停留在对流通企业效率和供应链效率的研究上，并不是严格意义上的生产率研究。从整个产业角度来测算流通业的生产率，到目前为止，还没有明确的方法和系统的分析。第三，从研究方法来看，流通业生产率是服务业生产率领域的重要课题之一，但是在实际研究中还不够规范和完善，特别是运用主流经济学理论和方法研究流通业增长效率问题的并不多见，这在今后的研究中还有待进一步加强。以生产率分析为例，目前以随机前沿生产函数模型和数据包络分析方法为主的生产前沿面方法，已经在服务业生产率的实证研究中得到广泛应用，但在我国流通业生产率

的研究中还没有得到体现。总体来看，上述不足为本研究的展开留下了
空间。

1.4 研究思路与研究内容

1.4.1 研究思路

本书在回顾和梳理国内外相关研究成果、归纳总结中国流通业增长现
状基础上，以分析流通业增长的技术效率特征与影响因素、度量流通业全
要素生产率增长及其地区差距、比较流通业和制造业的增长效率为逻辑主
线，理论与实证相结合，在全要素生产率理论分析框架内，以生产前沿面
方法为实证工具，对流通业增长效率、地区差距、影响因素，以及动态
变动特征进行了全面系统地分析。具体而言，首先借助相关统计数据，
采用随机前沿生产函数模型，分析流通业增长过程中的技术效率及其影
响因素，从而对流通业增长的效率特征和影响因素做出基本判断。然
后，采用数据包络分析框架，测算流通业全要素生产率增长率并对其进
行分解，分析全要素生产率增长的地区差距并检验其收敛性。更为重要
的是，比较流通部门与制造部门生产率所呈现的产业特征，构建一个反
映产业间溢出效应的两部门模型，研究流通业对国民经济其他部门的溢
出效应，全面评价流通业的作用。最后，根据全书研究结论，提出相关
政策建议。

1.4.2 研究内容

本书以流通业全要素生产率为研究对象，在基本把握中国流通业增长
状况的基础上，全面研究中国流通业全要素生产率的增长状况及其背后的

影响因素，从技术效率、技术进步、全要素生产率等视角深入探讨促进中国流通业发展、提高流通业增长效率的政策实现路径，为促进流通发展方式转型提供政策依据。具体的结构安排如下：

第 1 章是导论。本章首先提出本书的研究背景和研究意义；然后界定流通产业的概念及本书研究的范围；接下来对国内外相关研究进行系统回顾和梳理，并对现有研究进行简要评论；在此基础上阐述本书的研究思路和主要研究内容，介绍本书的主要研究方法和技术路线；最后分析本书可能的创新之处。

第 2 章是理论基础。本章主要介绍经济增长理论（古典、新古典和新经济增长理论）、服务经济理论（服务业发展阶段、服务业与就业关系、服务业与产业结构变动以及服务业与经济增长关系理论）和流通经济理论（马克思的流通理论、流通先导、流通基础和流通战略论），回顾这些理论的发展脉络和最新进展，以作为本书的理论基础。

第 3 章是效率与生产率分析方法。本章首先引入效率与生产率分析领域的一些重要概念，然后重点介绍效率与生产率的前沿分析方法——以参数方法为代表的随机前沿模型（SFA）和以非参数方法为代表的数据包络分析（DEA），探讨两种方法的特点和适用性，以作为本书的方法论基础。

第 4 章是中国流通业增长现状分析。本章主要采用描述性统计和比较分析等方法，从总量增长和结构变化两个方面分析中国流通业的增长状况。首先从产出水平、要素投入、产出效益等方面分析流通业的总量增长；然后从行业结构、地区结构、所有制结构等方面分析流通业的结构变化。

第 5 章是中国流通业技术效率分析。本章首先介绍估计流通业技术效率的随机前沿生产函数模型；然后具体说明指标选取与数据处理；接着给出中国流通业技术效率的随机前沿生产函数和技术无效函数的联合估计结果；最后在此基础上讨论流通业的技术效率和影响因素，并进一步分析技术效率的区域差异。

第 6 章是中国流通业全要素生产率分析。本章首先介绍非参数 Malmquist 生产率指数方法及其估计方法；然后交代指标选取与数据处理；接下来给出中国流通业全要素生产率测算结果，并将其进行分解，分析流通业全要素生产率的增长情况及其特征；最后在此基础上对流通业 TFP 增长进行收敛性检验。

第 7 章是中国流通业和制造业生产率比较。本章首先采用基于 DEA 的 Malmquist 指数方法对比分析制造业和流通业的生产率；然后构建流通业溢出效应的理论模型；接下来交代指标选取与数据处理；最后在此基础上，运用经济计量方法实证检验流通业对国民经济其他部门的外溢效应。

第 8 章是结论与展望。本章在全书理论分析、实证研究基础上，归纳全书得出的主要结论，并根据这些结论提出相关政策建议，最后针对本书存在的不足之处，指出进一步研究的方向。

1.5　研究方法与技术路线

1.5.1　研究方法

本书整体上采用规范分析与实证分析相结合、定性分析与定量分析相结合的方法研究中国流通业的增长效率问题。这也是现代经济学的一大重要特点，尤其对于经济增长分析而言，理论分析与实证分析的结合是新经济增长理论的重要特征。具体研究方法如下：

（1）实证分析。生产率研究不仅是一个理论问题，更是实践问题。实证分析在本研究中主要表现在以下方面：在检验流通业技术效率变动状况及其影响因素时，利用随机前沿生产函数模型；在测算流通业全要素生产率增长状况时，利用数据包络分析方法；在考察各地区流通业 TFP 增长差距的变化趋势时，利用经济计量方法进行收敛性检验；在定量分析流通业溢出效应时，参考菲德（Feder）的两部门模型，并利用现代计量经济学的多元回归技术对其进行验证。

（2）规范分析。任何实证方法的运用都不能脱离经济理论，没有理论支撑的数据分析至多只能反映事物的表象，无助于理解事物的本质。因此，本书同样重视理论分析的重要性，注重结合经济增长理论、服务经济理论、流通经济理论等相关经济理论分析问题。在理论分析基础上，进行实证研究，并且注重运用理论知识解释实证结果形成的内在机制和推导出政策建议。

（3）比较研究。通过对相关的基本事实或者可比数据进行对比研究，揭示出差异和矛盾，得出有意义的结论。例如，在分析流通业技术效率变动状况、流通业全要素生产率增长状况时，分别对东部、中部、西部地区，以及各省份的结果进行比较研究。通过地区间的比较分析，刻画技术效率和全要素生产率的区域差异；在研究技术效率和全要素生产率时，对比分析流通业与服务业整体的效率差异；在研究流通业溢出效应时，对比研究制造业和流通业生产率的差异。

（4）数理模型。在研究流通业对国民经济其他部门溢出效应时，参照了菲德（Feder，1982）的两部门模型，在应用该模型时，根据中国特殊的体制背景及分析对象的特点，对模型的假设条件、应用范围等均做了适当的修改。

（5）归纳法。通过归纳刻画中国流通业的总量增长和结构变化特征，技术效率变动状况及全要素生产率增长状况，描述产业增长过程中的特征事实，总结出普遍性特征和一般性规律，作为本书的重要论据和支撑。

1.5.2　技术路线

本书的技术路线如图 1-1 所示。

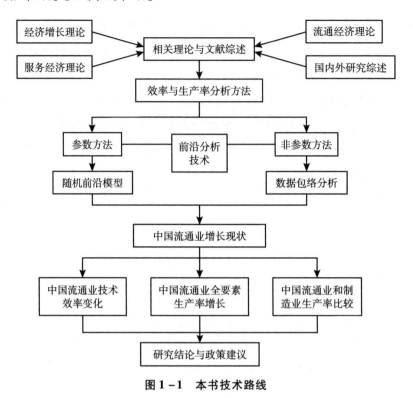

图 1 - 1　本书技术路线

1.6　可能的创新

由于运用规范的主流经济学分析框架研究流通业增长效率问题的文献很少，因此本书尝试在这个方面有所突破。具体而言，可能在以下几个方面有所创新：

（1）实证分析中国流通业技术效率变化状况。借助修订的统计数据，利用永续盘存法，首次比较精确地估算出各省份流通业的资本存量数据，在此基础上，运用随机前沿生产函数模型实证分析中国流通业技术效率的变化状况及其影响因素，并考察不同地区流通业技术效率的差异。

（2）实证分析中国流通业全要素生产率增长状况。采用基于数据包络分析的非参数 Malmquist 指数方法实证分析中国流通业全要素生产率的增长情况，并将其进一步分解为技术效率和技术进步，在此基础上探讨全国和各地区流通业全要素生产率的变动原因，并检验各地区流通业 TFP 增长的收敛性。

（3）重塑政府制定产业政策的标准。分析比较制造业和流通业生产率，通过构建一个能反映产业间溢出效应的两部门模型，重新评估流通业对于经济增长的作用，为政府制定相关产业政策提供新的依据。也就是说，如果存在流通部门对非流通部门的溢出效应，那么在评价政府产业结构政策效果时，就不能仅以其自身的生产率为评判标准。

第 2 章

理 论 基 础

　　作为全书的理论指导和逻辑起点，本章将系统回顾和梳理相关理论。研究中国流通业增长的效率问题，必须以相关基础理论作为支撑。因此，结合本书的研究内容和研究视角，本章将详细阐述与本研究相关的经济增长理论、服务经济理论、流通经济理论的演进历程和主要进展，从而为中国流通业增长效率问题的研究提供一个基本的理论框架。

2.1　经济增长理论

　　经济增长理论是经济学研究中古老而常青的课题，很多经济学的经典著作和文献均以此作为研究重点。在回顾经济增长理论之前，首先关注一下经济增长的概念。美国经济学家保罗·萨缪尔森（Paul A. Samuelson）在其著作《经济学》（Economics, 1992）一书中指出，"经济增长是指一个国家潜在的国民产量，或者说是潜在的实际 GNP 的扩展。我们可以把经济增长看作是生产可能边缘随着时间向外推移"。[①] 英国经济学家阿瑟·刘易斯（W. Arthur Lewis, 1955）在其论著《经济增长理论》中认为，"经济增长是按人口平均的产出的增长"。[②] 此后，诺贝尔经济学奖获

---

① Samuelson P A, Nordhaus W D. Economics ［M］. McGraw – Hill, 1992：1 – 140.
② 刘易斯. 经济增长理论 ［M］. 上海：上海人民出版社，1997：1 – 235.

得者美国经济学家西蒙·库兹涅茨（Simon Kuznets，1966）给出了较为完整的经济增长定义，他认为，"一个国家的经济增长，可以定义为给居民提供种类日益增加的经济商品的能力的长期上升，这个增长的能力，基于改进技术，以及它要求的制度和意识形态的调整。我们把各国的经济增长看作是通常由人口的增加和广泛的结构变化所伴随着的人均产值的持续增加"。① 在基本了解经济增长的内涵之后，下面具体回顾经济增长理论的发展。从发展历程看，迄今为止，经济增长理论先后经历了古典经济增长理论、新古典经济增长理论和新经济增长理论三个阶段。

2.1.1　古典经济增长理论

古典经济学创始人亚当·斯密（Adam smith，1776）在其代表作《国民财富的性质和原因的研究》中最早开始了对经济增长问题的研究。斯密认为，国家所生产的商品总量是衡量国民财富的指标，劳动分工和资本积累是经济增长的源泉。在论述如何增加国民财富时，斯密指出财富的增长主要有两种途径：一是通过劳动分工提高生产率；二是增加生产性劳动的数量。通过分工可以获得更熟练的劳动技能、节约生产时间和促进机器的使用，因而带来劳动生产率的大幅提高。资本积累是决定财富生产最关键的因素，资本积累不仅促进劳动分工，提高生产率，而且推动了生产性劳动的增加。实际上，斯密的理论阐述了经济增长与劳动分工、技术进步和资本积累之间的内在联系，并且把资本积累视为引致劳动分工和技术进步的决定性因素。

在斯密之后，大卫·李嘉图（David Ricardo，1817）在《政治经济学及赋税原理》一书中将经济增长问题的中心转向收入分配。李嘉图对经济增长过程的论证建立在一些重要假设条件的基础上，其中包括"边际报酬递减规律"和资本积累理论。根据"边际报酬递减规律"，在给定的土地

---

① Kuznets S. Modern Economic Growth：Rate，Structure，and Spread［M］. Yale University Press，1966：1 - 20.

上追加投资，得到的回报会不断减少。李嘉图认为，经济增长的关键在于资本积累，其中利润是影响资本积累的关键因素，而利润又取决于工资和地租。根据"边际报酬递减规律"和实际工资决定机制，利润率在长期中将趋于下降，这会使资本积累失去动力，随着资本积累的停止，经济进入稳定状态并停止增长。李嘉图经济增长理论的重要贡献在于把收入分配和经济增长联系起来，强调了合理的收入分配对经济增长的决定作用，为深入研究经济增长背后的制度和结构因素，提供了非常有价值的路径。

总体来看，古典经济学家给出了经济增长的一般性解释，并论述了经济增长的原因，强调了资本积累是决定经济增长的重要因素。但由于历史原因，并没有深入研究经济增长与其影响因素之间的数量关系，他们以静态的视角看待增长问题，且对增长问题的研究是不够系统的。

2.1.2 新古典经济增长理论

20世纪20年代末的经济危机引发了人们对于经济增长问题的持续思考，其中凯恩斯的《就业、利息和货币通论》（1936）是这段时期最重要的理论成果。凯恩斯的宏观经济分析促使主流经济学重新注重对宏观经济总量和经济增长问题的研究，开创了宏观经济理论研究的新时代。一般认为，哈罗德—多马模型标志着现代经济增长理论的产生，索洛在此基础上做了进一步发展，建立了新古典经济增长理论的分析框架。

2.1.2.1 哈罗德—多马模型

古典经济学家虽然对经济增长的原因作了深入的分析，但并没有给出他们关于经济增长的数学模型。1939年，英国经济学家哈罗德（R. Harrod）发表了《论动态理论》，首次提出了关于经济增长的模型。美国经济学家多马（E. Domar）于1946年发表了《资本扩张、增长率和就业》，提出与哈罗德极为相似的经济增长模型。由于他们的理论基础均是凯恩斯的就业理论和国民收入决定理论，且得出的经济稳定增长条件也非常相似，因此被称为哈罗德—多马模型。该模型的假设条件是：（1）全社会只有一个经济部门，只生产一种产品，这种产品既可用作消费，也可用作投资；（2）生产过程中只使用劳动和资本两种要素，且两者不能相互替代；（3）生产规模报酬不变，即单位产品与生产规模的大小无关；（4）储蓄在国民收入中所占的份额不变；（5）劳动力按照一个固定不变的比率增长；（6）不考虑技术进步，也不考虑资本折旧问题。

在上述假设条件下，模型的基本方程为：

$$G = \dot{Y}/Y = s/v \tag{2-1}$$

式（2-1）中，G 表示经济增长率，Y 表示产出，$\dot{Y}$ 表示产出变化量，s 表示储蓄率（资本积累率或投资率），v 是资本产出系数（资本产出比），$v = \dot{K}/\dot{Y}$ 表示生产单位产出所需的资本量，即资本的生产率（$\dot{K}$ 是资本存量 K 的变化量）。式（2-1）表明，当经济处于均衡状态时，经济增长率等于储蓄率与资本产出比的比率。在资本产出比不变的条件下，储蓄率越高，经济增长率越高；储蓄率越低，经济增长率越低。

哈罗德—多马模型还借助实际增长率、有保证的增长率和自然增长率分析了经济长期稳定增长的条件。实际增长率，是实际发生的增长率，由实际储蓄率和实际资本产出比决定；有保证的增长率，是指厂商满意且愿意维持的增长率，由合意储蓄率和合意资本产出比决定；自然增长率，是指在劳动人口增长和技术改进的条件下所能达到的长期最大增长率，它是一种"社会最适宜的增长率"，由最适宜的储蓄率和合意资本产出比决定。根据该模型，实现经济长期稳定增长的条件是 $G_A = G_w = G_n$。其中，G_A 代表实际增长率；G_w 代表有保证的增长率；G_n 代表自然增长率。三者相等时，才能使经济长期稳定增长。

作为现代经济增长理论诞生的重要标志，哈罗德—多马模型以凯恩斯的国民收入决定理论为基础，致力于将凯恩斯的短期静态分析长期化和动态化。模型首次用数理方法建立规范模型对经济增长及其影响因素进行研究，具有开创性的意义。但是，哈罗德—多马模型也存在明显的不足，主要表现在三个方面：（1）实现充分就业均衡增长的可能性非常小，因为只有在经济活动按照均衡比率增长时，这种情况才可能实现，但由于储蓄率、实际资本产出比和劳动增长率分别是由各种不同的因素独立决定，因此，除非偶然的巧合，这种充分就业的均衡增长很难实现，只能是"刀刃上的均衡"。（2）稳定性问题，即实际增长率一旦偏离了有保证的增长率，经济系统不但没有一种力量自我纠正，而且就其效应而言是累积的，最终偏离均衡状态越来越远。（3）经济增长率与人口增长率的关系，由于假定劳动产出比不变，因此实际增长率不应该也不可能超过劳动增长率，如果人口负增长或零增长，则经济就不可能增长，其经济意义被很多经济学家称为"不愉快的结果"。

2.1.2.2 新古典经济增长模型

1956 年，美国经济学家罗伯特·索洛（R. Solow）在《对经济增长的一个贡献》中指出，哈罗德模型的关键问题在于"生产是在不变的要素比例的前提下发生的"这一假定，因为该假定隐含着资本与劳动是不可替代的。放松这一假定，索洛运用新古典主义的生产理论和边际分析方法，建立了新古典经济增长模型。[①] 1957 年，索洛又发表了《技术变化与总量生产函数》一文，首次在生产函数中加入技术进步因素，将人均产出增长中由技术进步引起的部分和由人均资本存量变化引起的部分区分开来，这里的技术进步就是产出增长中不能由生产要素增加所解释的部分，即索洛余值（Solow residual）。索洛经济增长模型的数学表达形式如下。

假设一个包含时间变量的总量生产函数为：

$$Y = F(K, L, t) \tag{2-2}$$

式（2-2）中，Y 为产出，K 为资本，L 为劳动，t 为时间变量。

在哈罗德中性技术进步[②]的假设下，式（2-2）可以写为：

$$Y = A_t F(K, L) \tag{2-3}$$

---

① 在这方面做出贡献的还有澳大利亚经济学家斯旺（T. Swan, 1956）和英国经济学家米德（J. Meade, 1961）等人。

② 某种技术进步并不改变工资和利润在国民收入中的份额，称为中性技术进步。在中性技术进步中，如果资本产出率不随时间变化，则称为哈罗德中性技术进步。

式 (2-3) 中, A_t 就是被肯德里克 (Kendrick, 1961) 定义为全要素生产率 (TFP) 的技术进步因子。于是, 可以得到下面的产出增长方程:

$$\dot{Y}/Y = \dot{A}/A + \alpha \dot{K}/K + \beta \dot{L}/L \qquad (2-4)$$

式 (2-4) 中, $\dot{Y}/Y$ 表示产出增长率, $\dot{K}/K$ 表示资本增长率, $\dot{L}/L$ 表示劳动增长率, $\dot{A}/A$ 表示技术进步率, $\alpha = (\partial Y/Y)/(\partial K/K)$, $\beta = (\partial Y/Y)/(\partial L/L)$ 分别表示资本和劳动的产出弹性。索洛进一步假定规模收益不变, 即 $\alpha + \beta = 1$, 令 $y = Y/L$, $k = K/L$, 则 y 和 k 分别是人均产出和人均资本存量 (资本密集度)。由于 $\dot{y}/y = \dot{Y}/Y - \dot{L}/L$, 因此可以得到式 (2-5):

$$\dot{y}/y = \dot{A}/A + \alpha \dot{k}/k \qquad (2-5)$$

由此可见, 经济增长主要来源于技术进步和资本集约程度的增长。

新古典增长模型成功解决了哈罗德—多马模型中存在的均衡增长路径的稳定性问题, 这是其重要的理论突破, 但是模型的均衡增长率仍被人口增长率这一外生变量决定, 并且长期增长率完全独立于储蓄率等经济变量, 这个结论显然有悖于经济增长的经验事实。索洛等在 1957 年又发展了一个包含技术进步的模型, 为经济增长核算提供了一个有力的工具, 但是在技术进步的产生原因, 以及技术如何对资本和劳动发生作用等方面并未提及。这意味着新古典经济增长模型把技术进步这一决定经济长期增长的因素视为给定的外生变量, 并把其看作是一个"黑箱"。对此, 阿罗曾指出"把一个非常重要的量完全归因于时间、在学术上是难以令人满意的"[①]。实际上, 技术进步具有收益递增效应, 并能抵消物质要素的收益递减趋势, 而索洛的新古典模型假定整个要素收益不变, 这也与经济增长的现实不符。此外, 从新古典增长模型中可以得出, 在长期内人均收入增长率等于技术进步率, 由于世界各国获得技术的机会均等, 因此各国的人均收入增长率将趋于一致, 这就是新古典增长理论中的趋同理论, 该理论显然无法解释经济增长在各国间长期存在的差异。

---

① Arrow K J. The Economic Implications of Learning by Doing [J]. The Review of Economic Studies, 1962 (29): 155.

2.1.3 新经济增长理论

新古典经济增长理论虽然意识到了技术进步对经济增长的决定性影响，但是把技术进步看作外生变量，并未解释决定技术进步的经济因素。20 世纪 60 年代，一些学者开始尝试将技术进步内生化。阿罗（Arrow, 1962）最早将技术进步作为经济增长的内在因素进行分析，提出了"干中学"（learning by doing）模型，突破了新古典增长理论的研究框架。宇泽弘文（Uzawa, 1965）通过构建一个包含人力资本的两部门模型，将索洛模型中的外生技术进步"内生化"。20 世纪 80 年代中期，以保罗·罗默（Paul Romer, 1986）和罗伯特·卢卡斯（Robert Lucas, 1988）等为代表的学者的研究促进了新经济增长理论的形成。下面主要介绍新经济增长理论的两类基本模型。[①]

2.1.3.1 知识积累模型

知识积累模型以罗默（1986）模型为代表，与阿罗（1962）的模型一样，假定总体技术进步来自对实物资本的投资，用生产中的累计投资代表知识的积累，直接将技术进步内生化。结合外部性、物质要素的收益递减和知识技术的收益递增三个因素，构建出一个独特的竞争性均衡增长模型。

假设有 N 个企业，知识存量是资本存量的增函数。对于单个企业，其生产函数形式为 $F(k_i, K, x_i)$，其中 k_i 是以资本存量为代表的知识投入，K 为总知识水平，则 $K = \sum_{i=1}^{N} k_i$，x_i 为其他生产要素投入向量。生产函数是连续可导的函数，其假设条件是：（1）对于给定的 K 值，F 是 k_i 和 x_i 的凹函数。这样，必然存在竞争性均衡。此外，不失一般性地，假定 F 是

_____

① 严格来说，新经济增长理论模型还包括斯科特（Scott, 1990）资本投资决定技术进步模型，以及杨小凯和博兰德（Yang & Borland, 1991）的劳动分工模型。

k_i 和 x_i 的一阶齐次函数。（2）给定 x，$F(K, Nk, x)$ 是 k 的凸函数，即知识的边际生产率递增。据此可以得到，生产的规模收益递增。即对于任何 $\psi > 1$，有 $F(\psi k_i, \psi K, \psi x_i) > F(\psi k_i, K, \psi x_i) = \psi F(k_i, K, x_i)$。这样，对于整个经济而言 K 是可变的，从而具有规模收益递增的特性。

罗默以简单的柯布—道格拉斯生产函数为例，令效用函数为 $\ln c(t)$，则人均产出的生产函数为：

$$f(L, K) = k^v K^\gamma = N^\gamma K^{v+\gamma} \qquad (2-6)$$

求解上述效用最大化问题，得到如下均衡增长率：

$$g = v N^\gamma K^{v+\gamma-1} - \delta \qquad (2-7)$$

由式（2-6）和式（2-7）可知，在规模收益递增的假定下有 $v + \gamma > 1$，进而投资收益率 $N^\gamma K^{v+\gamma-1}$ 递增，所以投资速度越来越快，经济增长率也随之不断提高。这一均衡条件同人口或劳动力的自然增长率无关，因此被认为是一个完全内生化技术进步的增长模型。

2.1.3.2 人力资本溢出模型

卢卡斯（1988）在宇泽（Uzawa, 1965）的基础上，从人力资本角度研究了经济增长的内在机制，但放弃了后者的两部门（物质生产部门和生产人力资本的教育部门）结构增长模式，把生产过程和学习过程用一个统一的模型结合起来。假定每个生产者都用比例 u 的时间从事生产，如果该生产者从事生产和学习的时间为一单位，则每个生产者将用（$1-u$）的比例从事人力资本建设。因此，技术进步方程可以表示为：

$$\dot{h}(t) = h(t)\delta[1 - u(t)] \qquad (2-8)$$

式（2-8）中，$\dot{h}(t)$ 为人力资本变化率，$h(t)$ 为人力资本存量，δ 为人力资本的产出弹性。式（2-8）表明，人力资本变化率取决于现有人力资本水平及从事人力资本建设的时间。相应地，生产函数可以表示为：

$$Y(t) = K^\beta(t)[u(t)h(t)N(t)]^{1-\beta}h^\gamma(t) \qquad (2-9)$$

式（2-9）中，$Y(t)$ 为产出量，$K(t)$ 为资本投入量，$N(t)$ 为劳动力数量，$h^\gamma(t)$ 为人力资本的外部效应，$0 < \beta < 1$，γ 为正常数。这个模

型的含义是：产出取决于物质资本、人力资本和知识的溢出效应，并把作为独立因素的人力资本内生化。在此基础上，得到模型的均衡增长率为：

$$g = \dot{h}(t)/h(t) = (1-\beta)[\delta - (\rho - n)]/[\sigma(1-\beta+\gamma) - \gamma]$$

$$(2-10)$$

式（2 - 10）中，n 为人口或劳动力的自然增长率。尽管经济的均衡增长仍然与 n 有关，但与宇泽增长模型的均衡条件不同，这里即使 n 等于零或负数，经济均衡增长仍然是可能的。

新经济增长理论将知识和人力资本引起的内生技术进步引入增长模型，提出了要素收益递增、知识外溢等新假定，对新古典增长理论进行了全面修正和发展。它突破了传统增长理论单纯论述资本和劳动的局限性，重视对技术进步、知识积累、人力资本等问题的研究，从全新视角论述了经济增长的根源，这些无疑是增长理论的重大创新。尽管新增长理论在传统增长理论基础上前进了一大步，但就其本身而言，仍存在以下问题：（1）尽管新增长理论力图使其理论具有更加坚实的微观基础，然而其模型仍未脱离传统的一般均衡分析框架，因此这种进步是有限的。就连卢卡斯本人也指出，真正的发展理论必然以微观模型为基础。（2）对知识和人力资本的过分强调。如卢卡斯模型为突出人力资本的积累及其作用，但却把物质资本抽象掉。（3）把知识和人力资本作为独立要素，但在可加性和可测性上遇到了困难。无论是罗默的新思想、新知识的创造引起的技术进步，还是卢卡斯人力资本投资引起的技术进步，都有一个难以测度和加总的问题。

2.2　服务经济理论

关于第三产业①的思想渊源可以追溯到 17 世纪末威廉·配第（Wil-

---

① "第三产业"和"服务业"两个概念内涵大致相同，早期的论述主要使用第三产业概念，现在则更多地使用服务业概念。

liam Petty）的有关论述，然而他当时仅仅阐述了有关第三产业的一些思想。第三产业理论的真正产生和发展是从 20 世纪 30 年代开始的，1935 年英国经济学家费希尔（A. Fisher）在《进步与安全的冲突》一书中，根据产业发展顺序明确提出"第三产业"的概念，确立了国民经济的三次产业分类法①。1940 年，英国经济学家克拉克发表了《经济进步的条件》一书，继承并发展了配第的思想，并提出著名的克拉克定理。20 世纪 60 年代以来，随着经济的发展和社会的进步，服务业比重出现日益增大的现象。对此，美国学者富克斯（Fucus，1968）在其专著《服务经济学》中首次提出"服务经济"（Service Economy）的概念，并认为美国在西方国家已率先进入"服务经济"②。从费希尔"第三产业"概念的提出到克拉克定理的发现，再到富克斯"服务经济"概念的提出，西方服务经济理论的发展渐成体系。此后，服务经济理论随着实践的发展进一步深化。下面分别从服务业发展的阶段理论、服务业与就业关系理论、服务业与产业结构变动理论、服务业与经济增长关系理论四个方面阐述服务经济相关理论。

2.2.1 服务业发展的阶段理论

非均衡经济发展的代表人物之一罗斯托（W. W. Rostow）在 1960 年出版的《经济增长的阶段》一书中，将经济发展阶段划分为：传统社会、起飞前准备阶段、起飞阶段、成熟阶段和大规模高额消费阶段五个阶段。在这几个阶段中，服务业的发展及其重要性逐步增强。在传统社会，生产力水平停留在很低状态，农业是主要的支柱产业，服务业还处于萌芽阶段。起飞前准备阶段是一个从传统社会向起飞阶段过渡的转型期，在这一阶段，占劳动人口大多数的农业劳动力向工业、交通、贸易和现代服务业

---

① 根据经济活动与自然界的关系，把取自于自然的产业——农业，包括种植业、畜牧业、林业和狩猎业称为第一产业；把加工取自于自然的生产物的产业——广义的制造业，称为第二产业；而第三产业则是繁衍于有形物质生产活动之上的无形财富的生产部门。

② 其标准是服务业的就业比重超过 50%，就意为进入了"服务化社会"。

转移，服务业的发展开始起步。到了起飞阶段，传统产业实现了工业化，经济开始步入稳定增长时期，新的价值结构已经建立并占据主导，生活的服务化被广泛接受，服务业的发展进入一个全新阶段。成熟阶段是一个依靠技术进步不断增长以达到高度繁荣的"纯技术阶段"，在这个阶段，技术创新和进步使各行业加速发展，服务业的发展也因此进入飞速发展时期，成为国民经济的主导产业。在大规模高额消费阶段，基本的衣食住行需求已经完全得到满足，人口高度城市化，就业劳动力高度技术化。人们的需求已经从物质需求转向服务需求，社会全面进入服务型社会。国民经济的发展步入服务经济时代，服务业成为经济发展中的关键。

美国社会学家丹尼尔·贝尔（Daniel Bell，1973）在《后工业社会的来临》一书中，明确提出经济发展的三阶段理论，即前工业社会（Pre-industrial Society）、工业社会（Industrial Society）和后工业社会（Post-industrial Society），并分析了这三个阶段服务业的发展问题。前工业社会是典型的农业社会，生产率较低，社会生产主要以满足基本生活需要为主，相应的服务业主要是个人服务和家庭服务。工业社会是一个商品社会，在这一阶段，机械化生产和先进技术在社会生产中占据主导，所以此时的服务业主要是与商品相关的服务业（商业）。在后工业社会，生产和消费都不再以物质产品为主，而是以服务产品为主，相应的服务业主要包括知识型服务、休闲娱乐及公共服务等。[①] 按照贝尔的理论，以服务业为主体的"后工业社会"主要具有以下几个特征：（1）全社会大多数人口在第三产业就业；（2）知识、科学和技术在社会中占据首要地位；（3）专业和技术人员在社会中具有突出的重要作用；（4）价值体系和社会控制方式的转变：从经济模式到社会模式。总体来看，服务业在经济发展的各阶段中，经历了从个人服务和家庭服务到商业服务再到知识型服务、休闲娱乐和公共服务的变迁过程。

---

① 贝尔认为，"如果工业社会是以商品数量来定义社会质量的话，后工业社会就是以服务和舒适—健康、教育、休闲和艺术—来定义社会质量"（Bell，1973）。

2.2.2　服务业与就业关系理论

最早对就业结构变动做出考察的是英国古典经济学家威廉·配第（William Petty），在其 1691 年出版的著作《政治算术》中，配第阐述了有关第三产业的早期思想及有关三次产业的变动规律，其主要内容是揭示劳动力在产业间转移的动因、方向及后果。配第认为，制造业比农业，进而商业比制造业能够得到更多的收入。产业之间收入水平的差异，是促使劳动力在产业间转移的动因，转移的方向从农业到手工业、制造业再到商业。随着劳动力在产业之间转移，劳动力就业层次的提高，经济体的收益增多，消费水平也得以提高。配第还结合当时的实际情况指出，大部分人口都从事制造业和商业的国家，其人均收入要远远高于其他国家。配第所描述的不同产业间收入的相对差异及其推动的劳动力就业结构变化的规律，后来被称为"配第定律"。

1940 年，英国经济学家克拉克（C. G. Clark）出版了《经济进步的条件》一书，在配第的研究成果上，计量和比较了不同收入水平下，劳动力在三次产业中分布结构的变动趋势，得出以下结论：随着时间的推移和社会经济的发展，从事农业的人数相对于从事制造业的人数趋于下降，进而从事制造业的人数相对于从事服务业的人数趋于下降。而劳动力在产业之间变化转移的原因是由经济发展中各产业间的收入出现相对差异所造成的。由于克拉克的这一经济思想与配第的经济思想一脉相承，后来学术界把他们的发现称为"配第—克拉克定理"。其完整表述为：随着经济的发展和人均收入水平的提高，劳动力首先由第一产业向第二产业转移，以后随着人均收入水平的提高，劳动力又会向第三产业移动。对于劳动力在三大产业间分布的原因及其影响因素，克拉克认为有两点解释：一是需求因素。服务业所提供的产出，既面向消费者，也面向企业，因此具有很高的边际需求，其相对需求上升是必然的；二是效率因素。不同部门存在不同的生产效率，服务业中劳动力份额持续上升的原因在于对服务部门的社会需求比其生产效率增长更快。

2.2.3　服务业与产业结构变动理论

美国著名经济学家西蒙·库兹涅茨（S. Kuznets，1971）认为现代经济增长具有以下几个特征：人均产值的持续增长、人口的加速增长、生产结构和社会结构的巨大变化。在结构变化方面，库兹涅茨特别强调了三点，分别是：工业化过程、城市化过程和需求结构的变化。在此基础上，库兹涅茨进一步指出，现代经济增长的实质是经济结构的全面变化过程，它并不仅仅是一场工业革命，还是一场农业革命和以交通通讯革命为主要代表的服务业革命。在资源的流向上，现代经济增长的过程不仅是各种资源向工业部门流动的过程，更为重要的是，服务业在这一过程中所吸纳的劳动力日益增多。库兹涅茨还解释了现代经济增长过程中服务业吸纳劳动越来越多的原因：对服务的中间需求日益扩大、政府对服务的消费需求大幅增加，以及对服务的最终需求也在逐步增加。

库兹涅茨还在克拉克的研究基础上，扩大了样本范围，从国民收入和劳动力在产业间的分布两个方面，对伴随经济发展的产业结构演进规律做了进一步研究。克拉克主要研究了劳动力在三次产业间分布结构的演变，库兹涅茨则在此基础上，通过二十多个样本国家的数据，对国民收入和劳动力在产业间的分布结构进行了研究，得到了著名的"库兹涅茨法则"：随着时间的推移，第一产业的国民收入比重和劳动力比重均处于不断下降趋势；第二产业的国民收入相对比重基本是上升的，劳动力比重基本不变或略有上升。在工业和制造业内部一些与现代技术密切相关的新兴产业部门增长最快，而一些传统产业部门，则在产值结构比重和劳动力结构比重上均有下降的趋势；第三产业的劳动力比重呈上升趋势，国民收入相对比重基本不变或略有上升。在服务业内部，各产业部门的发展也是不同的，如教育、科研和政府行政部门在劳动力的占用上显示出其比重是上升的①。

---

① 库兹涅茨. 各国的经济增长—总产值和生产结构［M］. 北京：商务印书馆，1985：118.

由此可以看出，随着经济的发展和工业化水平的提高，第二产业不太可能再大量吸收劳动力，而第三产业具有很强的吸纳劳动力的特征。

2.2.4　服务业与经济增长关系理论

服务业与经济增长的关系是服务经济理论的核心问题。美国经济学家富克斯（Fucus，1968）在其专著《服务经济学》中，利用美国服务业的统计数据，深入分析了服务业就业增长状况及其原因、各服务行业之间在生产率方面的差异，以及服务生产率、增长与工资之间的关系等。富克斯认为，服务业具有大量吸纳劳动力的潜力，随着经济的发展，服务业就业呈现快速增长趋势。服务业就业增长较快的原因在于：（1）服务需求的收入弹性较大，当经济发展到一定阶段后，它就进入一个快速发展期；（2）分工深化和生产专业化使得原来由企业内部提供的服务逐渐市场化，衍生出专门为企业（尤其是制造企业）提供服务的各类组织；（3）服务业人均产出的增长率低于其他产业尤其是制造业，说明了国民经济中服务业就业的日益重要。在上述三个原因中，人均产出增长较低是服务业就业增长的主要原因。就具体行业来看，通讯和公共事业的生产率变化处于领先水平，政府机构的生产率增长最慢。服务业增长率和生产率变化之间呈正相关关系，但人均产值的变化同工资之间并不存在明显的正相关性。在服务业快速发展背景下，富克斯提出了"服务经济"，表明服务业已经从对第一、第二产业的依附关系，转向由服务业创造新的经济内容。

当然，服务经济现象也受到了部分质疑。鲍莫尔（Baumol，1967）的两部门非均衡增长模型讨论了服务部门生产率增长滞后及其相关的宏观经济含义。在该模型中，鲍莫尔将整个经济划分为技术停滞部门（stagnant sector）和技术进步部门（progressive sector），前者主要指服务业部门，后者主要指制造业部门。其中技术进步部门的劳动生产率增长率为正，技术停滞部门的劳动生产率增长率为 0。该模型假定劳动是唯一的要素投入，不同部门的劳动收入即工资水平相同，其增长速度与技术进步部门劳动生产率的增长速度相同。于是，这两个部门的生产函数可以表示为：

$$Y_{st} = aL_{st} \qquad\qquad (2-11)$$

$$Y_{pt} = bL_{pt}e^{rt} \qquad\qquad (2-12)$$

其中，Y_{st} 和 L_{st} 分别为停滞部门在 t 时刻的产出与劳动投入；Y_{pt} 和 L_{pt} 分别为进步部门 t 时刻的产出与劳动投入；a 和 b 为技术参数；r 为进步部门的劳动生产率增长率，根据假定，$r > 0$，且工资 $W_t = We^{rt}$。

因此，技术停滞部门和技术进步部门单位产出的成本分别为：

$$C_s = W_t L_{st}/Y_{st} = We^{rt}/a \qquad\qquad (2-13)$$

$$C_p = W_t L_{pt}/Y_{pt} = W/b \qquad\qquad (2-14)$$

假设两个部门产出的需求弹性相对价格来说是不变的，而价格又由成本决定，因此，两个部门的相对成本将保持不变，设为 A，那么，这两个部门的产出比率为：

$$Y_s/Y_p = aL_{st}/bL_{pt}e^{rt} = aA/be^{rt} \qquad\qquad (2-15)$$

假设技术停滞部门的需求具有零价格弹性和充分的收入弹性，或者它能够得到足够的政府补贴，无论技术停滞部门的成本和价格如何变化，它相对于技术进步部门的产出始终保持不变，设为 K，再假定 $L = L_s + L_p$ 为全部劳动供给量，于是：

$$L_s = LKe^{rt}/(1 + Ke^{rt}) \qquad\qquad (2-16)$$

$$L_p = L - L_s = L/(1 + Ke^{rt}) \qquad\qquad (2-17)$$

当保持技术停滞部门和技术进步部门的产出比重不变时，将整个经济的产出看作技术停滞部门和技术进步部门产出加权和，设为 I，则整个经济的产出增长率为：

$$(dI/dt)/I = r/(1 + Ke^{rt}) \qquad\qquad (2-18)$$

根据式（2-13）~式（2-18），可以得出以下结论：（1）技术进步部门单位产出的成本不变，而技术停滞部门单位产出的成本将不断上升并且趋于无穷大；（2）如果对技术停滞部门的需求富有价格弹性，那么其产出将趋于零，即该部门会在经济体系中消失；（3）如果对技术停滞部门产出的需求缺乏价格弹性，随着时间的推移，劳动力将不断转移到该部门，而技术进步部门的劳动力比重将趋于零；（4）当技术进步部门和技术停滞部门的生产率存在显著差异时，如果要实现均衡增长，总体经济增长率将逐步趋于零。也就是说，在技术停滞部门的劳动生产率和整个劳动供给量不变的情况下，如果要保持两个部门实际产出比重不变，会由于越来越多的劳动力转移到技术停滞部门，导致整个经济增长逐渐趋于停滞。

鲍莫尔的两部门非均衡增长模型表明，在生产率增长内在不平衡的经济体系中，由于名义工资的同水平增长，技术停滞部门（服务部门）的成本将不可避免地累积性无限增长。其结果是，如果该停滞部门的需求价格弹性较低，那么其产品及服务的价格将越来越高，即出现鲍莫尔所言的"成本病"（Cost Disease）现象。这一模型提出后争议一直不断，因为许多实证研究发现，某些服务行业（如通信业等）的生产率增速比大多制造部门生产率的增速还高。还有些批评者认为，鲍莫尔忽视了服务业内部组成部门的异质性，将所有服务部门统称为停滞部门过于武断。特别是20世纪80年代以来，以交通通信、金融保险、信息服务、商务服务为代表的生产性服务业崛起后出现的整体经济增长率回升的现象，似乎也说明了鲍莫尔模型的结论值得商榷。

20世纪80年代，一些学者（Shelp，1984；Riddle，1986；Grubel & Walker，1989）指出，任何产品的生产都会融入越来越多的服务作为中间投入要素，中间需求的扩大是服务业增长的主要动力。随着经济的发展，生产技术和生产组织方式发生重大变化，服务已经渗透到生产环节的每一个领域。这些服务包括：（1）直接作为工业企业的中间投入；（2）作为商品交换过程的一部分流通和金融服务；（3）与新生产结构相适应的人力资本的形成所需的服务；（4）对整个生产体系进行空间上的协调和规制所需的服务。这说明经济发展对服务的需求不再是在商品生产体系外部实现，而是通过技术进步、制度变革等引起的对服务的中间需求展开。在现代工业生产中，制造和服务已经进入高度相关和互补的阶段，由此生产性服务成为服务业中增长最快的组成部分。

2.3 流通经济理论

在整个经济学发展史中，唯一对流通问题做出全面系统分析的是马克思。[①] 与以往西方经济学家不同的是，马克思把流通提到了很高的地位，并将其作为《资本论》的主线之一。马克思的流通思想和理论，成为我国流通经济发展的重要基础。20 世纪 90 年代以来，随着我国市场经济体制改革的深入，对流通经济问题的研究经历了"流通先导论""流通基础论""流通战略论"的演变过程。目前学界对流通问题的研究在不断推进，研究的内容也在不断深化和拓展，而且已经把流通的地位和作用提升到了国民经济运行的高度，流通产业成为国民经济的先导产业和基础产业已经得到了普遍认同。尤其是随着服务经济的崛起，作为第三产业的重要组成部分，流通业的地位和作用不断提升，已经成为国家和地区经济发展水平和综合实力的体现，我国流通理论的发展也进入一个新阶段。下面分别从马克思的流通理论、流通先导论、流通基础论、流通战略论四个方面对流通理论进行梳理。

2.3.1 马克思的流通理论

马克思经济学理论体系从总体上可概括为四大方面：生产、交换、消费和分配，流通理论是马克思经济学交换理论的重要组成部分。在其历史性巨著《资本论》中，马克思把流通过程置于整个资本主义生产过程中加以研究，从流通概念、流通时间、流通费用、流通形式、流通过程等方

---

① 西方主流经济学中并没有对流通理论进行专门研究。为了分析市场在资源配置中的有效性，新古典经济学假设生产者和消费者直接见面，市场完全竞争、供求自动均衡、市场自动出清，在此基础上研究了生产者行为、消费者行为以及两者同时存在时市场的竞争性均衡。但是这种抽象假设忽视了客观上存在于生产与消费之间的媒介要素——流通。正因为如此，西方经济学理论只有系统的生产者理论、消费者理论、市场理论，却没有专门的流通理论。

面建立了系统且完整的流通理论，阐明了市场经济条件下流通的一般规律，明确了流通在社会再生产和经济运行中的作用。

马克思对流通问题的研究是从商品交换开始的。马克思指出，早期的商品交换是物物交换，随着货币的产生及进入交换过程的商品数量和种类的增多，商品交换由直接的物物交换转变为以货币为媒介的交换。马克思认为，商品流通是交换的总体。正如马克思所说"每个商品的形态变化系列所形成的循环，同其他商品的循环不可分割地交错在一起。这全部过程就表现为商品流通。"① 他强调，商品流通是一系列永无止境的社会性交换过程，而非一种偶然的个别的交换行为。马克思还指出，"商品流通是资本的起点。商品生产和发达的商品流通，即贸易，是资本产生的历史前提。"② 从这个意义上看，商品流通不仅是资本主义生产方式的前提，也是商品生产的前提。没有发达的商品流通，就不会有发达的商品生产，也就不会有发达的商品经济，流通是商品经济的特有范畴。总体来看，马克思是从三种意义上研究流通的，即商品流通、货币流通和资本流通，而商品流通是真正意义上的流通。流通并不是一开始就存在的，它的产生是与社会分工紧密联系在一起的，社会分工是商品交换、商品流通形成和发展的前提条件，只要有社会分工存在就会有商品交换，就会有商品流通。

在生产、分配、交换（流通）和消费四要素基础上，马克思把社会再生产分为互为媒介的生产过程和流通过程，生产过程是创造使用价值的劳动过程和价值形成过程的统一，而流通过程则是产品从生产到消费的移动过程和实现过程的统一，其中包括产品在空间和时间上的移动与个别劳动到社会劳动的转换。在对生产与流通关系的把握上，他认为，生产决定流通，"一定的生产决定一定的消费、分配、交换和这些不同要素相互间的一定关系"③，流通反过来影响和制约生产，"生产过程如果不能转入流

---

① 马克思. 资本论，第 1 卷 [M]. 北京：人民出版社，1975：131.
② 马克思. 资本论，第 1 卷 [M]. 北京：人民出版社，1975：167.
③ 马克思，恩格斯. 马克思恩格斯全集，2 版，第 30 卷 [M]. 北京：人民出版社，1995：40.

通，那么生产就要陷入绝境"①。生产对流通的决定作用主要表现在生产决定了流通的物质内容、生产方式决定流通的性质、生产的规模和结构决定和影响着流通的规模与结构。流通对生产的影响和制约作用主要表现为流通是商品生产得以存在和发展的前提条件、流通是生产社会化条件下商品生产运行的基础，并对社会扩大再生产的速度、比例、结构等均起着重要影响。因此，流通是社会再生产的重要组成部分，社会生产的发展要求流通的发展与之相适应。

2.3.2　流通先导论

流通先导论由我国著名经济学家刘国光（1999）首先提出。他认为，随着我国买方市场的形成，消费者主导权的确立，消费对经济增长的作用越来越大。流通作为连接生产和消费的中间环节，能够不断把消费者的即期需求、潜在需求转化为现实的消费行为，在这个转化过程中，流通业将从计划经济体制下的末端行业升级为市场经济体制下的先导行业。宋则（2003）认为，中国作为一个从计划体制向市场体制转型的国家，与成熟的市场经济国家的显著差异在于流通产业和市场体系等传导产业和机制的缺失。因此，在运用一般意义上的财政政策、货币政策和其他宏观政策化解经济难题的同时，更应强化流通产业的功能，并提出要把确立流通产业的先导地位作为流通创新的核心思路。

流通先导论认为，当买方市场逐渐形成，经济从资源约束型、供给约束型变为市场约束型和需求约束型的时候，流通产业在社会生产中的地位开始提高，从启动市场经济运行的起点，转化为周而复始的经济增长的新起点，流通产业因而从国民经济的末端产业上升为先导产业。流通产业的先导性主要表现在以下几个方面：一是引导生产。企业生产什么，生产多少，如何生产及产品如何销售，完全由市场需求决定；二是促进消费。通

---

① 马克思，恩格斯. 马克思恩格斯全集，1版，第46卷（上）[M]. 北京：人民出版社，1972：388.

过流通启动市场、促进需求和扩大消费；三是产业关联。通过流通的调节转换功能，改变商品的供给结构和需求结构，促进产业结构调整和产业升级，促进生产和消费的统一。流通先导论强调，流通是反映一个国家经济发展和社会繁荣程度的窗口，是体现一个国家综合国力和人民生活水平的重要指标，是不断启动市场、促进需求和消费不断提升的助推器。在社会化大生产、大流通中，流通业会发挥更加明显的作用。

但也有学者指出，流通业要成为国民经济的先导性产业，必须建立在流通先导力不断提升的基础上。所谓流通先导力，是指流通对经济社会发展的引导和推动能力，它可以通过流通对国民经济的贡献率、对就业的贡献率等指标来衡量，流通先导力是流通引导和推动经济社会发展能力的综合体现，包括流通的导向力、传导力和推动力（王先庆和房永辉，2007）。流通处于生产与消费的中间环节，这是流通业成为先导性产业的必要条件，但它并不是一开始就是先导性产业，只有经济发展到一定阶段，工业化程度、市场发育水平、产业结构水平、消费水平、城市化水平达到一定程度后，流通业在国民经济中的先导性作用才会越来越大。要使流通业成为先导性产业，可以选择资本推动型（投资力度）、制度推动型（体制改善）、政策推动型（政策引导）和市场推动型（市场完善）等政策。

2.3.3 流通基础论

严格来说，对流通基础论的研究，始于 20 世纪 90 年代①。但早期的研究并没有明确流通产业是基础产业。2003 年，黄国雄首次提出流通基础产业的概念。他认为，流通产业不仅在国民经济运行中起先导作用，而且是一个基础性产业，因为流通产业具有衡量基础产业所具有的基本特征，即社会性、贡献率、关联度、就业率和不可替代性。洪涛的《流通基

---

① 这方面的研究包括：徐从才、陈阿兴所著的《商业产业论》（1995）；贾履让、张立中主编的《中国流通产业及其运行》（1998）；高铁生主编的《中国流通产业政策研究》（1999）。

础产业论》（2004）是我国第一部关于流通基础论的专著。书中提出，流通产业的基础性地位既表现为其市场经济效应，也表现为其广泛的社会效应，中国流通产业已成为基础产业，但其基础地位还不稳定。

流通基础论的核心观点是，流通产业实质是一个基础性产业。传统的基础产业主要指上游产业、基础环节和基础设施等，如农业、能源工业和基本原材料工业、水电气供应等公共设施。随着经济的发展和科技的进步，第三产业在国民经济中所占比重越来越大，产业结构也因此发生重大变化，因而基础产业的基本范畴、内容结构也相应发生了变化。在现代经济条件下，流通业已经成为国民经济的基础性产业之一。人类的商品社会最早有交换，然后才有流通，流通是交换的一定要素，或者说是总体上的交换。流通发展到一定程度出现商业，商业是从生产领域分离出来的一个独立的行业部门，商业的形成过程就是从简单商品流通到发达商品流通的过程，发达商品流通的组织形态就是商业。商业作为一个行业，当其在国民经济中发展到一定程度时，就成为流通产业。在现代市场经济条件下，流通产业的先导性、基础性地位越来越重要。中国流通产业已经成为国民经济的基础产业，其基础产业的经济特征已经具备。

流通产业具有衡量基础产业所具有的五个基本特点：第一，社会化。流通业通过自身的商业活动在全社会范围内为生产和生活提供各种商品和服务，既为生产企业提供原料设备和销售产品服务，也为广大消费者提供生活用品，是一项社会性的经济活动；第二，关联度。流通是生产与生产、生产与消费的中介，是国民经济各部门的桥梁和纽带，是国民经济中关联度最高的产业之一；第三，贡献率。随着第三产业在国民经济发展中的比重越来越大，流通业的贡献率也随之增长；第四，就业比。网点多、分布广、准入度低等特点使得流通业在社会就业方面也发挥着基础性作用，随着城市化的发展，流通业将在更大程度上吸纳就业；第五，不可替代性。流通业作为社会分工的产物，能够媒介商品交换，提供商业服务，这是任何其他产业所无法取代的职能。流通基础论的另一个重要观点是：流通产业是生产性产业。该理论认为，只要是能够创造价值的人类活动，无论是有形的还是无形的，物质的还是精神的，都属于生产性劳动。流通产业既提供有形商品，也提供无形服务，以多种形式满足社会生产和人民生活的多层次需要，所以也是生产性产业。从产业政策层面看，流通产业应予以优先安排、重点扶持、大力发展。

2.3.4　流通战略论

2004 年以来，随着中国流通业对外开放的推进，流通业的重新定位、流通业开放与国家经济安全问题受到更多关注，对此有学者提出流通战略产业论，其中较具代表性的学者是刘子峰（2005），以及冉净斐和文启湘（2005）。刘子峰（2005）从产业关联度、国家经济安全、经济增长贡献率、就业贡献率等指标分析，提出我国流通产业不仅是先导产业和基础产业，更应当提升为经济发展的战略性产业的观点。冉净斐和文启湘（2005）从流通竞争力和国家竞争力的关系、流通产业安全等角度论证了流通产业作为战略产业的理论依据，并从产业政策视角提出大力发展流通战略产业的措施。

流通战略论认为，流通产业应该定位于国家的战略产业，要从战略产业的高度认识流通对于经济发展和经济安全的重要性。流通产业之所以能成为战略性产业，是由市场经济发展的客观规律，以及我国经济发展的特定阶段决定的。在不同的经济发展阶段，生产与流通的地位也在不断发生变化。工业化起步阶段，科技革命的推动使得生产能力极大提高，社会产品从相对短缺变得逐渐丰富，这时生产对消费、流通乃至经济发展和社会进步起着决定性作用。工业化进入扩张阶段，产品的大规模标准化生产成为可能，商品供给充足，居民消费结构也逐渐向多样化和个性化方向发展，生产和消费总量和结构的非均衡使得社会产品的供给大于需求，买方市场已经形成并成为一种常态。此时，流通业对生产和经济社会发展的导向作用凸显出来。在经济全球化、市场化和工业化日益走向成熟阶段，社会生产的巨大发展彻底改变了短缺经济，但产业结构失衡、供求关系失调、经济波动频繁等，成为经济社会发展的深层次障碍。在这种环境下，流通业作为战略产业是解决这些问题的必然。

流通产业具有战略产业的特征，主要表现在以下方面：第一，产业关联度。商品是市场经济的基础元素，媒介商品流通是流通产业最基本的职能，市场经济条件下任何一个产业、经济部门及微观经济主体的存续和发展都不可能离开流通，因而流通业具有最高的产业关联度；第二，国家经济安全。现代流通业内部，其经营方式正在经历着一场大变革，现代流通企业凭借强大的渠道整合能力和资源控制能力，使得现代流通业有能力通过渠道的垄断实现对上游生产部门的控制。因此，在对外开放背景下，本国流通业的发展对国家经济安全有着重大影响；第三，经济增长贡献力。流通业财富增长将成为经济增长的主要动力，并且通过提高物流效率、节约物流成本对国民经济增长产生强大的贡献力；第四，扩大内需和增加就业。发达的流通业具有引导需求、发现需求和创造需求的功能，并且现代流通业在技术及经营管理方面也具有实现促进消费、扩大内需的条件。而流通业技术相对简单、工作时间、地点相对灵活等特点，决定了该产业具有很强的就业吸纳能力。

2.4　本章小结

本章对经济增长理论、服务经济理论、流通经济理论进行了较为系统的梳理，以利于对流通业增长效率问题的理解，同时也是本书的理论基础。

经济增长理论经历了古典经济增长理论、新古典经济增长理论再到新经济增长理论的发展历程。早期的古典增长理论尽管对经济增长的源泉进行了很多有益的探索，但由于历史原因，并没有形成一个完整的分析框架。哈罗德—多马模型的提出标志着现代经济增长理论的形成，模型首次用数理方法建立规范模型对经济增长问题进行研究，具有开创性意义，但由于其假设条件的局限性，使得其结论与现实有一定的差距。新古典增长理论中，技术进步首次被纳入增长模型，在较为完整地描述和解释经济增长动因的同时，也使得对于经济增长因素的理解进入一个新境界，但是并没有对技术进步做出比较令人满意的解释。新经济增长理论的提出，通过引入知识和人力资本，实现了技术进步的内生化，它突破了传统增长理论单纯论述资本和劳动的局限性，强调知识外溢、专业化的人力资本、劳动分工，以及研究和开发，直至将政府作用内生化，从全新视角论述了经济增长的根源，才实现了增长理论的重大创新。从早期缺乏统一的研究框架到新古典增长理论将现实的增长问题模型化，再到新经济增长理论的深化，使得对经济增长问题的研究不断深入。

服务经济理论主要由服务业发展的阶段理论、服务业与就业关系理论、服务业与产业结构变动理论、服务业与经济增长关系理论组成。服务业的发展与经济发展阶段相联系，罗斯托的经济增长的阶段理论和贝尔的经济发展的三阶段理论强调了服务业在经济社会发展后期的重要地位和作用，当工业化进入中后期时，服务业将成为经济社会发展的主导。配第—克拉克定理揭示了服务业与就业结构变动的关系，随着经济的发展和人均收入水平的提高，劳动力将不断地从第一产业向第二产业再向第三产业转移。库兹涅茨对伴随经济发展过程中的产业结构演进规律进行了研究，从就业结构和产值结构两个方面说明了服务业在经济发展中的作用，表明服务业具有很强的吸纳劳动力的特征。服务业与经济增长的关系理论是服务经济理论的核心问题，富克斯从服务业就业增长状况、服务行业生产率差异、服务生产率与增长及工资的关系等方面研究了服务经济的增长对整个社会和经济的影响，而鲍莫尔的两部门非均衡增长模型则讨论了服务部门生产率增长滞后及其相关的宏观经济含义，由此逐渐形成了比较系统的服务经济分析框架。

流通经济理论以马克思的流通理论为立论依据，此后对流通理论的研究经历了流通先导论、流通基础论、流通战略论的演变过程。首先对流通做出科学评价的是马克思，马克思用抽象的、历史的方法考察了商品生产和商品交换的历史，分析了商品流通的产生原因，以及市场经济条件下流通的一般规律。马克思关于流通理论的论述对当代流通理论有很大启示，它是我国流通经济理论形成和发展的重要理论基础。流通先导论强调，当买方市场逐渐形成，经济从资源约束型、供给约束型变为市场约束型和需求约束型的时候，流通产业在社会生产中的地位开始提高，成为启动市场经济并使之周而复始运行的起点，因而从国民经济的末端行业上升为先导行业。流通基础论认为流通产业不仅在国民经济运行中起先导作用，而且是一个基础性产业，具有基础产业的全部特征，由此得出流通产业已经成为国民经济基础产业的重要结论。流通战略论认为流通产业不仅是先导产业、基础产业，更应当作为战略产业，要从战略产业的高度认识流通对于经济发展和国家经济安全的重要性，从而把流通产业提升到战略性高度。

第 3 章

效率与生产率分析方法

效率与生产率分析是现代经济学的重要研究领域，其研究的是投入转化为产出的绩效测度。经济学角度的效率主要是指在社会经济活动过程中，现有生产要素与它们所提供的效用之间的对比关系，即投入与产出或成本与收益之间的对比关系，是衡量经济活动的重要指标之一。从本质上讲，效率是资源的有效配置能力、市场竞争能力、投入产出能力和可持续发展能力的总称。生产率也是一种效率指标，指的是生产过程中投入要素转变为实际产出的效率，反映生产要素的配置状况、生产管理水平、劳动者素质，以及各种经济制度和社会因素对生产活动的影响程度，是技术进步对经济发展作用的综合体现。为了更好地研究中国流通业增长的效率特征和变动情况，有必要对效率与生产率的基本概念和方法进行一个较为全面的阐述。本章将首先引入效率与生产率相关概念，在此基础上详细介绍效率与生产率的分析方法，最后对相关分析方法进行比较。

3.1 效率与生产率相关概念

在效率与生产率分析领域，有一些比较重要的概念。这些概念的重要性主要体现在实际分析中对相关研究方法的理解上。下面对本书中涉及的一些重要概念进行阐述，以便为后续研究提供支撑。

3.1.1 技术效率与配置效率

现代效率理论的开创者法雷尔（Farrell，1957）提出经济效率的概念，并将其分解为两个部分：技术效率（Technical Efficiency，TE）和配置效率（Allocative Efficiency，AE）。其中，技术效率反映企业在既定的技术水平和投入水平下获得最大产出的能力；配置效率反映企业在既定的投入品相对价格和生产技术下以最优比例利用投入的能力。技术效率与配置效率的乘积构成总的经济效率（Economic Efficiency，EE）。

3.1.1.1 技术效率

经济学生产理论中经常采用生产可能集和生产前沿面描述企业的技术状况。生产可能集是在既定的技术水平下所有可行的投入产出组合的集合。生产前沿面①则是在既定技术水平下有效率的投入产出组合的集合，即投入一定情况下的产出最大值或产出一定情况下的投入最小值的集合。技术有效性的研究始于库普曼（Koopmans，1951），他分别从基于产出和投入两个角度给出了技术有效的定义：如果在不增加其他投入（或不减少其他产出）的情况下，技术上不可能增加任何产出（或减少任何投入），则该投入产出关系是技术上有效的，而所有技术有效生产点所组成的集合就构成了生产前沿面。法雷尔（Farrell，1957）从投入角度定义了技术效率：技术效率是指在产出规模和市场价格不变的条件下，按照既定的要素投入比例，生产一定产量所需要的最小成本与实际成本的比率。莱本斯坦（Leibenstein，1966）则从产出角度给出了技术效率的定义：技术效率是指实际产出水平与在相同的投入规模、投入比例和市场价格条件下所能达

---

① 生产前沿面（production frontier），也叫生产可能性边界或技术前沿面（technology frontier），相应地，描述生产前沿面的函数被称为前沿生产函数或边界生产函数（frontier production function）。前沿生产函数是与传统的平均生产函数相比较而言的。平均生产函数描述的是一定的投入要素组合与平均产出量之间的关系，而前沿生产函数反映的是一定的投入要素组合与最大产出量之间的关系。

到的最大产出量的比率。

　　上述定义的实质是一致的，从产出角度看，技术效率是指在相同投入下生产单元①实际产出与理想产出（最大可能性产出）的比率；从投入角度看，技术效率是指在相同产出下理想投入（最小可能性投入）与实际投入的比率。即技术效率是生产实际值与最优值（最大产出或最小成本）的比较，它是用来衡量生产单元以生产前沿面为参照的能够获得最大产出（或最小投入成本）的能力，表示生产单元的实际生产活动接近生产前沿面的程度，反映了该生产单元在既定技术条件下的相关效率状况。一般来说，在实际经济活动中，绝大多数生产点往往由于各种非效率因素的作用，而无法实现在生产前沿面上生产，因此技术效率的取值一般在 0 到 1之间，数值越大，表示技术效率水平越高。技术效率这一概念的提出，使得我们能够从技术的角度分析生产上的非效率。自从法雷尔（Farrell，1957）提出技术效率的原始模型以来，就一直处于不断完善和发展之中，是整个生产理论研究的热点和重点②。

3.1.1.2　技术效率和配置效率

　　为了更好地理解技术效率和配置效率的内涵，了解下文所采用的具体研究方法，下面通过图示法给出具体的定义。

　　假定生产单元使用两种投入要素（X_1，X_2）生产一种产出 Y，SS' 表示完全效率企业（fully efficiency firms）的等产量曲线，该曲线相对应的函数 $Y=f(X_1，X_2)$ 即为前沿生产函数。AA' 是等成本曲线，在要素价格比已知的情况下，AA' 的斜率可以确定。P、Q、Q' 分别为不同生产单元的样本点，P 代表非经济有效单元，Q 代表技术有效单元，Q' 代表经济有效单元。这样，就可以利用由有效生产单元组成的等产量曲线 SS' 来度量各

---

　　①　在效率与生产率分析中，常常采用决策单元（Decision Making Unit，DMU）或生产单元来描述生产实体，它是比企业更为宽泛的术语。
　　②　法雷尔（Farrell）构建了用于测量两种投入单一产出企业的技术效率和配置效率模型，其提出的凸边界模型（Convex Facets）被认为是生产前沿面理论的基础。此外，关于技术效率方面的研究综述参见本书第 5 章中的相关内容。

单元的技术效率。以 P 点表示的生产单元的技术无效率可用距离 QP 来表示，它是在产出不减少时所有投入按比例可能减少的量，这通常由 QP/OP 表示的比率来表示，表明该单元要达到技术上有效率的生产可减少所有投入量的比率。技术效率（TE）常用比率 OQ/OP 来表示，如式 3－1 所示：

$$TE = OQ/OP = 1 - QP/OP \qquad (3-1)$$

其取值在 0～1 之间，它提供了生产单元技术效率程度的指标。取值为 1 意味着生产单元是完全技术有效的，例如，Q 点是技术有效的，因为它位于有效的等产量线上。

距离 RQ 代表生产从技术有效但配置无效点 Q 移动到技术和配置均有效点 Q' 时，所能减少的成本，所以 P 点的配置效率（AE）等于 OR/OQ，如式 3－2 所示：

$$AE = OR/OQ \qquad (3-2)$$

给定技术效率和配置效率的测量，总的经济效率（EE）可以用 OR/OP 表示，距离 RP 代表该生产单元要达到经济有效（技术有效和配置有效）可节省的投入成本。根据上述公式可得：

$$EE = OR/OP = (OQ/OP) \times (OR/OQ) = TE \times AE \qquad (3-3)$$

需要注意的是，技术效率、配置效率和经济效率的值都在 0～1 之间。如图 3－1 所示：

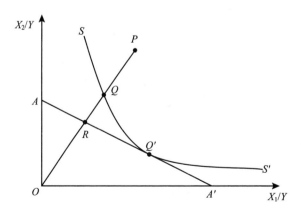

图 3－1　投入导向的技术效率和配置效率

投入导向的效率测量解释了在规模报酬不变、价格确定且在既定的技术水平下，一个生产单元可以按比例减少多少投入量并仍能保持原有产出量。如果换一种角度看，一个生产单元在投入量一定的情况下，可以增加多少产出量？这就是与上面讨论的投入导向相反的产出导向问题（如图 3 - 2 所示）。

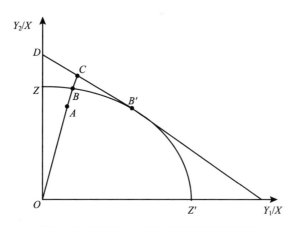

图 3 - 2　产出导向的技术效率和配置效率

假设生产单元使用一种投入要素 X，生产两种产出 (Y_1, Y_2)，ZZ' 是生产可能性曲线，即产出的前沿面。DD' 为等收入曲线，在价格信息已知的情况下，其斜率是确定的。A 为无效率生产单元，距离 AB 代表技术无效，它表示不需要额外的投入所能增加的产出量。因此，产出导向的技术效率可用 OA/OB 的比率来表示，如式（3 -4）所示：

$$TE = OA/OB = 1 - AB/OB \qquad (3-4)$$

配置效率可以表示为式（3 -5）：

$$AE = OB/OC \qquad (3-5)$$

这可以解释为生产从技术有效但配置无效点 B 移动到技术和配置均有效点 B' 时，收入的增加。进一步地，全部经济效率为这两个效率测量值的乘积，如式（3 -6）所示：

$$EE = OA/OC = (OA/OB) \times (OB/OC) = TE \times AE \qquad (3-6)$$

同样，这里的技术效率、配置效率和经济效率的值也在 0～1 之间。

3.1.2　单要素生产率与全要素生产率

一般意义上的生产率是指要素资源的开发利用效率，即生产过程中投入要素转变为实际产出的效率。生产率也是一种效率指数，即劳动、资本等生产要素及中间投入所产产量的效率指数，反映的是生产资料提供产出的能力（Grubel & Walker，1989）。它是衡量一个国家或地区经济发展水平和综合竞争能力的重要指标。生产过程中涉及的生产要素包括劳动力、资本、土地、原材料等多种要素，根据投入要素的范围和数量划分，生产率可以分为单要素生产率和全要素生产率。

3.1.2.1　单要素生产率

早期的生产率概念主要是指单要素生产率。所谓单要素生产率（Single Factor Productivity，SFP），是将产出量与某一单个投入要素如劳动力投入、资本投入等的数量联系起来，反映每单位某种投入要素（劳动力、资本等）所能带来的产出，研究的是不能由单个要素的投入增长解释的产出增长。根据研究目的和研究重点的不同，可以测算一个生产单元的劳动生产率、资本生产率等不同的单要素生产率。由于单要素生产率衡量的是单个要素的单位产出能力，有助于评估要素的使用效率及其动态变化，并且这一指标在处理上也比较容易，因此在早期的研究中被广泛使用。

但是，由于单要素生产率反映的信息有限，因此在实际应用中也面临很多局限。克雷格和哈里斯（Craig & Harris，1973）认为，单要素生产率在特定情况下是有用的，但其缺点是投入要素之间的相互替代可能会影响生产率的测算和评价。事实上，生产过程往往是多种生产要素共同投入的过程，各种要素之间有着相互替代的关系，而单要素生产率只能衡量一段时间内某一特定要素的使用效率，并不能反映整体生产率的变化。例如，当用资本替代劳动并且产出相同时，劳动生产率就会因为劳动投入的减少而提高，而资本生产率就会由于资本投入的增加而降低。此外，如果生产效率水平发生变化，而由单要素生产率反映的效率水平实际上是一种混合效应，其中既包含效率水平的变化，也包含投入比例的变化。因此，如果孤立地考察这种部分生产率，就可能会对总生产率指标产生误导（Coelli，2005）。

3.1.2.2 全要素生产率

相对于劳动生产率、资本生产率等单要素生产率，全要素生产率（Total Factor Productivity，TFP）更能从整体上反映真实的生产率状况。戴维斯（Davis，1954）首次明确提出全要素生产率的内涵，指出全要素生产率应针对全部投入要素测算，包括劳动、资本、原材料和能源等，而不是只涉及部分要素，全要素生产率是全部产出与全部投入总和的比率。与单要素生产率相比，全要素生产率衡量的是生产单元在其生产过程中单位总投入的总产量的生产率指标，即总产量与全部要素投入量之比，反映产出量与全部投入要素之间的效率关系，研究的是不能由全部要素投入的增长解释的产出增长。产出增长率超过要素投入增长率的部分就是全要素生产率增长率，这其中因为索洛（Solow，1957）的开创性贡献，又有"索洛余值"或"索洛残差"[①] 之称。所以，TFP 描述了产出增长中扣除要素投入总和增长之后的"剩余"部分，在索洛的分析框架中被视为技术进步，但它实际上还包括了效率的改善、要素质量的提高、专业化、组织创新和规模经济等许多内容，经常被用来度量要素投入变化以外的其他因素对产出增长的影响作用。

从本质上看，全要素生产率反映了投入产出过程中生产单元将投入转化为产出的效率，集中体现了其技术创新能力、资源利用效率、成本控制能力，以及竞争力等多方面特征，而诸如技术进步、效率改善、人力资本、制度变迁、研究与开发（R&D），以及规模经济等因素对于产出增长的影响最终都将综合反映在全要素生产率的变化上。所以，TFP 体现的是

---

① 索洛的分析框架参见本书第 2 章的相关内容。

生产单元在其投入产出过程中投入要素数量变化以外各种因素变化的综合
影响效应。也正因为如此，全要素生产率在实际问题中得以广泛应用，这
方面的实证与经验研究取得了大量丰富的成果[①]，与此同时，对 TFP 的分
解也取得重大进展。从近代效率测算理论出发，西水美惠子和佩奇
（Nishimizu & Page，1982）、克里拉杰恩等（Kalirajan et al.，1996）对索
洛的分析框架进行了发展，将技术效率作为一个影响因素加入到模型中，
从而将全要素生产率分解为技术水平的进步和技术效率的提高，其分析框
架如图 3 - 3 所示。

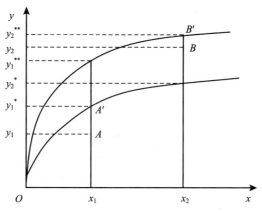

图 3 - 3　全要素生产率增长分解示意

在图 3 - 3 中，f_1 和 f_2 分别表示时期 1 和时期 2 所对应的生产前沿面，
x_1 和 x_2 分别表示相应时期的要素投入，y_1 和 y_2 分别表示相应时期的实际
产出，y_1^* 和 y_2^{**} 分别表示两个时期的最优产出（潜在产出）。这样，技术
效率可以用两个时期的实际产出与潜在产出之间的垂直距离来衡量，分别
记为 TE_1 和 TE_2。因此，两个时期的技术效率变化可以表示为（TE_1 -
TE_2）。技术进步可以用两个时期生产前沿面之间的垂直距离来表示，相
应两个时期的技术进步变化可以分别用（$y_1^{**} - y_1^*$）和（$y_2^{**} - y_2^*$）来表

---

① 有关全要素生产率方面的研究综述参见本书第 6 章中的相关内容。

示。将两个时期由于要素投入变动所引起的产出变动部分表示为 Δy_x，那么总产出的变动可以分解为：要素投入变动、技术进步和技术效率变动三个方面。即：

$$
\begin{aligned}
y_2 - y_1 &= (y_1^* - y_1) + (y_1^{**} - y_1^*) + (y_2 - y_1^{**}) \\
&= \{(y_1^* - y_1) - (y_2^{**} - y_2)\} + (y_1^{**} - y_1^*) + (y_2^{**} - y_1^{**}) \quad (3-7) \\
&= (TE_1 - TE_2) + TP + \Delta y_x
\end{aligned}
$$

式（3-7）中，（$y_2 - y_1$）为实际产出的增长，（$TE_1 - TE_2$）、TP、Δy_x 分别为技术效率的变化、技术进步及要素投入变动的贡献。图 3-3 实际上就是根据索洛对经济增长的分析框架将实际产出增长分解为：（1）沿着生产前沿面的移动（要素变动）；（2）向生产前沿面的逼近（技术效率变动）；（3）生产前沿面本身的移动（技术进步）三个部分，而（2）和（3）的作用就构成了全要素生产率的增长。就全要素生产率的组成成分——技术效率和技术进步而言，它们对于长期经济增长的含义也有着较大差异。技术效率对应着"水平效应"，技术进步则产生"增长效应"，前者会随着时间流逝而消失，而后者不仅可以不断维持下去甚至还可能扩大（Wu，2000）。

3.2　效率与生产率的分析方法

基本了解效率与生产率有关的概念后，下面具体讨论效率与生产率的分析方法。从前文的分析可以发现，在现代西方效率理论中，度量技术效率、配置效率、生产率的关键在于生产前沿面的确定。自 1957 年法雷尔（Farrell）提出技术效率这一概念后，许多学者开始投身于确定前沿面的研究，至今主要形成两大分支：参数方法（parameter estimation）和非参数方法（non-parameter estimation）。参数方法主要沿袭传统生产函数（增长核算法或索洛余值法）的估计思想，首先需要确定一种具体的生产函数形式，然后利用现代计量经济学方法，估计出前沿生产函数中的未知参数，从而完成前沿生产函数的构造。非参数方法则利用纯数学的线性规划技术和对偶原理确定生产前沿面，并完成对效率的测度。这两类方法统称为前沿分析方法（或生产前沿面方法）。其中，参数方法以随机前沿模型（Stochastic Frontiers Approach，SFA）为代表，非参数方法则以数据包络分析（Data Envelopment Analysis，DEA）为代表。下面分别对 SFA 和 DEA 这两种效率分析方法予以介绍。

3.2.1 随机前沿模型（SFA）

随机前沿模型（SFA）也称为随机前沿方法，是前沿分析中参数方法的典型代表，需要确定生产前沿的具体形式。与非参数方法相比，它的最大优点是考虑了随机因素对于产出的影响。艾格纳、洛尔夫和施密特（Aigner，Lovell & Schmidt，1977），穆森和布勒克（Meeusen & Broeck，1977），巴蒂斯和科拉（Battese & Corra，1977）首次提出 SFA 模型。皮特和李（Pitt & Lee，1981），库布哈卡尔（Kumbhakar，1990），巴蒂斯和科埃利（Battese & Coelli，1992）进一步将该模型推广为面板数据模型，巴蒂斯和科埃利（Battese & Coelli，1995）又发展了 SFA 模型，使其不仅可以估计出决策单元的技术效率，而且可以分析影响效率的因素。

3.2.1.1 早期模型

随机前沿模型是由艾格纳、洛尔夫和施密特（Aigner，Lovell & Schmidt，1977），穆森和布勒克（Meeusen & Broeck，1977），巴蒂斯和科拉（Battese & Corra，1977）分别独立提出的。在他们的模型中，误差项分为随机误差项和技术无效率项两个部分。其基本模型如下：

$$y_i = f(x_i,\ \beta)\exp(v_i - u_i)\, i = 1,\ 2,\ \cdots,\ N \qquad (3-8)$$

式（3-8）中，y_i 是第 i 家企业的产出水平；x_i 是第 i 家企业的投入向量；β 是待估参数向量；误差项（$v_i - u_i$）为复合结构，其中 v_i 表示在任何统计关系中均存在的统计误差，称为随机误差项，其服从正态

分布 $N(0, \sigma_v^2)$，并且独立于 u_i；u_i 是一个非负的误差项，用来表示技术无效。

从实际生产过程看，企业的生产效率除了受自身条件的限制以外，主要受到两方面因素的影响：一方面是随机因素的影响，体现在随机误差项 v_i 上，它是外部有利和不利因素相互作用产生的结果，比如天气气候、环境因素、自然灾害、政策变动、统计误差等。另一方面的影响则来源于企业自身技术水平的发挥，体现为技术无效率项 u_i，它源自企业的控制因素，如技术和经济无效率、生产者的努力程度等。由于受这些因素的影响，大部分企业会在前沿生产函数以下进行生产。技术效率 TE_i 定义为实际产出与可能实现的最大随机前沿产出之比，如式（3-9）所示：

$$TE_i = y_i / \{f(x_i, \beta)\exp(v_i)\} = \exp(-u_i) \qquad (3-9)$$

艾格纳、洛尔夫和施密特（Aigner，Lovell & Schmidt）假设 u 服从半正态分布或指数分布，穆森和布勒克（Meeusen & Broeck）假设其服从指数分布，巴蒂斯和科拉（Battese & Corra）假设其服从半正态分布。由极大似然法估计出 β、σ_v^2、σ_u^2 后，可以计算出样本的平均效率 $E(-u) = E(v-u) = -\sqrt{\dfrac{2}{\pi}}\sigma_u$（$u$ 服从半正态分布）和 $E(-u) = E(v-u) = -\sigma_u$（$u$ 服从指数分布），但不能计算出每个样本点的效率。为了计算每个样本点的效率，乔德罗等（Jondrow et al. , 1982）把技术无效率项从残差中分离出来，利用条件分布估计出每个样本点的技术效率。这种方法被称为 JLMS 方法，利用该方法，他们把技术效率定义为 $TE_i = \exp[-E(u_i|\varepsilon_i)]$，分别从半正态分布和指数分布两种形式推导出 $E(u_i|\varepsilon_i)$ 的表达式，从而得出技术效率的值，这是在方法上的很大突破。

此后，随着生产前沿面理论的不断丰富，随机前沿模型得到了进一步的改进与完善。集中体现在以下几个方面：一是对模型中无效率项的分布假设，如截断正态分布、指数分布和伽马分布（gamma distribution）等；二是应用面板数据（panel data）以及考虑技术效率随时间变动（time-varying）情况下的函数设定；利润函数随机前沿模型、成本函数随机前沿模型型的引入及其发展与完善，等等。

3.2.1.2　Pitt & Lee 模型

上述模型的产出、投入以及效率等与时间是无关的，是截面数据随机前沿模型。皮特和李（Pitt & Lee，1981），以及施密特和希克尔斯（Schmidt & Sickles，1984）指出，当研究样本是截面数据时，用极大似然估计法进行参数估计会由于忽略时间因素的影响，导致技术效率估计结果准确度的下降。施密特和希克尔斯（Schmidt & Sickles，1984）总结了采用截面数据所面临的三个困难：（1）虽然对于某些特殊分布假定，技术效率可以被有效估计和分解出来，但这些假定往往缺乏依据并且可能不具有良好的稳健性；（2）假定无效率项与前沿生产函数中的解释变量相互独立，而实际上技术效率与投入要素等其他回归变量可能是相关的，这将给估计带来困难；（3）在采用某些方法对截面数据进行处理时，得到的技术效率的估计结果可能并不是它的一致估计。

相比于单纯的截面数据，面板数据（panel data）更接近现实的生产活动，并且能够提供更多信息，从而能够有效地解决上述问题。皮特和李（Pitt & Lee，1981）首先提出了应用极大似然估计法研究面板数据随机前沿生产函数的分析框架，其基本模型如下：

$$\ln Y_{it} = \beta X_{it} + V_{it} - U_{it} \quad i = 1,\ 2,\ \cdots,\ N,\ t = 1,\ 2,\ \cdots,\ T \qquad (3-10)$$

式（3-10）中，$\ln Y_{it}$ 表示第 i 家企业 t 时期产出量的对数，X_{it} 表示第 i 家企业 t 时期的投入向量；β 是待估参数向量；V_{it} 为随机误差项，服从正态分布 $N(0,\ \sigma_v^2)$，且独立于 U_{it}；U_{it} 为技术无效率项。巴蒂斯和科埃利（Battese & Coelli，1988）在此基础上，假定 U_{it} 服从广义截断正态分布。此后，巴蒂斯等（Battese et al.，1992）又将模型适用范围扩展至非平衡面板数据，库布哈卡尔（Kumbhakar，1990）以及巴蒂斯和科埃利（Battese & Coelli，1992）则通过放松无效率项 U_{it} 的时间约束，将研究范围进一步扩展至"时变模型"（time-varying model）。

3.2.1.3　Battese & Coelli 模型

巴蒂斯和科埃利（Battese & Coelli，1992）提出一个面板数据随机前沿生产函数模型，假设其中的非效率因素服从截断正态分布，并允许非效率估计值随时间变化。模型表示如下：

$$Y_{it} = \beta X_{it} + (V_{it} - U_{it}), \quad i = 1, 2, \cdots, n, \quad t = 1, 2, \cdots, T \qquad (3-11)$$

式（3-11）中，$U_{it} = U_i \exp[-\eta(t-T)]$，式中 U_i 是非负的随机变量，用来衡量生产过程中技术无效率对产出的影响，其服从零点截断的正态分布 $N(\mu, \sigma_u^2)$。用 $\sigma^2 = \sigma_v^2 + \sigma_u^2$ 和 $\gamma = \sigma_u^2 / (\sigma_v^2 + \sigma_u^2)$ 代替 σ_v^2 和 σ_u^2，通过极大似然估计法可以估计出这两个值。显然，参数 γ 必然在 $0 \sim 1$ 之间，它表示回归方程误差项中技术无效所占的比例。$\gamma = 1$ 表示误差项全部源自无效率因素 U_{it}，$\gamma = 0$ 表示方程的误差项全部来源于随机因素 V_{it}。η 为待估参数，反映效率随时间变化的程度。$\eta = 0$ 说明技术效率具有时间不变性；$\eta > 0$ 说明效率随时间的增加而增加；$\eta < 0$ 说明效率随时间的增加而减少。

与截面数据模型相比，面板数据模型所特有的优势主要体现在：面板数据极大地增加了参数估计的自由度，从而允许对观测误差和技术效率的分布做出更为一般的假定（Battese & Coelli，1988）；在截面数据模型中需要假定无效率项 U_i 与投入要素 X_i 相互独立，但实际生产过程中二者之间可能存在一定的联系，而面板数据模型则无须这样的假设；更为重要的是，在使用极大似然法对参数进行估计时，不同的分布假设可能造成技术效率的估计值不一致，而在面板数据模型中，当 $T \to \infty$ 时，对技术效率的估计将是一致的（李双杰等，2007）。此外，巴蒂斯和科埃利（Battese & Coelli，1992；1995）的研究结果表明，面板数据下的极大似然估计中，函数形式的选择、预测误差和技术效率的分布假设稳健与否，以及技术效率是否随时间变化等，都可以通过似然比检验（like-hood ratio tests）进行甄别比较。综合来看，采用面板数据模型进行效率测算，能够得到更好的估计结果。

在随机前沿模型中，分析技术效率的变化及其影响因素是非常重要的方面，早期的研究主要采用两步估计法，即首先基于随机前沿生产函数模型估计出企业的技术效率，再用技术效率的估计值对外生性因素回归，以此度量外生性因素对技术效率的影响。但正如有些学者（Kumbhakar，Ghosh & McGuckin，1991；Reifschnieder & Stevenson，1991）所指出的，第二阶段中用来解释技术效率的变量在第一阶段估计时往往被假定为与技术效率无关，因而这种对技术效率的两阶段分析法本身就存在内在假设的矛盾冲突。为解决这一问题，巴蒂斯和科埃利（Battese & Coelli，1995）同时引入时间因素和其他环境变量，通过一次回归直接得到生产函数和技术效率影响因素的参数估计结果，全面克服了两步估计法的理论矛盾①。目前，这种方法在实证研究中已经得到了广泛应用。

3.2.2 数据包络分析（DEA）

数据包络分析（DEA）通过线性规划的方法来度量效率，它是一种典型的非参数方法，不需要已知生产前沿的具体形式，只需投入产出数据。DEA 能够方便地处理决策单元多产出的情况。查尔斯、库伯和罗兹（Charnes，Cooper & Rhodes，1978）提出第一个 DEA 模型—CCR 模型，班克、查尔斯和罗兹（Banker，Charnes & Cooper，1984）将 CCR 模型中规模报酬不变假定放松为规模报酬可变，提出 BCC 模型。安德森和彼得森（Andersen & Petersen，1993）的超效率模型重新计算了上述模型中有效率的决策单元的效率，有效区分了原来都处于前沿面上决策单元的技术效率水平。

3.2.2.1 CCR 模型

CCR 模型（也叫 C^2R 模型）是由查尔斯、库伯和罗兹（Charnes，Cooper & Rhodes）于 1978 年提出的，该模型是第一个 DEA 模型，也是其他 DEA 模型的基础。由于该模型的一个基本假定是规模报酬不变（Constant Returns to Scale），因此又被称为 CRS 模型。假设有 n 个决策单元（或企业），每个决策单元都有 m 种投入以及 k 种产出，第 i 个决策单元的

---

① 巴蒂斯和科埃利（Battese & Coelli，1995）模型将在本书第 5 章予以详细介绍。

投入与产出分别用列向量 x_i 和 y_i 表示，$X = (x_1, x_2, \cdots, x_n)'$ 和 $Y = (y_1, y_2, \cdots, y_n)'$ 代表 n 个决策单元的投入和产出矩阵，则 CCR 模型表示如下：

$$\min_{\theta, \lambda} \theta$$
$$\text{s. t. } -y_i + Y'\lambda \geq 0$$
$$\theta x_i - X'\lambda \geq 0 \qquad\qquad (3-12)$$
$$\lambda \geq 0$$

式（3-12）中，θ 为标量，$\lambda = (\lambda_1, \lambda_2, \cdots, \lambda_n)'$ 为常数向量。通过求解规划得到的 θ 值表示第 i 个决策单元的效率值，θ 值满足 $\theta \leq 1$。如果某个决策单元的 θ 为 1，表明该企业位于生产前沿面上，根据法雷尔（Farrell，1957）的定义，这是一个技术有效单元。对每一个决策单元求解一次线性规划，就可以获得该决策单元的 θ 值，求解 n 次线性规划，就可以得到每个决策单元相应的效率值。

上述 DEA 模型具有良好的直观解释。从本质上讲，该模型表示在可行投入集合内，投入向量 x_i 最大可收缩的程度。该可行投入集的边界就是生产前沿面。第 i 个决策单元的投入和产出在此技术前沿上的投影点为 $(X'\lambda, Y'\lambda)$，该投影点是包括第 i 个决策单元在内的所有 n 个决策单元投入产出的线性组合。如果实际投入产出和相应的投影点重合，表示该决策单元位于生产前沿面上，即技术效率值为 1，称为技术有效。这些投影点的集合就构成了生产前沿面。此外，上述线性规划中的约束条件确保投影点不会落在可行集的外面。该模型的直观含义如图 3-4 所示。

图 3-4 表示两种投入一种产出的情况。SS' 为生产前沿，C 点和 D 点位于生产前沿上，因此这两个点的效率值为 1，它们在技术上是有效的。A 点和 B 点位于生产前沿外，其投影点分别为 A' 和 B'，它们在技术上均是无效的。根据法雷尔（Farrell，1957）的测量方法，A 点和 B 点的相对效率值分别为 OA'/OA 和 OB'/OB。假设 A 点的效率值为 0.667，表示在产出不变的条件下，其投入最大可收缩到原来的 66.7%，也就是说，最大可减少 33.3% 的投入而不会减少产出量。

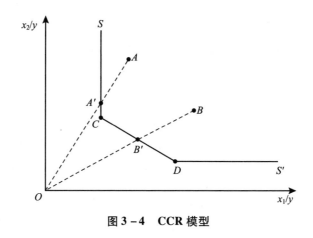

图 3 – 4   CCR 模型

3.2.2.2   BCC 模型

CCR 模型建立在规模报酬不变的基础上，即所有决策单元可以通过增加投入等比例地扩大产出。然而，这一假设相当严格，在许多情况下，不完全竞争、政策限制、财务约束等因素都可能导致企业难以在最优规模下运营。显然，在不满足所有企业都以最优规模运营的情况下，使用规模报酬不变假定会导致技术效率（TE）和规模效率（Scale Efficiency，SE）的难以区分。为解决这一问题，班克、查尔斯和库伯（Banker，Charnes & Cooper，1984）改进了 CRS 模型，以考察规模报酬可变（Variable Returns to Scale）情况下的生产效率，这就是 BCC 模型，又称为 VRS 模型。该模型在 CCR 模型基础上增加了凸性约束条件：$1'\lambda = 1$，即对 λ 的取值做出了限制，从而将其改造为 VRS 模型：

$$\min_{\theta,\lambda} \theta$$
$$\text{s. t. } -y_i + Y'\lambda \geq 0$$
$$\theta x_i - X'\lambda \geq 0 \qquad\qquad (3-13)$$
$$1'\lambda = 1$$
$$\lambda \geq 0$$

式（3 – 13）中，1 表示元素均为 1 的 n 维向量。这种方法因为增加了约束条件，因而得到的技术效率值会大于或等于用 CRS 模型的结果。

此外，凸性约束条件（$1'\lambda = 1$）可以确保无效单元只与规模相近的"基准"单元比较。也就是，DEA 前沿上的投影点是被观察单元的凸组合。而在 CRS 模型中则没有这个凸性约束。因此，在 CRS – DEA 模型中，被考察单元可能与比它大（小）得多的参考单元进行比较，而权数 λ 的总和则小于（大于）1。

CCR 模型没有考虑规模效率，而 BCC 模型则考虑了规模效率，它实质是将 CCR 模型中的技术效率 TE_{CRS} 分解为两部分：一部分是规模效率（SE），另一部分是剔除了规模效率之后的纯技术效率（TE_{VRS}）。对于某一特定决策单元，如果其 CRS 技术效率值与 VRS 技术效率值不同，说明该决策单元是规模无效的。图 3 – 5 说明了 BCC 模型的含义及其与 CCR 模型的关系。

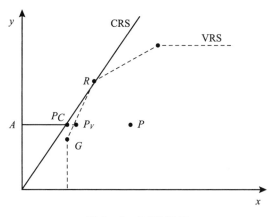

图 3 – 5   BCC 模型

图 3 – 5 表示单投入单产出情形，CRS 表示规模报酬不变下的生产前沿，该前沿上的点表示规模效率和纯技术效率均有效，如 R 点。VRS 表示规模报酬可变下的生产前沿，该前沿上的点表示纯技术效率有效，但规模效率未必有效，如 G 点的纯技术效率有效，但规模效率无效。P 点的纯技术效率和规模效率均无效，在 CRS 情况下，其技术效率值 TE_{CRS} 为 AP_C/AP，而它在 VRS 情况下的纯技术效率值 TE_{VRS} 为 AP_V/AP，规模效率值 SE

为 AP_C/AP_V，由此不难发现：$TE_{CRS} = TE_{VRS} \times SE$（这三个指标的取值范围均为 $0 \sim 1$）。因而，可以把 CRS 下的技术效率分解为纯技术效率和规模效率两个部分。显然，只有在纯技术效率 TE_{VRS} 和规模效率 SE 都有效时，TE_{CRS} 才有效。此外，规模效率可看成在 P_V 点运营企业的平均产品与在最优规模（如点 R）运营企业的平均产品的比率。

3.2.2.3 超效率模型

在 CCR 模型和 BCC 模型中，经常会出现多个决策单元都是有效的，即它们的效率值都为 1，这就不能很好地区分这些决策单元的技术效率水平，安德森和彼得森（Andersen & Petersen，1993）提出超效率模型，在一定程度上解决了这一问题。该模型重新计算了上述模型中效率为 1 的决策单元的效率，最终区分出原来都处于前沿面上决策单元的技术效率水平。在规模报酬不变的假设下，度量第 i 个决策单元的技术效率，模型的具体形式如式（3 - 14）所示：

$$\min_{\theta,\lambda}\theta$$
$$s.t. \quad -y_i + \sum_{\substack{j=1 \\ j \neq i}}^{I} \lambda_j y_j \geq 0$$
$$\theta x_i - \sum_{\substack{j=1 \\ j \neq i}}^{I} \lambda_j x_j \geq 0 \tag{3-14}$$
$$\lambda \geq 0$$

该模型与 CCR 模型相比，唯一的差别在于构造第 i 个决策单元投影点时的技术不同：在 CCR 模型中，投影点是包括第 i 个决策单元在内的所有 n 个决策单元的投入产出的线性组合，而在超效率模型中，投影点是不包括第 i 个决策单元在内的其他 $n-1$ 个决策单元投入产出的线性组合。图 3 - 6 对该技术进行了说明。

图 3 - 6 表示两种投入一种产出情形。可以看出，点 B、C、D 都位于生产前沿上，它们的效率值均为 1，而点 A、E 的技术效率均是无效的。超效率模型的运用则进一步区分了点 B、C、D 的效率。例如，考察点 C

的情况，测算它的超效率时，C 点将不再成为生产前沿的一部分，新的生产前沿只包括点 B 和点 D，所以点 C 在生产前沿上的投影为 C'。点 C 的超效率值为 OC'/OC，假设其取值为 1.2，这表明可以提高投入量的 20%，并且仍处在由其他样本点所定义的技术中。值得注意的是，超效率模型中无效率点 A、E 的效率值和 CCR 模型中的效率数值是相等的。也就是说，超效率模型只是改变了 CCR 模型中技术效率有效点的效率值，不改变技术效率无效点的效率值。

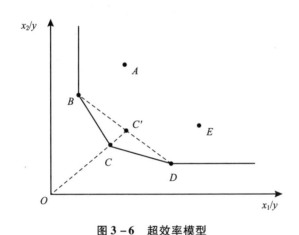

图 3 - 6　超效率模型

需要说明的是，以上几种常见的 DEA 模型都是以截面数据为例的。DEA 不仅可以处理截面数据，还可以实现对面板数据的处理。对于面板数据，DEA 会分别计算出每个时期的效率值，这意味着每个时期都有各自的生产前沿面，而且每个时期的前沿面通常是不一样的，这一点与参数方法构造的前沿面不同。

DEA 的提出为经济体的效率评价提供了有利的分析工具，但更为重要的是它为全要素生产率的测算提供了新的方法。关于非参数框架下多投入多产出情况下全要素生产率的测度，目前的经验研究中普遍采用 Malmquist 生产率指数，该指数由瑞典经济学家和统计学家斯登·马姆奎斯特（Sten Malmquist，1953）提出，最初只是用来分析不同时期消费的变化，并没

有被大量运用，直到 1982 年，卡夫斯、克里斯滕森和迪沃特（Cave,
Christensen & Diewert）将 Malmquist 指数用于分析生产率增长，提出了
CCD 模型，从而极大地丰富了生产率增长的测算方法。其后，关于
Malmquist 指数的研究取得了很多新的进展，特别是法尔等（Fare et al.,
1994）建立了研究全要素生产率变化的 Malmquist 指数，并应用谢泼德
（Shephard）提出的距离函数（distance functions）① 将其分解为技术效率
变化和技术进步，由此 Mamlquist 指数得以广泛应用②。目前，Mamlquist
指数已经成为生产率问题研究中的一个重要方法。

3.3　效率与生产率分析方法的比较

无论是随机前沿生产函数模型还是数据包络分析方法，其共同起源都
可以追溯到法雷尔（Farrell, 1957）的前沿生产函数思想和凸边界模型
（Convex Facets），两者均需要借助生产前沿面来进行，区别在于这两种方
法寻找和确定前沿面的方法不同，由此形成了两类基本的分析方法。通过
对这两种方法的综合分析，可以归纳比较如下：

（1）随机前沿模型是一种经济计量学方法，从概率分布的角度分析
样本点的效率，具有统计学特征，可以利用估计结果对模型设定和参数估
计进行统计性检验，因而具有更为坚实的经济理论基础，但它也存在一些
问题，如参数估计的一致性问题；数据包络分析是一种数学规划方法，仅
仅以实际观测数据为依据，利用线性规划技术判断决策单元的相对效率，
不具备统计特征，也无法进行相关检验。

（2）随机前沿模型需要事先设定生产函数的具体形式和技术无效率
项的分布形式，这些先验性的假设对生产前沿面强加了一些约束，如果函
数形式和无效率项分布设定不当，估计结果就会产生偏差；数据包络分析

---

① 关于距离函数的详细说明可参见本书第 6 章的相关内容。
② Fare（1994）等定义的基于 DEA 的 Malmquist 指数将在本书第 6 章予以详细介绍。

则无须引入较强的生产行为假设，直接根据投入产出数据构造前沿面，不需要已知生产前沿面的函数表达形式，同时由于构造的是确定性前沿面，也不需要对误差项的分布进行假设，在研究中的约束较小。

（3）随机前沿模型构造的前沿面是随机的，避免了统计误差、运气等随机因素对技术效率值的影响，同时能将不可控因素的影响从效率估计中剔除，从而大大改善了估计结果；数据包络分析构建的是确定性前沿面，并且对每个决策单元都是一样的，因为无法考虑随机误差的影响，将不可控因素和统计误差都归于技术无效率的作用，在一定程度上会影响到估计结果的准确性。

（4）随机前沿模型作为一种经济计量学方法，服从大数定理，即自由度越多，效果就越好，计算结果也较为稳定，不易受异常点的影响，因此这种方法更适合大样本的计算。数据包络分析是一种数学规划方法，依靠数据驱动，所以对异常数据高度敏感。如果样本容量太大，可能对计算结果有较大影响。

（5）随机前沿模型可以很好地处理单投入单产出、多投入单产出问题，但对于多产出问题的处理比较困难；数据包络分析则没有生产形式方面的限制，既可以处理单产出问题，也可以处理多产出问题。

（6）随机前沿模型和数据包络分析（如表 3-1 所示）在数据结构上都经历了由截面数据向面板数据的发展，通过使用面板数据，不仅可以观测决策单元的效率差异，还可以考察其时间变化。但对于面板数据，随机前沿模型根据所有时期仅构造出一个统一的生产前沿面，而数据包络分析则是每个时期都构造一个前沿面。

表 3-1   随机前沿模型和数据包络分析的比较

项目	随机前沿模型（SFA）	数据包络分析（DEA）
经济理论基础	经济计量学方法，能够对模型设定和参数估计进行统计检验	数学规划方法，不具有统计学性质，无法进行相关检验
基本假设	需要设定生产函数具体形式和技术无效率项的分布形式	无须生产前沿面的具体形式和误差项的具体分布

项目	随机前沿模型（SFA）	数据包络分析（DEA）
前沿面的性质	随机性前沿面，能够有效区分随机扰动和技术无效率因素	确定性前沿面，不考虑随机误差
样本容量	自由度越多估计结果越好，适合于大样本的计算	依靠数据驱动，对异常数据敏感度较高，适合于小样本
生产形式	主要处理单投入单产出、多投入单产出问题	没有生产形式限制，单产出、多产出问题都可以处理
数据类型	截面数据和面板数据，对于面板数据，所有时期仅构造一个统一的前沿面	截面数据和面板数据，对于面板数据，每个时期都构造一个前沿面

资料来源：作者整理。

虽然在研究方法上，随机前沿模型和数据包络分析有所不同，但一般而言两者的结果是相似的，差别不会太大（Lovell，1996）。总体来看，随机前沿生产函数在技术效率的测度中具有优势，数据包络分析方法则在分析生产率方面取得突破，这也是两种方法在效率与生产率分析领域得以广泛应用的重要原因。从已有的实证研究看，两者都得到了广泛应用，但这些研究往往将两者分开使用。如今实证领域的一个最新趋势就是将两者联合使用，提供相互验证。

3.4 本章小结

本章在阐述效率与生产率概念基础上，重点讨论了随机前沿模型和数据包络分析两类前沿分析方法，并对两种方法进行了比较分析。

随机前沿模型（SFA）是参数方法的典型代表，需要设定生产函数的具体形式，其优点是考虑了随机误差对产出的影响。在随机前沿模型中，误差项被分解为随机误差和无效率项，随机误差反映生产过程中随机因素的影响，无效率项反映企业现有技术水平的发挥。早期的模型主要用于截面数据的分析。Pitt & Lee 模型是第一个基于面板数据的随机前沿生产函数模型，Battese & Coelli 模型则在此基础上，通过放松无效率项的时间约束，允许非效率估计值随时间而变化。与截面数据模型相比，面板数据模型允许对误差项和无效率项做出更为一般的假设。更为重要的是，利用极大似然法对面板数据进行处理时，能够一致地估计时间趋势和其他因素对技术效率的影响。在 SFA 中，对技术效率变化及其影响因素的分析是一个重要方面，早期的研究主要采用两步估计法，首先基于随机前沿生产函数模型估计出技术效率，再用技术效率的估计值对外生性因素进行回归。目前，主要采用一步估计法，同时引入时间因素和其他环境变量，通过一次回归直接得到生产函数和技术效率影响因素的估计结果，全面克服了两步估计法的理论矛盾。

数据包络分析（DEA）是一种典型的非参数方法，通过线性规划的方法来度量效率，不需要已知生产前沿的具体形式，只需要投入产出数据。CCR 模型是第一个 DEA 模型，也是其他 DEA 模型的基础，但是该模型建立在规模报酬不变的基础上。BCC 模型放松了 CCR 模型中的规模报酬不变假定，考察了规模报酬可变情况下决策单元的生产效率，它实质上是将 CCR 模型中的技术效率分解为规模效率和剔除了规模效率之后的纯技术效率。超效率模型重新计算了 CCR 和 BCC 模型中技术有效决策单元的效率，从而区分了原来都处于前沿面上决策单元的技术效率水平。DEA 不仅可以处理截面数据，还可以实现对面板数据的处理。对于面板数据，DEA 会分别计算出每个时期的效率值。DEA 的提出为经济体的效率评价提供了有利的分析工具，但更为重要的是它为全要素生产率的测算提供了新的方法。关于非参数框架下多投入多产出情况下全要素生产率的测度，目前经验研究中普遍采用 Malmquist 生产率指数。

尽管都是前沿分析方法，但随机前沿模型和数据包络分析在很多方面存在一定的差异。从经济理论基础看，SFA 是一种经济计量学方法，可以对模型设定和参数估计进行统计检验；DEA 是一种数学规划方法，不具备统计特征，也无法进行相关检验。从基本假设看，SFA 需要事先设定生产函数的具体形式和技术无效率项的分布形式，DEA 则无须生产前沿面的函数表达形式和误差项的分布假设。从前沿面的性质看，SFA 构造的前沿面是随机的，能够有效区分随机扰动和技术无效率因素；DEA 构建的是确定性前沿面，不考虑随机误差，将不可控因素和统计误差都归于技术无效率的作用。从样本容量看，SFA 作为一种经济计量学方法，服从大数定理，因此更适合大样本的计算；DEA 依靠数据驱动，对异常数据高度敏感，如果样本容量太大，可能会影响估计结果的准确性。从生产形式看，SFA 主要处理单产出问题，DEA 既可以处理单产出，也可以处理多产出问题。从数据结构看，两者都可以处理截面数据和面板数据，但对于面板数据，SFA 根据所有时期仅构造出一个统一的生产前沿面，而 DEA 则是每个时期都构造一个前沿面。一般而言，SFA 在技术效率的测度中具有优势，DEA 则在分析生产率方面占有优势。

第 4 章

中国流通业增长现状分析

　　服务业是国民经济的重要部门，其发展状况是衡量一个国家产业结构层次和经济发展水平的重要标志。改革开放以来，中国第三产业一直保持快速增长，产值和从业人员不断增加，在国民经济中的地位日益提高。与此同时，作为第三产业重要组成部分的流通业也得以快速增长，在整个国民经济中的比重趋于稳定。特别是 1992 年国务院颁布了《关于加快发展第三产业的决定》，文件明确了在改革开放时期大力发展第三产业的重大战略意义，并将流通业列为重点发展产业之一。此后，第三产业和流通业均步入稳定发展阶段，增加值增长速度日趋平稳。按可比价计算，1993 ~ 2008 年，中国第三产业增加值年均增长 9.2%①。虽然这一时期的增长速度低于 20 世纪 80 年代的水平，但如果考虑到要素回报率递减规律引起的增长速度收敛因素，这一增长速度仍是非常高的。而此期间，流通业的发展也趋于平稳，按可比价计算，流通业增加值平均增长率为 8.9%。图 4 - 1 反映了 1978 ~ 2008 年中国第三产业和流通业增加值增长率变化趋势。

　　从图 4 - 1 可以看出，中国第三产业和流通业的增长均呈现出明显的波动性，但 1992 年以来，增长速度的波动明显小于 20 世纪 80 年代的水平。从波动幅度看，流通业的波动性相对更大。从增长速度看，流通业增

---

　　① 增长率按指数增长形式计算，下文有关变量增长率的计算，如未做特别说明，均意味着采用该方法。

长速度和第三产业增长速度的差距在多数年份比较接近，少数年份则较为明显。这反映了流通业和第三产业整体的发展状况较为相近，但也存在着一定程度的差异。目前学界普遍认为中国服务业的发展水平偏低[①]，服务业增加值占 GDP 的比重需要进一步提高，因此大力发展服务业仍是中国经济未来发展的重要导向。流通业是重要的服务部门之一，同样也面临着发展滞后的问题。目前我国流通业产值占国内生产总值的比重仅为 16% 左右[②]，而发达国家这一比重通常达到 20% 以上。从前文分析可以看出，流通业和服务业的整体发展状况存在一定的差异，流通业的平均增速比服务业要低，而且表现出更大的波动性。由此可见，关于流通业的发展和增长问题，也应该给予充分重视。

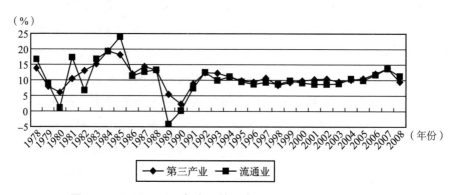

图 4－1　1978～2008 年中国第三产业和流通业增加值增长率

注：在计算增长率时，以上年为基期。

资料来源：根据《中国统计年鉴（2009）》相关数据计算绘制。

要深入研究产业增长的效率状况和影响因素，进而找出促进其发展和效率提升的途径，首先必须充分了解产业增长的现状。只有通过对增长过程中一些基本特征和典型事实的分析，才能为效率问题的研究提供基本的

---

①　1980～2005 年全球服务业增加值占 GDP 的比重由 56% 上升至 68%，主要发达国家达到 71%，中等发达国家达到 61%，低收入国家达到 43%。而目前我国服务业占 GDP 的比重仅为 40% 左右，可见我国服务业发展滞后问题相当严重。

②　如未做特别说明，本章中所有涉及价格的经济指标均采用当年价格。

现实依据。因此，本章将主要探讨中国流通业的增长现状。一般而言，产业增长过程中表现出两个方面的动态特征：一是总量增长，即产业整体在不同时期的动态比较；二是结构变化，即产业内部结构的变动情况。因此，为了对中国流通业增长现状有一个较为全面的认识，同时也为下文对中国流通业增长的效率分析提供基础，下面从总量和结构特征两个方面来进行分析。

4.1　中国流通业的总量增长

关于中国流通业增长的总量问题，这里主要从产业的发展水平、要素投入、产出效益三个方面来进行分析。

4.1.1　发展水平

表 4 - 1 列出了衡量中国流通业发展水平的几个主要指标，具体包括：增加值、增加值增长速度、产值占 GDP 及第三产业的比重、从业人员数、就业人数占全社会就业总数及第三产业就业人数的比重。

表 4 - 1　　　　　　　　中国流通业的发展水平

年份	增加值（亿元）	增长速度（%）	产值占GDP比重（%）	产值占第三产业比重（%）	GDP贡献率（%）	就业占社会就业比重（%）	就业占第三产业比重（%）
1993	5702.7	21.9	16.1	47.9	12.2	7.7	36.3
1994	7569.8	32.7	15.7	46.8	14.5	8.6	37.3
1995	9223.0	21.8	15.2	46.2	13.1	9.2	36.9
1996	10718.7	16.2	15.1	46.0	14.4	9.5	36.4
1997	12037.3	12.3	15.2	44.6	16.9	9.8	37.2
1998	13361.0	11.0	15.8	43.7	24.4	9.4	35.2

年份	增加值（亿元）	增长速度（%）	产值占GDP比重（%）	产值占第三产业比重（%）	GDP贡献率（%）	就业占社会就业比重（%）	就业占第三产业比重（%）
1999	14607.5	9.3	16.3	43.1	23.6	9.5	35.3
2000	16465.9	12.7	16.6	42.5	19.5	9.3	33.9
2001	18389.8	11.7	16.8	41.5	18.4	9.3	33.5
2002	20213.1	9.9	16.8	40.5	17.1	9.6	33.4
2003	22208.8	9.9	16.4	39.7	12.9	9.9	33.7
2004	25423.2	14.5	15.9	39.4	13.4	10.4	33.9
2005	28828.1	13.4	15.7	39.3	14.6	10.8	34.5
2006	33506.3	16.2	15.8	39.5	16.3	11.2	34.8
2007	41086.9	22.6	16.0	39.6	16.7	11.6	35.8
2008	49160.9	19.7	16.4	40.8	18.6	12.1	36.3

注：GDP贡献率为流通业产值增量与GDP增量之比。
资料来源：根据《中国统计年鉴（2009）》相关数据整理计算。

从增加值看，1993~2008年中国流通业增加值的增长趋势比较明显，从1993年的5702.7亿元增加至2008年的49160.9亿元，增加幅度为43458.2亿元。从增加值增长速度看，1993~2008年中国流通业增加值增长速度表现出明显的波动性，其中，1993~1994年增长速度是上升的，1994年之后则不断下降，2002和2003年降低至9.9%，2004~2008年基本处于上升趋势。2008年流通业增加值增长速度为19.7%，比1993年21.9%的水平略有降低。

从产值占GDP比重看，1993~2008年中国流通业产值占GDP的比重总体上比较稳定，基本维持在16%左右，年际间的变化幅度较小，最低为1996年的15.1%，最高为2001和2002年的16.8%。从产值占第三产业比重看，1993~2008年中国流通业产值占第三产业产值比重基本稳定但呈现缓慢下降趋势，尽管如此，目前流通业占第三产业产值的比重仍然维持在40%左右，可见流通业在第三产业中依然占据着较大份额，是比较重要的服务部门。这也说明当前要进一步加快第三产业的发展，必须重视流通业在第三产业中的地位和作用。

从 GDP 贡献率看，1993～2008 年中国流通业对 GDP 的贡献率表现出一定的波动性，其中 1993～1998 年流通业 GDP 贡献率基本呈现上升趋势，1999～2003 年呈现下降趋势，2004～2008 年又呈现上升趋势。总体上看，1993～2008 年中国流通业对 GDP 的平均贡献率为 16.7%，略高于同期流通业产值占 GDP 的比重，这表明中国流通业的增长是比较快的。

从就业人数占全社会就业总数的比重看，1993～2008 年流通业就业占全社会就业的比重逐步上升，从 1993 年的 7.7% 上升至 2008 年的 12.1%，上升幅度达 4.4%。可以看出，流通业对吸纳社会就业的贡献越来越大。尽管这一比重仍然低于流通业产值占 GDP 的比重，但两者的差距有逐步缩小的趋势。从就业人数占第三产业就业人数的比重看，1993～2008 年流通业就业占第三产业就业的比重相对稳定，其中 1993～2002 年略有下降，2003 年开始逐渐增加，到 2008 年为 36.3%，与 1993 年持平。

4.1.2　要素投入

一般而言，要素投入主要包括劳动和资本两个方面。下面从这两个方面来分析中国流通业的要素投入情况。

4.1.2.1　劳动投入

关于劳动投入情况，这里从从业人员数量和从业人员增长率两个方面进行分析（如表 4-2 所示）。从数量上看，1993～2008 年中国流通业从业人员呈平稳增长趋势，从 1993 年的 5147 万人增加至 2008 年的 9344 万人，增加幅度为 4197 万人。可见，流通业在吸纳社会就业方面的作用日益得到加强。增长率方面，除极少数年份外，1993～2008 年中国流通业从业人员增长率一直保持着正增长。进一步看，1993～2001 年从业人员增长率表现出更大的波动性，但 2002 年以来，流通业从业人员增长率一直保持着比较稳定的增长，平均增长率为 4.7%。

表 4 - 2   中国流通业的劳动投入

年份	从业人员（万人）	增长率（%）	年份	从业人员（万人）	增长率（%）
1993	5147	5.4	2001	6774	0.9
1994	5785	12.4	2002	7053	4.1
1995	6234	7.8	2003	7352	4.2
1996	6524	4.7	2004	7810	6.2
1997	6857	5.1	2005	8201	5.0
1998	6645	- 3.1	2006	8555	4.3
1999	6773	1.9	2007	8908	4.1
2000	6715	- 0.9	2008	9344	4.9

资料来源：根据《中国统计年鉴（2009）》相关数据整理计算。

4.1.2.2　资本投入

下面从资本投入和资本投入的增长速度两个方面来考察资本投入状况① （如表 4 - 3 所示）。从绝对量看，1993 ~ 2008 年中国流通业的资本投入量一直保持较快的增长，从 1993 年的 1531.63 亿元增加至 2008 年的 22725.42 亿元，增加幅度为 21193.79 亿元。可以看出，这段时期流通业资本投入的增加幅度非常大。增长速度方面，1993 ~ 2008 年绝大多数年份中国流通业资本投入都保持了较高的增长速度，尤其是 1993 和 1994 年最为明显，平均增长速度达到了 66.99%。2003 年以来，流通业资本投入的增长速度则比较平稳，平均增长速度为 23.56%。

_____

① 这里的资本投入为全社会固定资产投资总额，关于数据方面的详细说明参见本书第 5 章的有关内容。

表 4 - 3			中国流通业的资本投入		
年份	资本投入 （亿元）	增长速度 （%）	年份	资本投入 （亿元）	增长速度 （%）
1993	1531.63	83.44	2001	6339.92	14.32
1994	2305.66	50.54	2002	6399.97	0.95
1995	2614.93	13.41	2003	7635.09	19.30
1996	3041.24	16.30	2004	9479.98	24.16
1997	3573.64	17.51	2005	12139.18	28.05
1998	5142.45	43.90	2006	15499.15	27.68
1999	5175.21	0.64	2007	18553.76	19.71
2000	5545.86	7.16	2008	22725.42	22.48

资料来源：根据《中国固定资产投资统计年鉴（1999）》和《中国统计年鉴（2009）》相关数据整理计算。

4.1.3 产出效益

关于中国流通业的产出效益状况，这里主要从人均增加值、单位资本增加值两个方面来进行分析。

4.1.3.1 人均增加值

表 4 - 4 列出了 1993 ~ 2008 年中国流通业人均增加值的变化情况。从数量上看，此期间中国流通业人均增加值一直保持稳定增长态势，从 1993 年的 481.17 元增加至 2008 年的 3701.82 元，增加幅度为 3220.65 元，这表明中国流通业的劳动生产率是不断提高的。从增长速度看，人均增加值增长率均为正，但增长速度总体上表现为下降趋势。1993 ~ 1994 年增长率呈上升趋势，1995 ~ 2002 年增长率基本呈下降趋势，从 2003 年开始，增长率又呈现上升趋势，到 2008 年，人均增加值增长率为 19.04%，比 1993 年略低。

表 4 - 4　　　　　　　　　　中国流通业人均增加值

年份	人均增加值 （元）	增长率 （%）	年份	人均增加值 （元）	增长率 （%）
1993	481.17	20.50	2001	1440.90	10.91
1994	631.61	31.27	2002	1573.58	9.21
1995	761.47	20.56	2003	1718.59	9.22
1996	875.79	15.01	2004	1955.81	13.80
1997	973.69	11.18	2005	2204.72	12.73
1998	1070.93	9.99	2006	2549.02	15.62
1999	1161.30	8.44	2007	3109.61	21.99
2000	1299.16	11.87	2008	3701.82	19.04

注：平均值按照加权方式计算，权重为全国年末人口比重。
资料来源：根据《中国统计年鉴（2009）》相关数据整理计算。

4.1.3.2　单位资本增加值

表 4 - 5 列出了 1993～2008 年中国流通业单位资本增加值变化情况。从数量上看，流通业单位资本增加值呈现波动性下降趋势，从 1993 年的 3.05 元下降至 2008 年的 1.81 元，下降幅度为 1.24 元，表明中国流通业的单位资本产出水平在趋于下降，也就是资本的使用效率在趋于下降。从增长速度看，多数年份单位资本增加值增长率为负，下降幅度随年份不同而有所差异。上述研究结果表明，今后要促进中国流通业的进一步增长，在资本投入特别是使用效率方面要做出一定的政策调整。

表 4 - 5　　　　　　　　　　中国流通业单位资本增加值

年份	单位资本增 加值（元）	增长率 （%）	年份	单位资本增 加值（元）	增长率 （%）
1993	3.05	-45.54	1996	3.03	4.84
1994	2.47	-19.02	1997	3.00	-0.99
1995	2.89	17.00	1998	2.34	-22.00

年份	单位资本增加值（元）	增长率（%）	年份	单位资本增加值（元）	增长率（%）
1999	2.58	10.26	2004	2.34	-11.70
2000	2.63	1.94	2005	2.09	-10.68
2001	2.60	-1.14	2006	1.86	-11.00
2002	2.87	10.38	2007	1.80	-3.23
2003	2.65	-7.67	2008	1.81	0.56

资料来源：根据《中国固定资产投资统计年鉴（1999）》和《中国统计年鉴（2009）》相关数据整理计算。

4.2　中国流通业的结构变化

关于中国流通业增长的结构问题，下面主要从行业结构、地区结构和所有制结构三个方面来进行分析。

4.2.1　行业结构

流通业增长的结构特征首先表现为其内部的行业结构，即流通业内部各行业的构成。表 4-6 列出了 1993～2008 年中国流通业分行业增加值、增长速度、分行业产值在流通业产值中所占比重及各行业对流通业增加值的贡献率情况。

从增加值看，1993～2008 年中国流通业各行业增加值均保持了较快的增长态势，其中交通运输仓储和邮政通信业增加值从 1993 年的 2174 亿元增加至 2008 年的 16362.5 亿元，增加幅度为 14188.5 亿元，批发零售住宿和餐饮业从 1993 年的 3528.7 亿元增加至 2008 年的 32798.4 亿元，增加幅度为 29269.7 亿元。从增加值增长速度看，1993～2008 年流通业各行业增加值增长速度均表现出明显的波动性，并且同一时期不同行业的增长速度也有所差异。这在一定程度上反映了流通业内部各行业的发展差异。总体上看，交通运输仓储和邮政通信业增加值增长率呈波动性下降趋势，批发零售住宿和餐饮业呈波动性上升趋势。1993～2008年交通运输仓储和邮政通信业年均增长速度为15.4%，批发零售住宿和餐饮业年均增长速度为16.4%，略快于前者。

表4-6　　　　　　　　　中国流通业的行业结构

年份	流通业增加值（亿元）	交通运输仓储和邮政通信业				批发零售住宿和餐饮业			
		增加值（亿元）	增长速度（%）	占流通业比重（%）	对流通业贡献率（%）	增加值（亿元）	增长速度（%）	占流通业比重（%）	对流通业贡献率（%）
1993	5702.7	2174.0	28.7	38.1	47.4	3528.7	18.0	61.9	52.6
1994	7569.8	2787.9	28.2	36.8	32.9	4781.9	35.5	63.2	67.1
1995	9223.0	3244.3	16.4	35.2	27.6	5978.7	25.0	64.8	72.4
1996	10718.7	3782.2	16.6	35.3	36.0	6936.5	16.0	64.7	64.0
1997	12037.3	4148.6	9.7	34.5	27.8	7888.7	13.7	65.5	72.2
1998	13361.0	4660.9	12.3	34.9	38.7	8700.1	10.3	65.1	61.3
1999	14607.5	5175.2	11.0	35.4	41.3	9432.3	8.4	64.6	58.7
2000	16465.9	6161.0	19.0	37.4	53.0	10304.9	9.3	62.6	47.0
2001	18389.8	6870.3	11.5	37.4	36.9	11519.5	11.8	62.6	63.1
2002	20213.1	7492.9	9.1	37.1	34.1	12720.2	10.4	62.9	65.9
2003	22208.8	7913.2	5.6	35.6	21.1	14295.6	12.4	64.4	78.9
2004	25423.2	9304.4	17.6	36.6	43.3	16118.8	12.8	63.4	56.7
2005	28828.1	10666.2	14.6	37.0	40.0	18161.9	12.7	63.0	60.0
2006	33506.3	12183.0	14.2	36.4	32.4	21323.3	17.4	63.6	67.6
2007	41086.9	14601.0	19.8	35.5	31.9	26485.9	24.2	64.5	68.1
2008	49160.9	16362.5	12.1	33.3	21.8	32798.4	23.8	66.7	78.2

注：贡献率为各行业产值增量与流通业产值增量之比。
资料来源：根据《中国统计年鉴（2009）》相关数据整理计算。

　　从产值占流通业比重看，交通运输仓储和邮政通信业产值占流通业产值比重从 1993 年的 38.1% 下降至 2008 年的 33.3%，批发零售住宿和餐饮业产值占流通业产值比重从 1993 年的 61.9% 上升到 2008 年的 66.7%，上升幅度为 4.8%。总体上看，1993～2008 年交通运输仓储和邮政通信业占流通业比重平均为 36%，批发零售住宿和餐饮业占流通业比重平均为 64%。传统的批发零售住宿和餐饮业在流通业中所占比重仍然偏高，并且有不断增大的趋势，而以交通运输仓储为代表的现代物流发展缓慢，流通业内部结构优化缓慢。这与流通业乃至服务业增长和结构优化的趋势显得不够协调，在今后的发展过程中，流通业内部结构的调整与优化必须给予充分重视。

从贡献率看，1993～2008 年各行业对流通业增加值的贡献率具有明显的波动性，交通运输仓储和邮政通信业在 2000 年最高时达到 53%，2003 年最低时仅有 21.1%；批发零售住宿和餐饮业在 2003 年最高时达到 78.9%，在 2000 年最低时则为 47%。总体而言，批发零售住宿和餐饮业对流通业增加值的贡献率较大，有明显的上升趋势，而交通运输仓储和邮政通信业的贡献率较小，有明显的下降趋势。

4.2.2　地区结构

1993 年以来，中国流通业保持快速发展的同时，流通业增长的区域不均衡问题也日益突出。表 4 - 7 列出了 1993～2008 年中国省际流通业人均增加值的均值、最大值、最小值、标准差和变异系数。

表 4 - 7　　　　　　　　中国省际流通业人均增加值的差异

年份	平均值 （元/人）	最小值 （元/人）	最大值 （元/人）	标准差 （元/人）	变异系数
1993	560.62	171.12	2185.54	434.53	0.775
1994	731.65	168.69	2829.59	591.59	0.809
1995	928.04	203.13	3552.87	731.33	0.788

续表

年份	平均值 （元/人）	最小值 （元/人）	最大值 （元/人）	标准差 （元/人）	变异系数
1996	1116.08	239.38	4273.97	882.48	0.791
1997	1302.57	256.03	5075.22	1055.47	0.810
1998	1442.52	288.47	5562.46	1185.48	0.822
1999	1586.57	376.76	6159.68	1321.49	0.833
2000	1774.40	424.90	6957.32	1459.51	0.823
2001	1981.80	468.97	7762.86	1656.87	0.836
2002	2192.92	529.26	8541.41	1829.28	0.834
2003	2431.43	608.09	9533.00	2026.55	0.833
2004	2795.52	696.26	10924.66	2322.64	0.831
2005	2910.01	768.04	11702.17	2429.83	0.835
2006	3275.57	873.69	13100.55	2707.94	0.827
2007	3723.98	1070.68	14651.60	2999.75	0.806
2008	4298.09	1244.90	16411.46	3360.29	0.782

注：（1）平均值和标准差均按照加权方式计算，权重为各省年末人口比重。（2）为了下文测算技术效率和全要素生产率时选取的样本一致，这里分省的数据不包括西藏自治区，同时将重庆市合并到四川省进行分析。

资料来源：根据《中国国内生产总值核算历史资料（1952~2004）》《中国统计年鉴（2006~2009）》和《新中国六十年统计资料汇编》相关数据整理计算。

从表中数据可以看出，1993~2008 年中国流通业人均增加值在不断上升，从 1993 年的 560.62 元上升到 2008 年的 4298.09 元。与此同时，各省间的流通业发展水平绝对差距在不断扩大，省际流通业人均增加值的标准差从 1993 年的 434.53 元上升到 2008 年的 3360.29 元，增加幅度为 2925.76 元。但省际流通业的相对差距并非呈现一直扩大态势，而是呈先上升后下降的趋势。1993~2001 年省际流通业发展水平变异系数基本呈上升趋势，从 1993 年的 0.775 上升到 2001 年的 0.836，上升幅度为 0.061。2002~2008 年省际流通发展水平变异系数基本呈下降趋势，从 2002 年的 0.834 下降至 2008 年的 0.782，下降幅度为 0.052。从总体上看，1993～2008 年省际流通业人均增加值变异系数有小幅上升，从 1993 年的 0.775 上升到 2008 年的 0.782，表明中国省际流通业的相对差距有所扩大。从数据指标整体看，中国流通业增长的地区不平衡现象比较严重。

　　从中国东部、中部、西部三大地区看，流通业增长不平衡现象更为明显（如表 4－8 所示）。需要说明的是，本书中分省数据不包括西藏自治区，并且重庆市与四川省数据合并计算分析（下文同）。从表 4－8 的数据可以看出，1993～2008 年东中部之间、东西部之间以及中西部之间流通业人均增加值的绝对差距在不断扩大，分别由 1993 年的 416.64 元、418.72 元和 2.08 元，上升到 2008 年的 3279.42 元、3509.86 元和 230.44 元，增加幅度分别达到 2862.78 元、3091.14 元和 228.36 元。从相对差距看，东中部地区呈波动性下降趋势，东西部和中西部则呈现缓慢扩大趋势。东中部地区相对差距从 1993 年的 2.344 下降至 2008 年的 2.266，下降幅度为 0.078，东西部地区、中西部地区相对差距则分别从 1993 年的 2.36 和 1.007 扩大到 2008 年的 2.488 和 1.098，上升幅度分别达到 0.128 和 0.091。

表 4－8　　　中国东部、中部、西部地区流通业人均增加值的差异

年份	东部（E）	中部（M）	西部（W）	E－M	E－W	M－W	E/M	E/W	M/W
1993	726.59	309.95	307.87	416.64	418.72	2.08	2.344	2.360	1.007
1994	965.94	399.42	383.96	566.52	581.98	15.46	2.418	2.516	1.040
1995	1256.57	519.19	494.59	737.38	761.98	24.60	2.420	2.541	1.050
1996	1502.03	639.79	602.15	862.24	899.88	37.64	2.348	2.494	1.063
1997	1757.00	753.82	680.79	1003.18	1076.21	73.03	2.331	2.581	1.107
1998	1929.12	826.28	743.40	1102.84	1185.72	82.88	2.335	2.595	1.111
1999	2097.99	896.65	820.37	1201.34	1277.62	76.28	2.340	2.557	1.093
2000	2322.33	1036.95	913.62	1285.38	1408.71	123.33	2.240	2.542	1.135
2001	2617.48	1136.48	1013.62	1481.00	1603.86	122.86	2.303	2.582	1.121

年份	东部 (E)	中部 (M)	西部 (W)	E－M	E－W	M－W	E/M	E/W	M/W
2002	2887.96	1253.33	1131.73	1634.63	1756.23	121.60	2.304	2.552	1.107
2003	3191.35	1413.01	1251.44	1778.34	1939.91	161.57	2.259	2.550	1.129
2004	3661.74	1631.88	1444.98	2029.86	2216.76	186.90	2.244	2.534	1.129
2005	3837.61	1702.86	1541.65	2134.75	2295.96	161.21	2.254	2.489	1.105
2006	4407.62	1910.67	1745.58	2496.95	2662.04	165.09	2.307	2.525	1.095
2007	5025.09	2206.98	2011.58	2818.11	3013.51	195.40	2.277	2.498	1.097
2008	5868.88	2589.46	2359.02	3279.42	3509.86	230.44	2.266	2.488	1.098

注：中国东部地区包括北京市、天津市、河北省、辽宁省、上海市、江苏省、浙江省、福建省、山东省、广东省和海南省 11 个地区；中国中部地区包括山西省、吉林省、黑龙江省、安徽省、江西省、河南省、湖北省和湖南省 8 个地区；中国西部地区包括内蒙古自治区、广西壮族自治区、四川省（含重庆市）、贵州省、云南省、陕西省、甘肃省、青海省、宁夏回族自治区和新疆维吾尔自治区 10 个地区。

资料来源：同表 4－7。

上述分析表明，无论是省际之间还是东部、中部、西部三大地区之间，流通业增长的区域不均衡问题都非常严重。不可否认，流通业发展的区域差异在一定程度体现了中国经济发展的不平衡性，而产业自身发展水平的差异也会在一定程度上影响到区域经济发展水平。如果这种区域增长不平衡现象不能得到根本性改变，不仅不利于流通业的持续增长与发展，也难以促进区域经济的均衡发展。因此，如何缩小中国流通业增长的地区差异，促进区域流通业的协调发展，并以此带动区域经济的协调发展，是值得关注的重大战略问题。本书将通过对流通业增长效率及其影响因素的分析，为区域流通业的发展提供指导。

4.2.3 所有制结构

所有制结构也是衡量中国流通业增长结构的重要方面之一，同时它对产业增长效率也具有显著影响。受数据收集和处理方面的限制，很难找到一个全面反映所有制结构的指标，这里主要用各经济类型（国有经济、集体经济、其他经济）流通业职工人数占全部职工人数的比重来进行衡量。表4-9列出了各经济类型在流通业整体及其细分行业中所占的比重。

表4-9　　　　　　　　　中国流通业的所有制结构　　　　　　单位：%

年份	流通业			交通运输仓储和邮政通信业			批发零售住宿和餐饮业		
	国有经济	集体经济	其他经济	国有经济	集体经济	其他经济	国有经济	集体经济	其他经济
1993	64.0	34.3	1.7	80.4	18.7	0.9	56.5	41.4	2.1
1994	67.3	30.2	2.5	84.7	14.4	0.9	57.5	39.1	3.4
1995	65.5	31.3	3.2	82.1	16.7	1.2	58.0	37.9	4.1
1996	66.0	30.4	3.7	82.4	16.2	1.4	58.4	36.9	4.7
1997	66.1	29.3	4.5	82.7	15.2	2.1	58.4	35.9	5.6
1998	65.3	25.2	9.5	83.3	11.3	5.4	55.2	32.9	11.9
1999	65.6	23.0	11.4	83.2	9.8	7.0	54.8	31.1	14.1
2000	66.0	20.8	13.2	83.3	8.5	8.2	54.3	29.1	16.5
2001	65.7	17.9	16.4	82.4	7.4	10.1	53.2	25.7	21.1
2002	64.1	15.3	20.6	81.2	6.4	12.4	49.8	22.8	27.4
2003	61.0	12.8	26.2	77.8	6.0	16.2	47.3	18.3	34.4
2004	58.3	11.4	30.3	75.6	5.4	19.0	43.8	16.4	39.8
2005	55.0	10.2	34.9	72.8	5.0	22.1	39.7	14.6	45.8
2006	52.6	9.0	38.4	70.9	4.4	24.6	36.3	13.1	50.6
2007	50.8	8.1	41.1	69.5	4.0	26.5	34.1	11.8	54.1
2008	48.2	7.0	44.8	67.7	3.6	28.7	31.1	10.0	58.9

资料来源：根据《中国统计年鉴（1994~2009）》相关数据整理计算。

从整体上看，国有经济在流通业中占据着相当大的份额，1993~2008年其平均比重为61.3%，这期间国有经济比重有稳步下降的趋势，1993年国有经济比重为64%，到2008年这一比重下降为48.2%，下降幅度为15.8%；集体经济在流通业中的比重呈显著下降趋势，从1993年的34.3%下降至2008年的7%，下降幅度达27.7%；其他经济在中国流通业中的比重呈显著上升趋势，从 1993 年的 1.7% 上升到 2008 年的 44.8%，上升幅度高达 43.1%。随着改革开放和市场化进程的推进，我国市场经营主体结构发生了深刻变化，国有和集体经济的比重逐年下降，个体、私营、外资等其他经济快速发展，在国民经济中逐步占据重要地位。流通业是我国服务业中较早实行体制改革和市场开放的领域，随着多种经济成分的引入，计划经济体制下国有商业长期垄断市场的僵化的流通格局被打破，中国流通业的所有制结构正逐步趋于优化。

从分行业看，各行业各种经济类型的比重与流通业整体的变化趋势基本上是一致的。具体而言，交通运输仓储和邮政通信业的国有经济比重有缓慢下降的趋势，从 1993 年的 80.4% 下降至 2008 年的 67.7%，下降幅度为 12.7%；集体经济比重呈显著下降趋势，从 1993 年的 18.7% 下降至 2008 年的 3.6%，下降幅度达 15.1%；其他经济比重呈显著上升趋势，从 1993 年的 0.9% 上升到 2008 年的 28.7%，上升幅度高达 27.8%。批发零售住宿和餐饮业的国有经济比重呈明显下降趋势，从 1993 年的 56.5% 下降至 2008 年的 31.1%，下降幅度达 25.4%；集体经济比重下降趋势更为显著，从 1993 年的 41.4% 下降至 2008 年的 10%，下降幅度高达 31.4%；其他经济比重上升趋势非常显著，从 1993 年的 2.1% 上升到 2008 年的 58.9%，上升幅度达 56.8% 之多。与交通运输仓储和邮政通信业相比，批发零售住宿和餐饮业的所有制结构变动幅度更大，非国有经济已经逐渐处于主导地位。该行业的特点决定了非国有经济的相对优势地位。

从总体上看，1993～2008 年国有经济和集体经济在中国流通业中所占比重逐步下降，其他经济成分取得较大发展。目前国有经济在流通业中仍然占据主导地位，特别是交通运输仓储和邮政通信业，国有经济占据着绝对优势地位。市场竞争程度低，必然导致相关领域服务质量差，经济效率低。比如物流方面，长期以来我国物流成本一直居高不下①，这和市场

———————

① 中国物流与采购联合会发布的统计数据显示，2010 年中国物流总费用占国内生产总值比重约 18%，比发达国家高出一倍。按照当年 GDP 计算，如果我国能够达到发达国家的物流平均水平（10%～12%），则每年可节约物流成本 24000 亿～32000 亿元。

竞争不足所造成的交易成本过高、管理和运营效率低下有着重要关系。因此，继续加快流通领域市场化步伐，深化国有流通企业所有制改革，推进产权多元化，是流通业所有制结构调整的必然趋势。

4.3　本章小结

改革开放以来，尤其是 1993 年以来，和中国服务业一样，中国流通业经历了较为稳定的增长阶段。本章对 1993～2008 年中国流通业增长的现状从总量和结构两个方面进行了一般的统计性分析。

从总量方面看，1993 年以来，中国流通业的总体增长趋势比较明显。发展水平方面，尽管增长速度有所下降，但中国流通业一直保持着较高的增长率，在此期间，流通业产值占 GDP 的比重相对稳定，一直保持在 16% 左右，与此同时，流通业对 GDP 的贡献率也保持着比较高的水平。尽管流通业产值在第三产业总产值中的比重有逐渐下降的趋势，但目前这一比重仍然达到 40% 左右，流通业依然是第三产业的重要组成部分，是一个比较重要的服务产业部门。此外，流通业自身的特点决定了其强大的就业贡献能力，这也是中国流通业取得快速发展的一个重要原因。要素投入方面，1993 年以来，流通业从业人员一直保持较快增长，流通产业在吸纳社会劳动力方面的作用越来越重要，但 2002 年之前从业人员增长率波动性较大，2002 年以来从业人员增长趋于稳定，平均增长率为 4.7%。固定资产投资增长迅猛，流通业增长的投资驱动现象明显，并且 2003 年之前资本投入的波动幅度相对较大，但 2003 年以后，投资增速开始逐渐趋于平稳，平均增速为 23.56%。产出效益方面，人均增加值一直保持稳定增长态势，单位资本产出水平在趋于下降，资本使用效率低下问题比较严重，但下降幅度随年份不同而有所差异。

从结构方面看，1993～2008 年中国流通业内部结构变化日益明显。行业结构方面，流通业各行业均取得了快速发展，但行业之间的差异也比较明显。传统的批发零售住宿和餐饮业发展相对较快,在流通业中所占比重达 64%,并且有不断扩大的趋势,而以交通运输仓储为代表的现代流通业发展缓慢,在流通业中所占比重偏低,并且有不断下降的趋势,流通业内部结构优化缓慢。地区结构方面,流通业增长的区域不平衡现象越来越明显。省际流通业增长的绝对差距不断扩大,与此同时,相对差距也有所扩大;东部、中部和西部三大地区之间流通业增长的不平衡现象更为明显,东中部之间、东西部之间以及中西部之间流通业人均增加值的绝对差距不断扩大,东西部地区、中西部地区的相对差距则分别从 1993 年的 2.36 和 1.007 扩大到 2008 年的 2.488 和 1.098。无论是省际之间还是东部、中部、西部三大地区之间,流通业增长的区域不均衡问题都非常严重。所有制结构方面,国有经济比重有缓慢下降的趋势,下降幅度为 15.8%;集体经济显著下降,下降幅度达 27.7%;其他经济显著上升,上升幅度高达 43.1%,中国流通业的所有制结构正逐步趋于优化。但目前国有经济在流通业中的主导地位依然没有改变,尤其在交通运输仓储和邮政通信业中,其仍然占据 67.7% 的绝对优势地位,中国流通业的所有制结构还有待进一步优化。

第 5 章

中国流通业技术效率分析

自 1992 年国务院颁布《关于加快发展第三产业的决定》以来，包括流通业在内的第三产业的发展开始受到重视。此后，第三产业和流通业的发展均经历了长期的持续快速增长（本书第 4 章已经进行了详细分析）。但长期以来，中国流通业发展仍然相对滞后，流通增加值比重和就业比重都远远低于发达国家水平，难以满足快速发展的国民经济的需求。目前我国流通业增加值占 GDP 的比重约为 16%，发达国家这一比重通常为 20%；流通业就业人数占全国就业人数的比重约为 12%，而发达国家均超过 20%。在当前流通业增加值比重、就业比重仍相对较低的情况下，保持较高的增长速度固然是扭转这种落后局面、提升流通业竞争力的关键。但是，一个不容忽视的问题是，如果增长的质量不高，其所蕴涵的可持续性和竞争力将非常弱。那么，中国流通业的增长状况究竟如何，其增长质量与发展绩效呈现怎样的特征？流通业是否存在增长乏力、效率低下的问题？技术效率（TE）衡量生产单位运用现有技术达到最大产出的能力，是生产绩效的集中体现。本章将通过对流通业技术效率及其影响因素的研究，刻画中国流通业技术效率的演进轨迹，寻找影响技术效率的主要因素。

从现有文献看，关于技术效率方面的研究成果非常丰富。刘小玄和郑京海（1998）、姚洋（1998）、姚洋和章奇（2001）分别运用随机前沿生产函数模型测算了我国工业企业的技术效率，并对影响工业企业技术效率的因素进行了检验。石慧等（2008）、汪小勤和姜涛（2009）分别利用随机前沿生产函数模型，研究了我国农业技术效率问题。顾乃华（2005）利用随机前沿生产函数模型，分析了我国服务业增长的效率特征。研究结果表明，我国服务业的发展远未能挖掘出现有资源和技术的潜力，技术效率低下。顾乃华和李江帆（2006）采用相同方法，分析了我国服务业技术效率的区域差异，研究发现人力资本和市场化水平对服务业技术效率的区域差距具有重要影响。谷彬（2009）利用随机前沿模型，对改革开放以来我国服务业技术效率进行了测算，发现效率演进过程中的阶段性特征和区域差距问题，对效率影响因素的实证检验结果显示，市场化改革和对外开放是造成服务业技术效率阶段性演进及区域差距的根本原因。杨青青等（2009）运用随机前沿生产函数模型，研究了我国服务业技术效率的变化特征及其影响因素。研究结果表明，我国服务业技术效率呈现下降趋势，技术效率存在显著的区域差异，人力资本、信息化水平、市场化进程、社会资本是影响服务业技术效率的重要因素。近年来，一些研究开始关注服务业细分行业的技术效率问题。张自然（2010）、黄莉芳（2011）采用超越对数随机前沿模型，对我国生产性服务业技术效率和技术进步及其影响因素进行了分析。余永泽和武鹏（2010）、田刚和李南（2011）采用随机前沿生产函数模型测算了我国物流产业的技术效率，并考察了影响物流业效率的因素。研究结果表明，经济发展水平、制度变迁、区位因素等对地区物流效率有显著影响。

上述文献从各个层面对技术效率这一问题进行了深入研究和探讨，具有重要的理论价值和现实意义，其中关于服务业及其内部细分行业的效率研究，对于深入认识我国服务业及其相关细分行业的效率特征及影响因素，制定更为合适的政策措施，具有非常重要的意义。然而，关于流通业技术效率的分析，到目前为止还没有系统的理论和方法，反映出学界对流通业效率问题的研究相对不足。鉴于此，本章拟在我国经济社会发展背景下，采用形式灵活、兼容性更强的超越对数生产函数，利用随机前沿模型，对1993～2008年中国流通业技术效率进行研究，同时探讨技术效率

的影响因素，考察影响流通业效率演进的深层原因，为进一步推进流通业
增长与效率提升提供有益参考。本章的结构安排如下：第一部分是研究方
法，包括理论模型和经验模型的介绍；第二部分对指标选取、数据来源及
处理予以说明；第三部分是实证检验和结果分析；最后是本章小结。

5.1　流通业技术效率的测算方法

5.1.1　理论模型

本章采用第三章阐述的随机前沿方法（SFA）测算中国流通业的技术
效率，该方法的最大优点是不仅考虑了技术效率对于产出的影响，还考虑
了随机因素对于产出的影响，因而测算出的技术效率更加准确可靠。自艾
格纳、洛尔夫和施密特（Aigner，Lovell & Schmidt，1977），穆森和布勒
克（Meeusen & Broeck，1977），巴蒂斯和科拉（Battese & Corra，1977）
提出随机前沿方法以来，由于其较强的实用性，因而在实证分析中得到了
广泛应用。该模型的一般形式为（如式 5 - 1 所示）：

$$Y_i = X_i\beta + (V_i - U_i)i = 1,\ 2,\ \cdots,\ n \qquad (5-1)$$

该方法的重要进展体现在巴蒂斯和科埃利（Battese & Coelli，1992）
的研究中，他们提出了适用于面板数据（panel data）的随机前沿生产函
数，扩展后的模型如式（5 - 2）所示：

$$Y_{it} = f(x_{it};\ \beta)\exp(V_{it} - U_{it}),\ i = 1,\ 2,\ \cdots,\ n,\ t = 1,\ 2,\ \cdots,\ T$$
$$(5-2)$$

式（5 - 1）和式（5 - 2）中，各变量的基本含义与本书第三章中的
分析完全一致，此处从略。

巴蒂斯和科埃利（Battese & Coelli，1995）进一步改进了模型，对无
效率项 U_{it} 进行了分解，把前沿生产函数与技术效率的外生影响因素结合

在一起：

$$Y_{it} = \exp(\beta X_{it} + V_{it} - U_{it})$$

$$U_{it} = \delta z_{it} + W_{it}, \ i = 1, 2, \cdots, n, \ t = 1, 2, \cdots, T \qquad (5-3)$$

式（5-3）中，Y_{it} 和 X_{it} 分别是第 i 家企业 t 时期的产出和投入；β 为待估参数；V_{it} 是表示随机效应的变量，反映不可控因素对产出的影响，服从正态分布 $N(0, \sigma_v^2)$，并且独立于 U_{it}。U_{it} 是非负随机变量，反映生产过程中技术无效率对产出的影响，服从零点截断的正态分布 $N(m_{it}, \sigma_u^2)$，并且 $m_{it} = \delta z_{it}$，z_{it} 是可能会影响效率的因素；W_{it} 为随机误差项，服从正态分布 $N(0, \sigma_w^2)$；δ 为待估参数。

他们建议用 $\sigma^2 = \sigma_v^2 + \sigma_u^2$ 和 $\gamma = \sigma_u^2/(\sigma_v^2 + \sigma_u^2)$ 取代 σ_v^2 和 σ_u^2，通过最大似然估计法可以计算出这两个值[1]。显然，参数 γ 必然在 0 到 1 之间，它表示回归方程随机扰动项中技术无效所占的比例，可作为判断模型设定是否合理的重要指标。γ 接近于 0 时，表明实际产出与可能的最大产出的差距主要来自不可控因素的影响，这时用普通最小二乘法（OLS）就可实现对参数的估计，无须采用随机前沿模型；γ 越接近于 1，说明前沿生产函数的误差越是主要来源于无效率项，采用随机前沿模型对生产函数进行估计也就越合适。

第 i 家企业 t 时期的技术效率可以表示为（如式 5-4 所示）：

$$TE_{it} = \exp(-U_{it}) = \exp(-z_{it}\delta - W_{it}) \qquad (5-4)$$

在现有的模型假设条件下，对技术效率的预测建立在条件期望基础上[2]。

此外，要进一步检验上述随机前沿生产函数模型中生产函数的形式和是否存在技术无效因素，可以设定相应的零假设，并利用广义似然比（LR）检验统计量进行检验。LR 统计量的计算公式为：

$$LR = -2[\ln(H_0)/\ln(H_1)] = -2[\ln(H_0) - \ln(H_1)] \qquad (5-5)$$

---

① 似然函数的具体形式和模型参数的推导过程参见巴蒂斯和科埃利（Battese & Coelli，1993）。

② 具体结果参见巴蒂斯和科埃利（Battese & Coelli，1993）的文献。

式（5 - 5）中，$L(H_0)$ 和 $L(H_1)$ 分别表示零假设（H_0）和备择假设（H_1）下的对数似然函数值。在零假设成立的条件下，LR 统计检验量服从混合卡方分布，自由度为受约束变量的数目。如果统计检验量超过单边广义似然比检验的临界值，则拒绝零假设，否则接受零假设。各自由度下相应的单边似然比检验临界值在科迪和帕姆（Kodde & Palm，1986）的研究中已经详细给出[①]。

5.1.2　经验模型

在实证分析中，本章选取巴蒂斯和科埃利（Battese & Coelli，1995）发展的随机前沿模型对中国流通业技术效率及其影响因素进行研究。在建立具体的随机前沿生产函数模型时，首先要考虑到生产函数形式的选择问题。由于不同的生产函数形式往往代表不同的生产和技术类型[②]，采用不同生产函数会直接影响到估计的结果，因而在具体研究之前假定任何特定类型的生产函数都可能是不合适的。为此，一般先选用形式更加灵活、兼容性更强的生产函数，然后根据模型估计结果进行假设检验，以确定所选的生产函数是否合适。综合上述分析，本章以超越对数生产函数[③]作为前沿生产函数的形式，模型的具体形式如下：

$$\ln Y_{it} = \beta_0 + \beta_1 \ln K_{it} + \beta_2 \ln L_{it} + \beta_3 (\ln K_{it})^2 + \beta_4 (\ln L_{it})^2 + \beta_5 \ln K_{it} \ln L_{it}$$
$$+ \beta_6 t \ln K_{it} + \beta_7 t \ln L_{it} + \beta_8 t + \beta_9 t^2 + V_{it} - U_{it} \qquad (5 - 6)$$

式（5 - 6）中，β_0 到 β_9 为待估参数；i 和 t 分别表示省份和时间；Y_{it}、K_{it}、L_{it} 分别表示 i 省在 t 时期的流通业增加值、资本投入和劳动投入；

---

　　① Kodde D，F. Palm. Wald Criteria for Jointly Equality and Inequality Restrictions［J］. Econometrica，1986（54）：1243 - 1248.

　　② 例如，采用柯布—道格拉斯（C - D）生产函数时，往往假定规模收益不变及技术进步为希克斯中性；采用不变常数替代弹性（CES）生产函数时，往往假定要素之间的替代弹性是不变的。

　　③ 超越对数生产函数（translog production function）的优点是，允许要素之间的替代弹性是可变的，并且在形式上更具灵活性，能够更好地避免由函数形式误定不当带来的估计偏差。其缺点是会消耗更多的自由度，但由于本章收集的样本足够多，因而不会产生太大影响。

t 为时间趋势；$V_{it} - U_{it}$ 为回归方程的随机扰动项。其中，V_i 反映不可控因素对各省流通业产出的随机影响，其服从对称的正态分布 $N(0, \sigma^2)$，并且独立于 U_{it}。U_{it} 反映在 t 时期生产技术无效性对 i 省的随机影响，其服从单侧正态分布 $N(m_{it}, \sigma_u^2)$。m_{it} 对应的函数即为技术无效函数，$e^{-m_{it}}$ 反映 i 省第 t 年的技术效率水平，m_{it} 越大表明技术效率越低，或者说技术无效程度越高。

结合我国转型经济的背景和流通业的产业特征，市场化水平、人力资本、基础设施状况、对外开放等因素都可能对流通业技术效率产生重要影响。下面具体分析这些因素对流通业技术效率的影响机理。

转型经济理论认为，市场化进程的推进，不仅意味着在价格机制的调节引导下，资源配置更加合理，而且通过产权多元化，提供了更加有效的激励机制，从而促进技术效率的提高。刘小玄和郑京海（1998）、姚洋（1998）、姚洋和章奇（2001）等在技术效率的分析中都强调了非国有产权的重要作用。诸多经验证据表明，我国从计划经济转向市场经济的改革，尤其是非国有经济的发展对经济增长和效率提升发挥了巨大作用。流通业是我国较早实行体制改革的领域，目前流通领域已是市场化程度最高、竞争最激烈的领域，因此预期市场化对于流通业技术效率具有促进作用。

内生增长理论指出，人力资本的积累是经济增长的源泉。人力资本能够有效反映生产要素的使用效率，随着人力资本投入的增加，通过其效率功能机制可以使物质资本和其他生产要素的边际产出增加，从而促进经济增长。因此，人力资本也是一种生产能力，是促进效率改善并推动经济增长的重要力量。王和姚（Wang & Yao, 2001）、莫德等（Maudos et al., 2003）、傅晓霞和吴利学（2006）等都指出人力资本对地区产业技术效率有较大影响。由于就业人员教育水平的高低是衡量其知识积累、接受能力以及专业技能的重要指标，据此可以推断就业人员教育水平与技术效率存在相关关系。

新经济增长理论的代表罗默（Romer, 1986）和卢卡斯（Lucas, 1988）

研究发现，基础设施对经济增长具有显著的外溢效应。良好的基础设施可以改善生产要素的使用效率，从而提高生产率。王小鲁（2009）、胡鞍钢和刘生龙（2009）等的研究都强调了基础设施在经济增长中的作用。由于流通业本身是具有规模经济和网络经济的基础性产业，因此其效率受网络设施状况的影响可能更大。流通基础设施既是流通资源聚合、集散的枢纽，也是促进流通产业链连续、有效运行的枢纽，是一个国家流通能力和综合竞争力的重要组成部分。尤其是现代经济的快速发展，使得基础设施已经成为现代流通产业体系中整合各种要素资源功能的平台，其发展水平对于提高流通业效率具有明显作用。

经济理论表明，对外开放对经济增长可能产生较大影响。对外贸易不但能使一国发挥比较优势以提高生产率，而且能够促进技术转移，加快国内技术效率的提升。一个国家对外开放程度越高，越可能促进本国经济发展和技术效率的改善，对流通业效率的提高也是如此。外商直接投资不仅具有资本累积的直接效应，而且具有促进技术扩散、人力资本提高和制度变迁的间接效应，通过竞争效应、示范效应、模仿效应、关联效应和人力资本流动效应等对本国企业产生技术外溢。姚洋（1998）、王小鲁（2000）、姚洋和章奇（2001）等都强调了外资的重要作用。流通业是我国较早对外资开放的领域，目前已经成为外商投资的主要领域。因此，可以预期外资的溢出效应对于我国流通业技术效率的提升具有重要作用。

结合上述分析，构建以下技术无效方程：

$$m_{it} = \delta_o + \delta_1 edu_{it} + \delta_2 mar_{it} + \delta_3 tran_{it} + \delta_4 trad_{it} + \delta_5 fdi_{it} + W_{it} \qquad (5-7)$$

式（5-7）中，$\delta_0 \sim \delta_5$ 为待估参数，表示各因素对流通业技术效率的影响程度；edu_{it} 为人力资本，如果 δ_1 的符号为负，说明人力资本对技术效率具有正面影响，若为正说明人力资本对技术效率的影响是负向的；mar_{it} 为市场化水平，如果 δ_2 的符号为负，说明市场化对技术效率具有正向影响，反之亦然；$tran_{it}$ 为基础设施状况，如果 δ_3 的符号为负，说明基础设施对技术效率具有正的影响，反之亦然；$trad_{it}$ 为对外贸易情况，如果 δ_4 的符号为负，说明外贸对技术效率具有正向影响，反之亦然；fdi_{it} 为利用外资情况，如果 δ_5 的符号为负，说明外资对技术效率具有正面影响，反之亦然。W_{it} 是技术无效方程中的随机误差项，服从正态分布 $N(0,\sigma^2)$。

判断模型设定是否合理，主要看式（5-5）中随机扰动项中技术无效所占的比例以及利用 LR 统计检验量检验各变量对技术效率没有影响这一零假设。判断技术无效所占比例即判断 $\gamma=\sigma_u^2/(\sigma_v^2+\sigma_u^2)$ 中 γ 的大小。γ 越趋近于 1，说明前沿生产函数的误差主要来自技术无效率项，采用随机前沿模型对生产函数进行估计就越合适。

5.2 指标选取与数据说明

由于 1992 年全国首次第三产业普查之后，我国服务业及其细分行业的数据统计工作才较为完善，相关统计数据才较为全面和连续，因此本章的时间区间设定为 1993~2008 年。样本包括除西藏自治区以外的中国大陆所有省份，之所以未包括西藏自治区，主要是因为该地区数据缺失严重。此外，由于数据无法分拆，重庆市被合并到四川省进行分析。这里，所需的数据有产出水平、劳动投入、资本投入以及影响因素，下面对相关指标选取、数据来源及处理分别予以说明（具体数据参见附录）。

5.2.1 流通业产出

一般而言，衡量经济体整体产出的指标是按可比价计算的国内生产总值。本书采用各省流通业增加值指标衡量流通业产出水平。由于长时期只重视物质产品生产和采用物质产品平衡表体系（MPS），服务业生产领域的统计没有给予足够重视，产出的低估和漏算问题非常严重。从原有的物质平衡表体系过渡到国民经济核算体系之后，中国曾经两次以普查年度 GDP 数据为基础，对 GDP 历史数据进行调整（许宪春，2006）。两次全国普查弥补了常规服务业统计的核算漏洞，获得了较为全面准确的服务业及其细分行业数据。[①] 因此，本章的实证分析将以调整后的统计数据为基础。1993～2004 年流通业增加值数据取自《中国国内生产总值核算历史资料（1952～2004）》，2005～2008 年的数据取自《中国统计年鉴》（2006～2009）。此外，为了保证数据的可比性，以 1993 年为基期，用以不变价格计算的第三产业增加值指数对基础数据进行平减，从而得到以 1993 年不变价格计算的流通业增加值。

5.2.2　劳动投入

就劳动投入而言，理想的指标应该考虑数量和质量等方面。市场经济条件下，劳动者报酬能够合理反映劳动投入量的变化。但由于我国正处于经济转轨时期，收入分配体制不尽合理且市场调节机制不够完善，使得劳动收入难以准确反映劳动投入的变化，而且我国目前也缺乏这方面的统计数据。从劳动投入量来看，总劳动时间比劳动者人数更为精确可靠。但由于我国统计数据并没有劳动时数的统计，因此多数研究采用从业人员数作为劳动投入量。本书也采用各地区流通业年底从业人员数作为劳动投入量指标，数据取自历年《中国统计年鉴》。由于《中国统计年鉴》（2004～2009）没有提供 2003～2008 年各地区分行业从业人员数据，本书的处理方法如下：用 2002 年各地区流通业占第三产业就业人数的比重乘以 2003～2008 年各地区第三产业年底就业人数来折算。

5.2.3　资本投入

生产过程中的资本投入量一般用资本存量来度量，资本存量是在一定时点下安装在生产单位中资本资产的数量，主要是就固定资产而言的。资

---

① 第一次历史数据的修订在 1992 年第一次全国第三产业普查后，对 1978～1992 年 15 个年度 GDP 历史数据进行了系统修订，调整的详细数据被收入 1998 年出版的《中国国内生产总值核算历史资料（1952～1996）》中。第二次历史数据的修订在 2004 年第一次全国经济普查后，对 1993～2003 年 11 个年度的历史数据进行了系统修订，调整的详细数据被收入 2007 年出版的《中国国内生产总值核算历史资料（1952～2004）》中。两次修订的焦点都是服务业的核算问题。

本存量是重要的宏观经济变量之一，在利用总量数据实证分析经济增长、地区发展及收入差距的研究中，通常都要涉及资本存量。本书采用各省区流通业资本存量表示资本投入。然而，我国没有关于资本存量的统计数据，需要根据有关资本形成及固定资产投资的数据推算得到。资本存量的估算是一项较为复杂的工作，估算方法的选择和指标选取上的不同，都可能导致估算结果的差异。目前国际上普遍采用的资本存量估算方法是戈登史密斯（Goldsmith）于1951年开创的永续盘存法，该方法定义当年资本存量为上一年净资本存量（总资本存量减去资本折旧）加上当年投资。计算公式为：

$$K_{it} = K_{it-1}(1-\delta) + I_{it} \qquad\qquad (5-8)$$

式（5-8）中，K_{it} 表示第 i 省第 t 年的资本存量，K_{it-1} 表示第 i 省第 $t-1$ 年的资本存量，I_{it} 表示第 i 省第 t 年的投资，δ 表示折旧率。因此，按照该方法，中国各省流通业资本存量的估算需要以下基础数据：基年资本存量、当年投资、资本折旧率以及固定资产价格指数。具体的选择与处理方式介绍如下：

（1）基年资本存量的确定。关于固定资本存量数据，统计年鉴上是没有公布的，很多学者都采取推算的方法。张军和章元（2003）估计时采用了生产性积累数据，并且假设1993年之后生产性积累的增速和固定资产投资的增速相同，从而估计出1993年后的生产性积累数据。黄勇峰等（2002）使用了分行业、分类型的固定资产投资数据。李江帆（2005）则用固定资产原值这一指标。本书也采用固定资产原值作为资本存量。1993年我国进行了全国和各省市第三产业普查并发布了首次全国第三产业普查数据公报，据此可以得到1992年全国分地区流通业资本存量。然后再通过1993年流通业固定资产投资、固定资产价格指数和折旧率可以得到1993年的资本存量。

（2）资本折旧率。在资本存量估算方面，张军和章元（2003）运用了生产性积累数据，因而回避了折旧问题。李治国和唐国兴（2003）使用了国民收入核算公式"折旧额＝GDP－国民收入＋补贴－间接税"计算

折旧额。在资本折旧的处理上，更多的研究采用折旧率方法。黄勇峰等
（2002）在相对效率几何下降的基础上估计出设备的折旧率为 17%，建筑
的折旧率为 8%；杨（Young，2000）假定各省非农产业的折旧率为 6%；
宋海岩等（2003）则假定各省每年的折旧率为全国折旧率加上该省当年
的经济增长率；王小鲁（2000）、王和姚（Wang & Yao，2001）均假定折
旧率为 5%。由于中国法定残值率是 3% ~ 5%，且现有文献一般选择折旧
率为 5%，因此本书也选取折旧率为 5%。

　　（3）当年投资的选择。对于当年投资的计算，也存在一定的差异。
张军和章元（2003）采用了积累的概念及其相应的统计口径，积累是在
物质产品平衡体系（MPS）下核算国民收入时度量投资的指标，但是从
1993 年起，新的联合国国民经济核算体系（SNA）不再公布积累数据，
也没有相应的价格指数，所以这一方法已不再适用。王小鲁（2000）采
用全社会固定资本投资数据作为当年投资的指标。而张军等（2004）认
为，固定资本形成总额是当年投资的重要指标。《中国国内生产总值核算
历史资料》中提供了分省分产业的固定资本形成总额数据，可惜缺乏第三
产业细分行业的数据，因此，本书中的当年投资采用固定资本投资这一指
标，数据来源于历年《中国固定资产投资统计年鉴》和各省统计年鉴。

　　（4）固定资产价格指数。关于固定资产投资价格指数，我国统计年
鉴从 1992 年开始公布，而对于此前的数据，现有研究或者采用其他指数
来代替，或者采用一定的方法进行估算。宋海岩等（2003）用全国建筑
材料价格指数来代替。李治国和唐国兴（2003）的处理方法是将 1991 年
后的全国固定资产投资价格指数关于上海市固定资产投资价格指数进行线
性回归，从而拟合出全国固定资产投资价格指数序列。张军和章元
（2003）则直接使用上海市的固定资产价格指数来代替全国固定资产价格
指数。张军等（2004）计算出了各省的固定资本价格指数。由于 1991 年
以后我国开始公布固定资产价格指数，可以很方便得到，因此本书中各省
区固定资产价格指数直接采用《中国第三产业统计年鉴 2008》和《中国
统计年鉴 2009》中各省的固定资产价格指数，并折算成以 1993 年为基期

的固定资产价格指数。

5.2.4 效率影响因素

（1）人力资本。人力资本指标用各省就业人口的平均受教育年限表示，具体计算方法以各省就业人口中受教育程度构成的百分比为权重，对受教育年限进行加权平均。受教育年限则根据受教育程度进行确定：不识字或识字很少为0年、小学为6年、初中为9年、高中为12年、大专以上为16年，数据来源于《中国统计年鉴（1997~2008）》，并根据1996~2000年各省份受教育程度人口比例的平均增加值和1996年的数据推算得到1993~1995年的数据。

（2）市场化水平。樊纲和王小鲁从2000年起陆续编制发布了中国逐年分省份的市场化指数，他们从政府与市场的关系、非国有经济的发展、产品市场的发育、要素市场的发育、市场中介组织和法律制度环境五个方面评价了我国各省市的市场化进程，但可惜缺乏更早的数据。对此，一般采用非国有经济占工业总产值的比重近似替代，这个指标有一定的合理性，但这里存在统计口径不同的问题（1998年以后不再统计500万元销售额以下的小企业）。因此，在本书的研究中，以非国有经济单位职工人数在职工总数中的比重作为市场化程度的近似替代指标，数据来源于《中国统计年鉴（1994~2008）》。

（3）基础设施。采用人均运输线路长度作为测度各地区基础设施状况的变量，数据来源于《中国统计年鉴（1994~2008）》。

（4）对外贸易。对外贸易指标用进出口占GDP的比重表示，进出口为进出口贸易总额，按当年平均汇率折算成人民币，数据来源于《新中国六十年统计资料汇编》。

（5）利用外资。利用外资指标用外商直接投资占GDP的比重表示，外商直接投资为实际利用外商直接投资额，按当年平均汇率折算成人民币，数据来源于《新中国六十年统计资料汇编》。

5.3　实证结果分析

5.3.1　生产函数及技术无效函数估计结果

利用 Frontier 4.1 软件对随机前沿生产函数和技术无效方程进行联合估计，估计结果如表 5 - 1 所示。在模型中，γ 值为 0.4829，并且在 1% 的水平上通过显著性检验，表明前沿生产函数的误差项具有一定的复合结构，复合误差项中的 48.29% 来源于技术非效率项，用随机前沿模型对生产函数进行拟合是较为合适的。大多数参数的估计结果都比较显著，模型拟合效果比较理想。单边广义似然比检验结果拒绝了不存在技术无效项的假设，表明技术效率对各省份的流通业增长具有显著影响。因此，模型的设定比较合理可靠。下面对照具体的结果，对中国流通业技术效率及其影响因素进行详细分析。

表 5 - 1　　　1993 ~ 2008 年中国流通业随机前沿函数及技术无效函数估计结果

前沿生产函数	参数	估计系数	t 检验值	技术无效函数	参数	估计系数	t 检验值
常数项	β_0	- 2.5056 ***	- 5.1106	常数项	δ_0	0.8258 ***	6.9347
$\ln K_{it}$	β_1	1.9032 ***	5.0454	edu_{it}	δ_1	- 0.0415 ***	- 2.2999
$\ln L_{it}$	β_2	- 0.2015	- 0.6584	mar_{it}	δ_2	- 0.0017 **	- 1.7874
$(\ln K_{it})^2$	β_3	- 0.1002 *	- 1.5387	$tran_{it}$	δ_3	- 0.0004	- 0.3174
$(\ln L_{it})^2$	β_4	0.0938 *	1.4651	$trad_{it}$	δ_4	- 0.0052 ***	- 3.8866
$\ln K_{it}\ln L_{it}$	β_5	- 0.0464	- 0.4094	fdi_{it}	δ_5	- 0.0280 ***	- 4.7394
$t\ln K_{it}$	β_6	0.0518 ***	4.0056	δ^2		0.0339 ***	12.0854
$t\ln L_{it}$	β_7	- 0.0179 *	- 1.5185	γ		0.4829 ***	7.2379
t	β_8	0.0048 ***	3.9545	Log 函数值		155.8762	
t^2	β_9	- 0.0067 ***	- 6.5513	LR 值		181.1292	

注：*** 、** 、* 分别表示变量在 1% 、5% 和 10% 的水平上显著；LR 检验值服从混合卡方分布；技术无效函数中的负号表示变量对流通业技术效率有正影响，反之亦然。

在前沿生产函数中，资本的系数为1.9032，并且通过1%的显著性检验，劳动对产出的影响并不显著，反映了在这段时间内我国流通业的发展主要依靠资本推动的事实。资本投入的平方项为负，说明增加资本反而使产出减少；劳动投入的平方项为正，说明增加劳动使产出增加。资本和劳动的交叉项系数为负，但并不显著。时间和资本的交叉项系数为正，且在1%的水平下显著，表明技术进步通过促进资本的有效利用从而推动流通业增长。而时间和劳动交叉项系数为负，说明随着技术进步，增加劳动投入不会明显促进流通业增长。时间和时间平方项的系数分别为0.0048和 −0.0067，表示随着时间的演进，技术进步以年均0.48%的速度上升，但上升的速度会逐渐下降。这与顾乃华（2005）、张自然（2010）等对于服务业的研究结论较为相似。我国流通业前沿技术进步以递减的速度上升，可能的原因在于，一方面流通业本身技术水平和创新能力不强，另一方面对国外先进技术的吸收借鉴能力较弱，导致技术进步缓慢且上升的速度趋于下降。

在技术无效函数中，与理论预期相同，市场化程度、人力资本、基础设施、对外贸易，以及利用外资的系数均为负，表明它们与技术无效程度负相关。人力资本的系数为 −0.0415，意味着在其他条件不变的情况下，流通业就业人员平均受教育年限每增加1年，将促使技术效率提高4.15%，可见人力资本对我国流通业技术效率具有显著的正向影响。市场化程度的系数为 −0.0017，意味着市场化水平提高1个单位，在其他条件不变的情况下，大约会促使流通业技术效率提高0.17%，说明我国的体制改革确实起到了增进流通业技术效率、促进流通业增长的作用。对外贸易和外商直接投资的系数分别是 −0.0052 和 −0.028，并且在1%的水平上显著，说明在其他条件不变的情况下，外贸和外资占GDP的比重每提高1个单位，会分别促进流通业技术效率提高0.52%和2.8%。对外贸易能够促进先进技术设备的转移，外资的引入有利于国内流通企业学习国外先进技术和经营管理经验，这里的估计结果还表明，外资相对于外贸发挥了更大的效率提升作用。需要说明的是，地区基础设施的系数并不显著，可能的原因是，长期以来，我国流通业基础设施建设一直缺乏统一的规划布局以及有效的资金投入，造成流通设施建设相对滞后，还没有对流通业的发展和效率提升发挥明显作用。随着今后国家对流通业的重视和流通基础设施建设的加快，预计基础设施对技术效率的提高将产生显著影响。

5.3.2　技术效率估计结果

下面根据上述模型提供的各省市历年技术效率的具体结果，对中国流通业技术效率做进一步分析。表 5 - 2 列出了 1993 ~ 2008 年中国流通业总体以及东部、中部、西部[①]三大地区技术效率的估计结果。可以看出，就全国总体而言，我国流通业技术效率总体水平偏低，1993 ~ 2008 年平均技术效率为 0.7649。结合顾乃华（2005）、张自然（2010）等的研究可以看出，流通业与其他服务部门一样，技术效率还处于较低水平，远远未能挖掘出现有资源和技术的利用潜力，对前沿技术的利用程度不高，因此技术效率还有较大的提升空间。从变化趋势看，中国流通业技术效率总体呈现上升趋势，1993 年流通业平均技术效率为 0.7398，2008 年上升到 0.8122，上升幅度为 0.0724。且年际之间的变化存在一定的差异，2000 年以前，技术效率的波动性较强，效率提升并不显著。2000 年之后，技术效率的增加幅度有稳步提高的趋势，效率提升非常明显。由此可见，伴随着我国市场化改革的不断深入，人力资本的不断积累，流通业对外开放的不断扩大，这些都大大促进了企业在既有技术下，充分提高资源利用效率和生产能力，从而使实际产出不断逼近可能的最大产出。

---

① 东部地区包括北京市、天津市、河北省、辽宁省、上海市、江苏省、浙江省、福建省、山东省、广东省和海南省 11 个地区；中部地区包括山西省、吉林省、黑龙江省、安徽省、江西省、河南省、湖北省和湖南省 8 个地区；西部地区包括内蒙古自治区、广西壮族自治区、四川省（含重庆市）、贵州省、云南省、陕西省、甘肃省、青海省、宁夏回族自治区和新疆维吾尔自治区 10 个地区。

表5-2   中国流通业技术效率估计结果（1993~2008年）

年份	全国平均	东部平均	中部平均	西部平均
1993	0.7398	0.8838	0.6371	0.6636
1994	0.7515	0.9008	0.6523	0.6667
1995	0.7512	0.9012	0.6441	0.6718
1996	0.7516	0.8945	0.6519	0.6743
1997	0.7557	0.8947	0.6650	0.6752
1998	0.7490	0.8886	0.6630	0.6641
1999	0.7424	0.8760	0.6602	0.6614
2000	0.7466	0.8803	0.6776	0.6548
2001	0.7534	0.8878	0.6933	0.6537
2002	0.7602	0.8922	0.7053	0.6589
2003	0.7760	0.9064	0.7274	0.6714
2004	0.7898	0.9194	0.7405	0.6868
2005	0.7743	0.9105	0.7257	0.6633
2006	0.7848	0.9197	0.7386	0.6734
2007	0.8003	0.9260	0.7629	0.6920
2008	0.8122	0.9275	0.7806	0.7107
平均	0.7649	0.9006	0.6953	0.6714

注：数据来源于随机前沿模型（SFA）的估计结果，全国流通业技术效率平均值为各省市技术效率值的算术平均数，三大地区技术效率平均值也是相应省份技术效率值的算术平均数。

从三大地区来看，同中国经济发展水平相一致，东部地区的技术效率显著高于中西部地区，区域间存在着显著的不平衡。东部地区平均技术效率为0.9006，中部、西部分别为0.6953和0.6714。东部地区的技术效率之所以居于三大地区之首，关键在于长期以来该地区凭借良好的区位优势，大力推进市场化改革，吸引大量高素质人才，加强和完善基础设施建设以及开放区域市场引进外资和国外先进技术，从而技术效率始终处于较高水平。而中西部地区在制度环境、人才队伍、基础设施以及对外开放等方面与东部地区都有一定的差距，因此技术效率也远远落后于东部地区。

从变化情况看，1993～2008 年东部、中部、西部三大地区的平均技术效率均呈现波动性上升趋势，其中东部地区从 0.8838 上升到 0.9275，中部地区技术效率从 0.6371 上升到 0.7806，西部地区则从 0.6636 上升到 0.7107。中部地区的技术效率提升最快，西部仅次于中部地区，东部地区技术效率提升最慢。由于中西部地区技术效率提升明显，从而东部与中部、西部地区流通业技术效率相对差距有所缩小。中西部技术效率变化之所以高于东部地区，可能的原因是落后地区在追赶发达地区上有更大的潜力，因为落后地区的技术吸收能力（如市场化程度、人力资本水平、基础设施建设、对外开放水平等）在此期间都得到了很大提高，这显然有助于它们充分利用现有生产技术，促进技术效率的改善和提高。同时这也表明，我国流通业技术效率存在一定的收敛性，即流通业技术效率低的地区的技术效率的变化要高于技术效率高的地区。

表 5 - 3 提供了 1993～2008 年各地区流通业技术效率的平均值①。就各省份而言，广东省的技术效率最高，为 0.9726，贵州省的技术效率最低，为 0.5805。各省市流通业平均技术效率值在 0.5805～0.9726 之间。东部地区集中了全国技术效率的前八位，分别是广东省、上海市、北京市、天津市、江苏省、福建省、辽宁省、海南省，其中广东省、上海市、北京市、天津市、江苏省、福建省的平均技术效率更是超过了 0.9，分别达到 0.9726、0.9712、0.9641、0.9615、0.9447、0.9170。即使处于东部较低水平的浙江省、山东省也分别达到了 0.8370 和 0.8394。河北省平均技术效率只有 0.7035，是东部效率最低的省份。中部地区的吉林省、黑龙江省、安徽省技术效率相对较高，分别为 0.7853、0.7173 和 0.7139，但也远远低于东部绝大多数省份（除河北省），而河南省、湖南省、江西省这三个省份的平均技术效率分别只有 0.6220、0.6436 和 0.6888，其余省份的效率值也不高。西部地区除内蒙古自治区和广西壮族自治区外，其余省份的技术效率都很低，其中贵州、青海位于全国倒数后两位，技术效

---

① 由于篇幅所限，在此不再列出 1993～2008 年各省流通业技术效率的逐年估计结果，具体可参见附录。

率分别只有 0.5805 和 0.6238。由此可见，各省份之间技术效率的差异较为明显，并且技术效率较高的省份主要集中在东部地区，技术效率较低的省份主要集中在中西部地区，中国流通业技术效率区域发展不平衡现象严重。

表 5 – 3 各地区流通业平均技术效率（1993 ~ 2008 年）

地区	技术效率	地区	技术效率	地区	技术效率
北京市	0.9641	东部	0.9006	广西壮族自治区	0.7574
天津市	0.9615	山西省	0.6959	四川省	0.6754
河北省	0.7035	吉林省	0.7853	贵州省	0.5805
辽宁省	0.8986	黑龙江省	0.7173	云南省	0.6242
上海市	0.9712	安徽省	0.7139	陕西省	0.6562
江苏省	0.9447	江西省	0.6888	甘肃省	0.6458
浙江省	0.8370	河南省	0.6220	青海省	0.6238
福建省	0.9170	湖北省	0.6960	宁夏回族自治区	0.6454
山东省	0.8394	湖南省	0.6436	新疆维吾尔自治区	0.6631
广东省	0.9726	中部	0.6953	西部	0.6714
海南省	0.8967	内蒙古自治区	0.8420	全国	0.7649

注：根据随机前沿模型（SFA）的估计结果整理计算，各地区流通业平均技术效率值为相应省份历年技术效率值的算术平均数。

5.4 本章小结

本章使用 1993 ~ 2008 年省际面板数据，采用超越对数生产函数的随机前沿模型，通过一步估计法对中国流通业技术效率及其影响因素进行了实证分析。

从全国总体看，1993 ~ 2008 年中国流通业平均技术效率为 0.7649。结合其他学者对于服务业的相关研究，可以发现流通业和其他服务部门一样，技术效率总体水平偏低，还远远没有挖掘出现有资源和技术的潜力，对前沿技术的利用程度不高，因此技术效率的提升还有较大的空间。从变化趋势看，在此期间，全国流通业技术效率总体上呈现逐渐上升趋势，平均技术效率从 1993 年的 0.7398 上升到 2008 年的 0.8122，但年际间的变化存在一定的差异，以 2000 年为分界点，在此之前，流通业技术效率的波动性较强，效率的提升并不显著，而 2000 年之后，技术效率呈逐步上升趋势，效率提升非常明显。总体而言，随着时间的推移，既有技术条件下的资源利用效率和生产能力趋于提升，从而使实际产出不断逼近可能的最大产出。

从三大地区看，东部地区平均技术效率为 0.9006，中部、西部地区分别为 0.6953 和 0.6714，东部地区技术效率明显高于中、西部地区，流通业技术效率存在显著的地区差异。从变化情况看，东部、中部、西部三大地区流通业技术效率均表现出逐渐上升趋势，但中、西部技术效率的提升显著高于东部地区，从而东部与中部、西部地区技术效率的相对差距有所缩小，流通业技术效率存在一定的收敛性。从各省份看，各省市流通业平均技术效率值在 0.5805 ~ 0.9726 之间，省际间技术效率的差异明显。东部地区集中了全国技术效率的前八位，分别是广东省、上海市、北京市、天津市、江苏省、福建省、辽宁省、海南省。中部地区效率相对较高的吉林省、黑龙江省、安徽省，其技术效率值也远远低于东部地区。西部地区除内蒙古和广西外，其余省份的技术效率都很低。各省份之间技术效率的差异明显，技术效率较高的省份主要集中在东部地区，技术效率较低的省份主要集中在中西部地区。

人力资本、市场化程度、对外开放程度是影响我国流通业技术效率的重要因素。人力资本能够有效反映生产要素的使用效率，从而对技术效率产生影响。市场化进程的推进，不仅意味着在价格机制的调节引导下，资源配置更加合理，而且提供了更加有效的激励机制，从而促进技术效率的提高。对外贸易能够促进技术转移，加快国内技术效率的提升，外资带来先进技术和经营管理经验，对技术效率也产生积极影响。本章的研究结果表明，流通业从业人员平均受教育年限每增加 1 年，将促使技术效率提高 4.15%，人力资本对技术效率具有显著的正向作用。市场化水平每提高 1 个单位，大约会促使流通业技术效率提高 0.17%，我国的体制改革确实起到了提高流通业效率、促进流通业增长的作用。外资和外贸占 GDP 的比重每提高 1 个单位，分别促进流通业技术效率提高 0.52% 和 2.8%，对外开放对技术效率的提升也具有积极作用。

第 6 章

中国流通业全要素生产率分析

经济增长理论表明，决定一个国家或地区长期经济增长的关键是全要素生产率（TFP）的提高。全要素生产率衡量生产单位将投入转化为产出的效率，集中体现了其技术创新能力、资源利用效率、成本控制，以及竞争能力等多方面的特征。相对于劳动生产率、资本生产率等单要素生产率，全要素生产率更能从整体上反映经济体的生产率状况。从 1992 年国务院《关于加快发展第三产业的决定》把流通业列为重点发展产业之一，到 2005 年《国务院关于促进流通业发展的若干意见》，明确今后我国流通业发展的指导思想和主要任务，到 2007 年出台的《关于加快发展服务业的若干意见》中提出优先发展物流业，改造传统商贸流通业，2008 年《关于搞活流通扩大消费的意见》提出加大投入力度、支持流通业发展，再到 2012 年《国务院关于深化流通体制改革加快流通产业发展的意见》进一步明确新形势下加快流通业改革发展，一系列的政策措施充分体现了国家对流通业发展的高度重视。那么当前，中国流通业的增长水平到底如何？中国流通业生产率增长的来源是什么？技术效率、技术进步在转型期中国流通业增长过程中究竟扮演了怎样的角色？本章试图回答上述问题，探求流通业生产率增长的源泉，从而为国家和地区流通业规划及管理提供政策参考。

目前，关于中国全要素生产率的研究主要集中在三个方面：一是从中国经济整体层面，运用宏观时间序列数据研究中国经济总体的全要素生产率，关注 TFP 随时间的波动特点与变化趋势（Borensztein & Ostry，1996；Chow，2002；Young，2003；张军和施少华，2003；孙琳琳和任若恩，2005；郭庆旺和贾俊雪，2005）。尽管在数据处理和计量方法上有所差异，但基本结论是改革开放以来中国 TFP 增长率基本呈现上升趋势。二是从地区层面，运用面板数据考察省际间的全要素生产率状况，分析导致区域 TFP 差异的原因（Fleisher et al.，1997；颜鹏飞和王兵，2004；郑京海和胡鞍钢，2005；王志刚和龚六堂，2006）。三是从具体产业层面，运用产业层面的数据测算考察相关产业的全要素生产率状况。很多对于农业部门 TFP 的研究（Kalirajan et al.，1996；Lambert & Parker，1998；顾海和孟令杰，2002；乔榛等，2006），发现与中国经济总体相似的阶段性农业 TFP 增长与波动态势。关于工业部门的 TFP，有些研究基于加总工业数据（Jefferson et al.，1996；谢千里等，2001；朱钟棣和李小平，2005；原鹏飞，2005；谢千里等，2008），还有研究基于微观企业数据（Woo，1994；Huang & Meng，1999；孔翔等，1999；郑京海等，2002），但与农业部门不同的是，关于中国工业 TFP 的研究目前尚未取得较为一致的结论。就服务业而言，多数研究基于服务业整体数据进行分析，还有部分研究基于细分行业数据，对生产性服务业和物流业等行业进行研究，这些在本书第一章的文献综述部分已经做出详细说明。

通过对已有文献的总结和回顾，可以发现产业层面全要素生产率的研究主要集中于工业、农业、服务业整体层面，而对服务业细分行业全要素生产率的研究还比较少，尤其是流通业全要素生产率的研究方面，还基本上处于空白。为了弥补这一不足，本章尝试以 1993 ~ 2008 年中国省际面板数据为基础，采用基于数据包络分析（DEA）的 Malmquist 指数方法研究流通业的全要素生产率，分析其时序演变和区域分布特点，在此基础上，检验区域流通业 TFP 增长的收敛性。本章的研究对于认识我国流通业 TFP 变化的历史轨迹，探究地区间流通业发展不平衡的原因以及动态演变趋势，促进地区间流通业的协调发展具有重要的现实意义，而且对于通过全要素生产率的提高促进流通发展方式转变也具有一定的理论意义。本章

的结构安排如下：第一部分是研究方法，对研究全要素生产率的方法予以
介绍；第二部分对指标选取、数据的来源与处理做出说明；第三部分是实
证检验和结果分析；第四部分是收敛性分析；最后是本章小结。

6.1　流通业全要素生产率的测度方法

Malmquist 指数最初由斯登·马姆奎斯特（Sten Malmquist，1953）提
出，后来被卡夫斯、克里斯滕森和迪沃特（Cave，Christensen & Diewert，
1982），法尔、格罗斯克夫、诺里斯和罗斯（Fare，Grosskopf，Norris &
Roess，1989），查尔斯、库伯和西福特（Charnes，Cooper & Seiford，
1994）等在非参数框架下进一步发展完善。目前，在实证分析中普遍采用
的是法尔、格罗斯克夫、诺里斯和张（Fare，Grosskopf，Norris & Zhang，
1994）构建的基于 DEA 的 Malmquist 指数。与全要素生产率的其他测算方
法相比，Malmquist 生产率指数的优点主要有以下几点：第一，不需要相
关的价格信息；第二，不需要特定的行为假设；第三，便于计算全要素生
产率的变化；第四，可以用来处理面板数据，并将经济体的全要素生产率
Malmquist 指数分解为技术进步、技术效率、纯技术效率和规模效率的变
化。因此，本章采用由法尔等（Fare et al.，1994）构建的基于 DEA 的
Malmquist 指数方法对中国流通业全要素生产率进行测度。

6.1.1　距离函数

距离函数（Distance Function）是 Malmquist 生产率指数建立的基础。
马姆奎斯特（Malmquist，1953）相对于无差异曲线的径向移动幅度，提
出了距离函数的概念。此后，谢泼德（Shephard，1970）在生产函数基础
上，定义了基于生产函数的距离函数，这一定义随后得到了广泛应用。距
离函数允许在无须对生产者行为（如成本最小化或者利润最大化）进行

任何假定的前提下，描述多投入多产出的生产技术。距离函数表示生产单元离最优生产状态（即生产前沿）的距离，分为投入距离函数和产出距离函数两类。投入距离函数描述的是在给定产出向量下，投入向量能够向生产前沿面缩减的程度，以此来刻画生产技术的特征。而产出距离函数描述的是在给定投入向量下，产出向量的最大扩张幅度。

下面给出产出距离函数的具体定义。假设向量 x 和向量 y 分别表示一个 n 维投入向量和一个 m 维产出向量，这些向量的元素都是非负实数。于是，可以用技术集 S 来描述多投入多产出生产技术，这个集合由所有可行的投入产出向量 (x, y) 组成，使得 x 能生产出 y（如式 6 – 1 所示）：

$$S = \{(x, y): x \text{ 能生产出 } y\} \tag{6-1}$$

通过集合 S 定义的生产技术，可以等价地用产出集 $P(x)$ 来定义，它表示使用投入向量 x 所能生产的所有产出向量 y 的集合。产出集是与各种不同投入向量 x 相对应的生产可能性集（production possibility set），它可被定义为（如式 6 – 2 所示）：

$$P(x) = \{y: x \text{ 能生产出 } y\} = \{y: (x, y) \in S\} \tag{6-2}$$

对于任意的投入向量 x，产出集 $P(x)$ 具有如下性质：（1）$0 \in P(x)$：对于给定的投入集，产出可以为零（即不生产是可能的）；（2）非零产出水平不可能由零水平的投入生产出来；（3）$P(x)$ 满足产出的强可处置性：如果 $y \in P(x)$ 且 $y^* \leqslant y$，那么 $y^* \in P(x)$；（4）$P(x)$ 满足投入的强可处置性：如果 y 能由 x 生产，那么 y 能由任意 $x^* \geqslant x$ 生产；（5）$P(x)$ 是凸的有界闭集。

定义于产出集 $P(x)$ 上的产出距离函数可以表示为（如式 6 – 3 所示）：

$$D_0(x, y) = \min\{\delta: (y/\delta) \in P(x)\} \tag{6-3}$$

从生产可能性集所具有的性质，可以得到产出距离函数具有如下性质：（1）对于所有非负的 x，$D_0(x, 0) = 0$；（2）$D_0(x, y)$ 关于 y 非递减，关于 x 非递增；（3）$D_0(x, y)$ 关于 y 是线性齐次的；（4）$D_0(x, y)$ 关于 x 是拟凸的，关于 y 是凸的；（5）如果 y 属于 x 的生产可能性集（即 $y \in P(x)$），那么 $D_0(x, y) \leqslant 1$；（6）如果 y 属于生产可能性集（x 的生产可能性曲线）的"前沿"，距离函数等于单位值（即 $D_0(x, y) = 1$）。

考虑有两种产出的情况，产出距离函数可以用图 6-1 表示。曲线 $PPC - P(x)$ 表示生产可能性边界，对于用给定投入向量 x 生产出两种产出 y_1 和 y_2，生产可能性集 $P(x)$ 是由生产可能性前沿以及 y_1 轴和 y_2 轴所围成的区域。对于生产单元来说，使用投入水平 x，生产两种产出（y_{1A}，y_{2A}）距离函数的值，记为 A 点，等于比率 $\delta = OA/OB$，即 $D_0(x, y_A) = OA/OB$。它等于给定投入水平在保持可行生产可能性集所能扩大的产出量倍数的倒数。而由 $PPC - P(x)$ 所表示的生产可能性前沿面上的点 B 和 C，由于其产出可扩大的倍数为 1，因此其距离函数值等于 1，即 $D_0(x, y_B) = 1$，$D_0(x, y_C) = 1$。

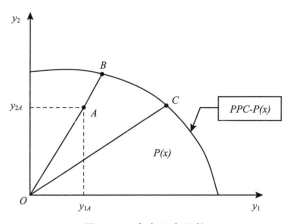

图 6-1 产出距离函数

6.1.2 Malmquist 指数

为了定义产出导向的测量全要素生产率变化的 Malmquist 指数，假设在 $t = 1, 2, \cdots, T$ 的每一时期，生产技术 S^t 将要素投入 $x^t(x^t \in R_+^N)$ 转化为产出 $y^t(y^t \in R_+^M)$，该生产技术可以表示为：

$$S^t = \{(x^t, y^t): x^t \text{ 可以生产 } y^t\} \tag{6-4}$$

式（6-4）中，S^t 为生产可能性集合，是所有可行的投入产出向量的集合，其中每一给定投入下的最大产出子集为生产技术的前沿。由于在多产出情形下，可能无法得到产出距离函数的最小值，这时可以使用"下确界"（infimum）来代替最小值，此时，相对于生产技术前沿，t 时期的产出距离函数可以表示为（如式 6−5 所示）：

$$D_0^t(x^t, y^t) = \inf\{\theta: (x^t, y^t) \in S^t\} = (\sup\{\theta: (x^t, y^t) \in S^t\})^{-1}$$

$$(6-5)$$

这个函数定义了在给定投入 x^t 时产出向量 y^t 最大比例扩张的倒数。对于 $(x^t, y^t) \in S^t$，$D_0^t(x^t, y^t) \leqslant 1$。当且仅当 (x^t, y^t) 位于生产技术前沿边界时，$D_0^t(x^t, y^t) = 1$，这种情况下生产是最有效率的，也就是在给定投入下实现了最大产出。为了定义 Malmquist 指数，还需要定义一个含有两个不同时期的距离函数（如式 6−6 所示）：

$$D_0^t(x^{t+1}, y^{t+1}) = \inf\{\theta: (x^{t+1}, y^{t+1})/\theta\} \in S^t \qquad (6-6)$$

这个函数给出了在 t 时期的技术水平下，给定 $t+1$ 时期可行的投入产出 (x^{t+1}, y^{t+1}) 的最大比例变化。同样，可以定义类似的距离函数 $D_0^{t+1}(x^t, y^t)$，它给出了在 $t+1$ 时期的技术水平下，给定 t 时期可行的投入产出 (x^t, y^t) 的最大比例变化。

以 t 时期技术为参照的 Malmquist 指数就可以表示为（如式 6−7 所示）：

$$M_0 = \frac{D_0^t(x^{t+1}, y^{t+1})}{D_0^t(x^t, y^t)} \qquad (6-7)$$

这个指数测度了在 t 时期的技术条件下，从 t 到 $t+1$ 时期技术效率的变化。类似地，以 $t+1$ 时期技术为参照的 Malmquist 指数可以表示为（如式 6−8 所示）：

$$M_0 = \frac{D_0^{t+1}(x^{t+1}, y^{t+1})}{D_0^{t+1}(x^t, y^t)} \qquad (6-8)$$

因此，以不同时期作为参照，可以定义不同的 Malmquist 指数。为了避免时期选择的随意性可能导致的差异，用上述两个 Malmquist 指数的几何平均值作为产出导向的全要素生产率指数。该指数大于 1 时，表明从 t 时期到 $t+1$ 时期全要素生产率是增长的：

$$M_0(x^{t+1}, \ y^{t+1}, \ x^t, \ y^t) = \Big[\Big(\frac{D_0^t(x^{t+1}, \ y^{t+1})}{D_0^t(x^t, \ y^t)} \Big) \Big(\frac{D_0^{t+1}(x^{t+1}, \ y^{t+1})}{D_0^{t+1}(x^t, \ y^t)} \Big) \Big]^{1/2}$$

$$(6-9)$$

式 (6-9) 可以变换为:

$$M_0(x^{t+1}, \ y^{t+1}, \ x^t, \ y^t) = \frac{D_0^{t+1}(x^{t+1}, \ y^{t+1})}{D_0^t(x^t, \ y^t)}$$

$$\times \Big[\Big(\frac{D_0^t(x^{t+1}, \ y^{t+1})}{D_0^{t+1}(x^{t+1}, \ y^{t+1})} \Big) \Big(\frac{D_0^t(x^t, \ y^t)}{D_0^{t+1}(x^t, \ y^t)} \Big) \Big]^{1/2}$$

$$= EC \times TC$$

$$(6-10)$$

式 (6-10) 中, Malmquist 指数被分解为两部分, 分别是生产率变化中的相对技术效率变化 (EC) 和技术进步的变化 (TC)。EC 是规模报酬不变且要素自由处置条件下的相对相率变化指数, 它刻画了从 t 到 $t+1$ 时期每个生产单元对生产前沿边界的追赶 (catching up), 体现 "水平效应" 或 "追赶效应"。$EC > 1$ 表示生产单元的生产更接近生产前沿边界, 相对技术效率有所提高; 反之表示技术效率下降。TC 是技术进步指数, 它测度了从 t 到 $t+1$ 时期技术边界的移动, 对应着 "增长效应"。$TC > 1$ 表示技术进步; 反之表示技术衰退。当对应规模报酬可变生产前沿时, 技术效率变化指数还可进一步分解为纯技术效率变化 (PC) 和规模效率变化 (SC)[①]。纯技术效率反映生产单元利用现有投入生产相应产出的能力, 规模效率反映生产单元达到技术最优生产规模的能力。

Malmquist 指数的四个距离函数可使用非参数数学规划的数据包络分析 (DEA) 技术进行计算。假设有 $k = 1$, $\cdots$, K 个决策单元, 在每一时期 $t = 1$, $\cdots$, T, 使用投入 $x_n^{k,t}$ ($n = 1$, $\cdots$, N), 生产产出 $y_m^{k,t}$ ($m = 1$, $\cdots$, M)。每个投入产出的观测值严格为正, 并且每个时期的观测值数量保持不变。t 时期的参照技术 (前沿技术) 通过数据可以构建为:

$$S^t = \Big\{ (x^t, y^t) : y_m^t \leqslant \sum_{k=1}^K z^{k,t} y_m^{k,t}; \ \sum_{k=1}^K z^{k,t} x_n^{k,t} \leqslant x_n^t; \ z^{k,t} \geqslant 0 \Big\} \quad (6-11)$$

---

① 具体分解过程参见法尔等 (Fare et al., 1994)。

式（6-11）中，$z^{k,t}$表示第 k 个样本观测值的权重。这个生产技术具有规模报酬不变和强要素自由处置性质，因为技术效率是距离函数的倒数（Farrell，1957）。所以，技术效率的求解就转化为对距离函数倒数的解。为了估算决策单元 k' 在时期 t 和 $t+1$ 之间的生产率变化，需要求解四个线性规划问题：$D_0^t(x^t, y^t)$，$D_0^{t+1}(x^t, y^t)$，$D_0^t(x^{t+1}, y^{t+1})$，$D_0^{t+1}(x^{t+1}, y^{t+1})$。对 $k'=1$，…，K 决策单元，$D_0^t(x^t, y^t)$ 可以通过下面的规划解出（如式 6-12 所示）：

$$(D_0^t(x^{k',t}, y^{k',t}))^{-1} = \max\theta^{k'}$$

$$\text{s. t. } \theta^{k'} y_m^{k',t} \leqslant \sum_{k=1}^K z^{k,t} y_m^{k,t} \quad m = 1, \cdots, M$$

$$\sum_{k=1}^K z^{k,t} x_n^{k,t} \leqslant x_n^{k',t} \quad n = 1, \cdots, N$$

$$z^{k,t} \geqslant 0 \quad k = 1, \cdots, K$$

（6-12）

类似地，可以写出其他距离函数 $D_0^t(x^{t+1}, y^{t+1})$、$D_0^{t+1}(x^t, y^t)$、$D_0^{t+1}(x^{t+1}, y^{t+1})$ 的线性规划。

6.2 指标选取与数据说明

本章的实证研究基于 1993～2008 年中国 29 个省市流通业面板数据。样本包括除西藏自治区以外的所有省份，重庆市被合并到四川省进行分析。估计流通业全要素生产率所要用到的主要指标有三个：产出水平、资本投入与劳动投入，基础数据来源于历年《中国统计年鉴》《中国第三产业统计年鉴》《中国国内生产总值核算历史资料（1952～2004）》《中国固定资产投资统计年鉴》和各省统计年鉴。具体的指标选取与数据处理参见本书第五章中的详细说明，这里简要介绍如下。

6.2.1 流通业产出

衡量经济体产出水平的指标一般是按可比价计算的国内生产总值，因此这里用各省份流通业增加值来衡量流通业产出水平，并以 1993 年为基期的不变价格指数进行缩减，从而得到以不变价格计算的增加值。

6.2.2　劳动投入

严格来说，理想的劳动投入指标应该考虑到数量和质量两个方面。但考虑数据的可得性，这里只考虑劳动数量。由于总劳动时间的数据不可得，因此用各省流通业年底从业人员数来表示劳动投入。

6.2.3　资本投入

生产过程中的资本投入量通常用资本存量度量。这里的资本投入采用各省份流通业资本存量来表示，由于目前我国没有资本存量方面的统计数据，因此采用国际通用的永续盘存法进行估算，相关指标和数据处理过程参见本书第 5 章中的有关内容。

6.3　实证结果分析

根据中国 29 个省市流通业面板数据，利用科埃利（Coelli，1996）给出的数据包络分析软件包 DEAP2.1 软件，得到中国各省市 1993~2008 年间流通业全要素生产率及其分解的逐年变动情况，并将各省市的结果平均后得到中国流通业全要素生产率的总体增长情况。下面从全国层面和区域层面分别予以分析。

6.3.1　中国流通业全要素生产率增长

表 6-1 列出了 1993~2008 年中国流通业全要素生产率的 Malmquist

指数及其分解结果。可以看出，1993～2008 年间流通业全要素生产率的平均增长率为 0.6%。将 Malmquist 指数分解为技术效率变化和技术进步指数两个部分，技术效率平均增长率为 0.4%，技术进步平均增长率为 0.2%。这个结果比以往关于服务生产率的实证研究要低。徐宏毅（2004）的研究结果表明，1992～2002 年间中国服务业全要素生产率增长率为 4.8%。顾乃华（2008）计算得出此期间服务业的全要素生产率为 2.3%。刘兴凯（2009）的研究结果表明，改革开放以来，服务业 TFP 平均增长率为 2.5%。张自然（2009）的研究结果表明，1994～2004 年间中国生产性服务业全要素生产率年均增长率为 6.5%。这说明流通业全要素生产率低于服务业的平均水平，也低于生产性服务等新兴部门全要素生产率增长水平。造成我国流通业全要素生产率增长缓慢的主要原因是低水平的效率状况和技术水平。虽然技术效率和技术进步都对流通业 TFP 增长做出了一定的贡献，但两者的增长速度都偏低。我国流通业发展中远没有充分挖掘出现有资源和技术的潜力，导致效率水平较低。效率提升不足和现有组织、管理体制中的激励机制不够完善有关，从而无法挖掘现有技术潜力；同时，技术创新和技术进步不显著，从而技术水平不高。由于历史原因，我国流通业信息化建设起步较晚，流通业技术创新能力不强，而且众多中小流通企业缺乏实现信息化的资金和实力，导致流通业技术水平和创新能力不强。因此，通过效率的改善和技术的提升提高我国流通业增长还有很大空间。

表 6-1　　　　　中国流通业历年平均 Malmquist 生产率指数
变动及其分解（1993～2008 年）

年份	技术效率变化	技术进步指数	纯技术效率指数	规模效率指数	TFP 指数
1993～1994	1.038	0.995	1.031	1.007	1.033
1994～1995	1.016	1.042	1.011	1.005	1.059
1995～1996	1.047	1.009	1.040	1.007	1.057
1996～1997	1.039	0.999	1.038	1.001	1.038
1997～1998	1.016	0.977	0.993	1.022	0.992
1998～1999	0.986	1.005	0.985	1.001	0.991

续表

年份	技术效率变化	技术进步指数	纯技术效率指数	规模效率指数	TFP 指数
1999~2000	0.975	1.045	0.992	0.983	1.018
2000~2001	0.966	1.036	0.979	0.986	1.001
2001~2002	0.938	1.064	0.979	0.958	0.998
2002~2003	1.064	0.946	1.024	1.040	1.007
2003~2004	0.984	1.028	1.004	0.980	1.012
2004~2005	1.023	0.892	1.024	0.998	0.913
2005~2006	1.000	0.983	1.010	0.990	0.983
2006~2007	1.003	0.987	1.014	0.990	0.990
2007~2008	0.981	1.030	0.985	0.996	1.010
平均	1.004	1.002	1.007	0.997	1.006

注：本表中指数为历年各省的几何平均数，所取的平均数也是各年份的几何平均数。

　　进一步分析可知，在流通业技术效率的变动中，纯技术效率指数平均上升0.7%，规模效率指数平均下降0.3%。在规模效率略有下降的情况下，此期间技术效率的上升主要得益于纯技术效率的提升。这表明，1993~2008年中国流通业虽然在现有技术水平下的资源配置效率有所提高，但是行业规模分散，表现为规模不经济，阻碍了流通业效率的提升。长期以来，我国流通业普遍存在重复建设、规模分散等问题。由于原有计划经济体制下"条块分割"的行政管理体制使得商品流通体系建设和经营互相封闭，各地在流通基础设施建设方面相互攀比，重复建设，缺乏区域层面的整体规划和布局；同时流通组织化社会化程度低，多数企业规模较小、经营分散、社会化意识淡薄，仍然倾向于自建运输、销售和服务体系，缺乏有效的合作机制。事实上，流通业作为国民经济的基础性产业，需要强大的组织和网络体系才能实现较高的规模效率。从这个角度看，流通业普遍存在的重复建设、规模分散等问题，是其规模无效率的根源。要从根本上消除中国流通业的规模不经济，就必须大力整合社会流通资源，合理进行流通产业布局，以节约资源、提高流通业规模效率。

　　从变化趋势上看，中国流通业全要素生产率在1994~1997年基本上处于高速增长期，这段时期内 TFP 相对良好的表现源于技术效率和技术进步的双重推动。值得注意的是，此期间纯技术效率和规模效率指数增长一直为正，表明所投入的生产要素的潜力不断被挖掘出来，其蕴含的规模经济效应也逐步被发掘，最终使流通业实际产出逐渐逼近最大可能产出。这可能与经济体制改革初期，各种有利于生产率增长的体制、制度、组织等激励因素被充分释放出来有关。经历了这段时期的增长后，流通业 TFP 在 1998 年和 1999 年出现了负增长。可能的原因是，这段时期内受到宏观经济波动、通货紧缩以及买方市场等多种因素影响，导致流通业全要素生产率出现了负增长。2000~2004 年流通业全要素生产率呈缓慢上升趋势，在此期间，尽管出现了技术效率的下降，但是技术进步明显，由于技术进步产生的正效应超过效率损失引发的负效应，使得流通业全要素生产率基本上维持着正增长。此期间技术水平的上升可能源于信息技术的快速发展和广泛应用，从而加速了流通业的技术创新和技术进步。然而，2005 年 TFP 呈现出显著的下降趋势，增长率为 -8.7%。尽管当年技术效率实现了 2.3% 的正增长，但由于技术退步明显，导致全要素生产率增长达到 1994 年以来的最低点。出现这种情形的一个可能原因是，从 2004 年年底开始，流通业全面对外开放，国内流通业在国际竞争中处于十分不利的地位，技术水平和创新能力被严重削弱，导致生产率出现明显的下降。2006 年以后，流通业全要素生产率又开始缓慢上升，并且在 2008 年实现了正增长。图 6-2 反映了我国流通业生产率变动趋势。

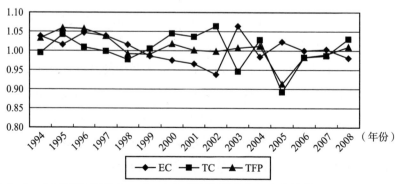

图 6-2　中国流通业 Malmquist 生产率指数及其分解变化趋势（1994~2008 年）

6.3.2　区域流通业全要素生产率增长

表 6 - 2 列出了本书所考察的 29 个省市及按东、中、西①划分的各地区流通业 TFP 指数及其分解情况②。可以看出，省际间 TFP 增长的差异较大。1993 ~ 2008 年平均增长率最高的省份是山东省（4.2%），最低的是贵州省（-4.1%），两者相差接近十个百分点。平均增长率高于 2% 的省份有山东省（4.2%）、天津市（3.4%）、上海市（3.1%）、北京市（2.3%），增长率为负的省份是贵州省（-4.1%）、陕西省（-3.2%）、青海省（-3%）、江西省（-0.5%）、云南省（-0.1%）、山西省（-0.1%）。分区域看，东部、中部地区流通业全要素生产率增长为正，西部地区为负。东部地区的平均 TFP 增长率最高，达到 1.6%；中部地区为 0.5%；而西部地区则是负增长 -0.4%，区域间差异较大。技术进步方面，东部依然最高，平均增长率达到 1.3%；西部次之，为 0.1%；中部最低，为 -1.3%。技术效率方面，东部、中部、西部依次为 0.3%、1.8%、-0.5%。东部、中部、西部三大区域的纯技术效率指数均为正，平均增长率分别是 0.3%、1.8%、0.3%；东部规模效率以年均 0.1% 的速度上升，而中部、西部的规模效率分别以年均 0.1% 和 0.8% 的速度下降。这说明东部地区流通业规模发展到一定程度，具有规模经济效应，而中部、西部地区流通业还没有发展到一定的规模，难以发挥规模经济效应。

---

①　东部地区包括北京市、天津市、河北省、辽宁省、上海市、江苏省、浙江省、福建省、山东省、广东省和海南省 11 个地区；中部地区包括山西省、吉林省、黑龙江省、安徽省、江西省、河南省、湖北省和湖南省 8 个地区；西部地区包括内蒙古自治区、广西壮族自治区、四川省（含重庆市）、贵州省、云南省、陕西省、甘肃省、青海省、宁夏回族自治区和新疆维吾尔自治区 10 个地区。

②　限于篇幅，此处只列出 1993 ~ 2008 年各省流通业全要素生产率指数及其分解的平均值，关于各省的逐年结果可参见附录。

表 6 - 2   各地区流通业平均 Malmquist 生产率指数及分解 (1993 ~ 2008 年)

地区	技术效率变化	技术进步指数	纯技术效率指数	规模效率指数	TFP指数	地区	技术效率变化	技术进步指数	纯技术效率指数	规模效率指数	TFP指数
北京市	1.000	1.022	1.004	0.996	1.023	江西省	1.013	0.982	1.012	1.001	0.995
天津市	1.013	1.021	1.014	0.999	1.034	河南省	1.023	0.982	1.020	1.003	1.005
河北省	1.010	1.007	1.003	1.006	1.017	湖北省	1.010	1.000	1.008	1.002	1.010
辽宁省	1.003	1.003	0.999	1.004	1.007	湖南省	1.012	0.990	1.014	0.998	1.003
上海市	1.000	1.031	1.000	1.000	1.031	中部平均	1.018	0.987	1.018	0.999	1.005
江苏省	1.000	1.001	1.000	1.000	1.001	内蒙古自治区	1.037	0.987	1.035	1.002	1.024
浙江省	0.993	1.012	0.983	1.010	1.005	广西壮族自治区	0.998	1.003	1.000	0.998	1.001
福建省	1.005	1.012	1.005	0.999	1.017	四川省	1.004	1.002	0.996	1.008	1.006
山东省	1.039	1.002	1.022	1.017	1.042	贵州省	0.971	0.988	0.971	1.000	0.959
广东省	0.991	1.015	1.000	0.991	1.007	云南省	0.986	1.013	0.990	0.997	0.999
海南省	0.984	1.016	1.000	0.984	1.000	陕西省	0.989	0.979	0.991	0.999	0.968
东部平均	1.003	1.013	1.003	1.001	1.016	甘肃省	1.040	1.007	1.054	0.987	1.047
山西省	1.014	0.985	1.017	0.997	0.999	青海省	0.962	1.008	1.002	0.961	0.970
吉林省	1.019	0.982	1.016	1.003	1.001	宁夏回族自治区	0.976	1.012	1.000	0.976	0.988
黑龙江省	1.015	0.996	1.019	0.996	1.011	新疆维吾尔自治区	0.988	1.012	0.994	0.994	1.000
安徽省	1.035	0.979	1.039	0.996	1.013	西部平均	0.995	1.001	1.003	0.992	0.996

注：本表中指数为各地区历年的几何平均数，按区域划分的平均数也是相应省份的几何平均数。

流通业全要素生产率增长最快的是东部地区，而且其各项指数均呈现正增长，经验结果与东部地区在全国相对发达的服务经济地位是相一致的。从 1993 ~ 2008 年东部地区平均时间序列看，其 TFP 平均增长率为 1.5%，这主要源于技术进步水平的提高和技术效率的改善，其技术进步增长率达到了 1.3%，同时技术效率的增长率为 0.3%。在东部地区内部，TFP 增长速度较快的省份有山东省、天津市、上海市、北京市、福建省、河北省，平均增长率分别为 4.2%、3.4%、3.1%、2.3%、1.7%、1.7%，均高于同期东部平均水平。值得注意的是海南省，其生产率指数为 1，表明该省在这段时期内全要素生产率没有发生变化，主要原因是技术效率下降幅度较大，完全抵消了技术进步的效果。东部地区其余省份均实现了正增长。此外，由表 6-2 可知，东部多数省份 TFP 的增长主要是由技术进步推动的，而技术效率的作用相对较小，浙江省、广东省、海南省三个省份的技术效率甚至为负。可见，较高的技术进步水平增长率仍是推动东部各省 TFP 增长的主要源泉。

流通业全要素生产率增长处于第二的是中部地区。从 1993~2008 年中部地区平均时间序列看，其 TFP 平均增长率为 0.5%，略低于全国平均水平 0.6%。具体而言，中部地区技术效率的平均增长率为 1.8%，而技术水平下降显著，平均增长率为 -1.3%，技术退步在相当程度上抵消了技术效率提高的积极效应。在中部地区内部，TFP 增长率较快的省份是安徽省、黑龙江省和湖北省，平均增长率分别是 1.3%、1.1% 和 1%，这主要得益于技术效率的提高，其技术效率的平均增长率分别是 3.5%、1.5% 和 1%。全要素生产率增长速度为负的省份是江西省和山西省，平均增长率分别为 -0.5% 和 -0.1%，尽管这两个省份的技术效率增长率分别达到了 1.3% 和 1.4%，但由于技术进步水平下降明显，导致全要素生产率为负。可以发现，中部地区所有省份的技术效率都是正增长，但技术进步方面，除湖北省没有发生变化外，其余省份的技术水平都出现了不同程度的下降。

流通业全要素生产率增长为负的是西部地区。从 1993~2008 年西部地区平均时间序列看，其 TFP 平均增长率为 -0.4%，远低于全国平均水平。主要原因是技术效率的下降和技术进步的不明显，技术效率和技术进步的平均增长率分别为 -0.5% 和 0.1%。在西部地区内部，流通业全要素生产率保持正增长的省份有甘肃省、内蒙古自治区、四川省和广西壮族自治区，平均增长率分别为 4.7%、2.4%、0.6% 和 0.1%。其中，甘肃省和四川省全要素生产率增长由技术效率和技术进步双重驱动，内蒙古自治区全要素生产率增长的主要原因是技术效率的提高，广西壮族自治区则是由于技术进步的提高。贵州省、陕西省、宁夏回族自治区、云南省的全要素增长率为负。其中，贵州省和陕西省的全要素生产率下降最快，平均增长率分别为 -4.1% 和 -3.2%，也是全国最低水平，主要原因是技术效率和技术进步同时下降，贵州省分别是 -2.9% 和 -1.2%，陕西省分别是 -1.1% 和 -2.1%；其次是宁夏回族自治区和云南省，平均增长率分别为 -1.2% 和 -0.1%，导致全要素生产率下降的原因是技术效率的下降。此外，新疆维吾尔自治区地区的 TFP 指数为 1，说明 1993~2008 年其生产率没有变化。

综合上述分析可知，无论是东部、中部、西部地区之间，还是各省份之间，流通业全要素生产率增长均存在显著差异。在流通业全要素生产率增长的源泉上，只有东部地区与全国总体水平保持一致，即技术进步和技术效率同时提高；中部地区的技术效率有大幅提高，但技术退步明显；而西部地区的技术进步有小幅提高，但技术效率有一定程度的下降。进一步分析可以发现，各地区流通业全要素生产率增长的模式特征与地区经济发展水平存在着高度的相关性，即经济发展程度较高和基础条件较好的地区流通业生产率增长相对较快，经济发展落后的地区流通业生产增长则相对缓慢。也就是说流通业 TFP 增长的高低会受所在地区经济发展程度的影响，地区经济发展状况是影响流通业生产率增长的重要因素。但反过来看，地区流通业生产率发展的差异在一定程度上也会造成地区经济发展水平的差异。其中可能存在着相互促进的双向因果关系，即所谓的"良性循环"。

6.4 流通业全要素生产率的收敛性检验

根据以上分析可以看出，流通业全要素生产率在地区间的增长差异非常明显。那么这种差距在 1993 ～ 2008 年期间的变化趋势如何？自从鲍莫尔（Bamoul，1986）、巴罗和萨拉 – 马丁（Barro & Sala-l – Martin，1991；1992）、曼昆等（Mankiw et al.，1992）的开创性研究以来，经济收敛性[①]成为经济增长理论和实证分析的重点和热点问题。为了进一步研究地区间流通业 TFP 增长差距的变化趋势，本部分将在流通业 TFP 增长基础上，对其地区层面的收敛性状况进行检验。

　　收敛理论是基于新古典增长模型资本边际报酬递减和规模报酬不变的假设条件得出的推论，是研究国家或地区间经济差距动态变化趋势的理论。所谓收敛性，是指在封闭经济条件下，一个既定的经济体（国家或地区）初期的静态指标（如人均收入或人均产出）与其经济增长速度之间存在负相关关系，也就是落后国家（地区）比发达国家（地区）拥有更高的经济增长率，从而使得各经济体之间期初在静态指标上的差异逐渐消失。根据巴罗等（Barro et al.，1991）的研究，收敛机制可以分为 σ 收敛和 β 收敛，β 收敛又分为绝对 β 收敛和条件 β 收敛两种情况。σ 收敛是指不同经济体之间的人均收入或产出等的离散程度随着时间推移具有下降的趋势。β 收敛是指初期人均收入或产出较低的经济体在人均产出增长率等人均指标上比初期人均收入或产出较高的经济体的增长速度更快。如果每个经济体的人均收入或产出都能达到完全相同的稳态水平，就是绝对 β 收敛，而如果每个经济体都朝着各自不同的稳态水平趋近则是条件 β 收敛[②]。

　　从现有文献来看，应用收敛理论对中国经济及地区发展差距进行的研究非常多[③]，这些研究对于正确认识我国地区发展的差距问题具有非常重要的意义。随着 TFP 在解释国家和地区间人均收入的巨大差异上的重要作用，对全要素生产率的收敛性研究在国内逐渐受到重视。韩晓燕和翟印礼（2005）等研究了中国农业 TFP 增长的收敛性，谢千里等（2008）研究了

---

　　① 经济收敛性（convergence）在一些文献中又被称为趋同，与此相对应的概念是发散或者趋异（divergence）。

　　② 绝对 β 收敛的比较基准是其他经济体，条件 β 收敛的比较基准是自身的稳定状态。

　　③ 关于收敛性方面的研究综述不再阐述，这方面的综述可参考朱保华和徐丽天（2000）、刘夏明等（2004）、王启仿（2004）等。

中国工业生产率的收敛问题。但就服务业领域而言，对服务业 TFP 收敛性的分析还并不多，从已有文献看，仅有刘兴凯和张诚（2010）、曹跃群和唐静（2010）进行了初步研究，而关于服务业细分行业 TFP 的收敛性检验更是较为少见[1]。因此，在对我国流通业全要素生产率进行 Malmquist 指数分解基础上，应用收敛理论对我国流通业 TFP 增长的收敛性进行检验，除了可以作为对现有研究的补充和完善外，更为重要的是通过这一研究，可以对我国流通业 TFP 增长的地区差距的发展趋势进行探讨。

6.4.1 σ 收敛检验

σ 收敛可以说明不同地区之间全要素生产率差异变化的水平趋势，一般用标准差或变异系数来衡量，这里用 σ 表示流通业 TFP 指数的标准差，CV 表示流通业 TFP 指数的变异系数，如果它们随时间推移逐渐减小，就表明地区间的 TFP 增长率越来越接近，从而存在 σ 收敛。图 6 - 3 给出了从全国整体层面和三大区域层面流通业 TFP 指数的标准差随时间变化的情况。可以看出，无论是全国还是东部、中部、西部地区，1994 ~ 2008 年 TFP 增长率的标准差均表现出波动性下降趋势，这说明存在 σ 收敛，流通业 TFP 增长的地区间差距在逐渐缩小。从地区间的比较看，1994 ~ 1998 年西部地区 TFP 增长率的标准差一直高于东部、中部地区，表明此期间西部地区各省份之间流通业 TFP 相差较大。1999 ~ 2004 年中部地区 TFP 指数的标准差相对于东部、西部地区较高，表明这段时期中部地区各省份流通业 TFP 差距相对更大。而 2004 年之后，西部地区各省份之间流通业 TFP 差距相对其他地区更大。从时间趋势上看，2001 年之前 TFP 增长率的标准差递减幅度较为明显，表明这段时期内流通业 TFP 的地区差距的缩小幅度较大，2001 年之后则趋于平稳，说明流通业 TFP 的地区间差距相

---

[1] 也有学者对服务业及其部分细分行业技术效率的收敛性进行了检验，如杨向阳（2006）检验了我国服务业技术效率的收敛性，田刚和李南（2009）分析检验了物流业技术效率在三大地区之间和地区内部的变化趋势。

对稳定。从各地区生产率的变异系数看（如图 6 - 4 所示），也清楚说明了这一点。

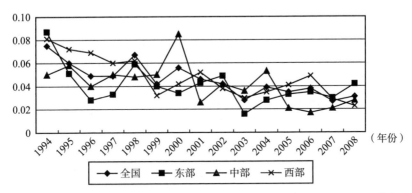

图 6 - 3　全国及三大地区流通业 TFP 指数 σ 收敛示意（1994 ~ 2008 年）

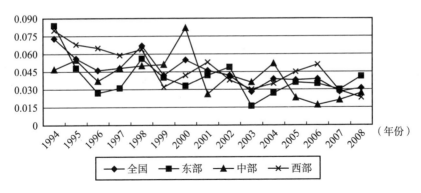

图 6 - 4　TFP 指数的全国及三大地区变异系数（CV）（1994 ~ 2008 年）

6.4.2　β 收敛检验

为了更为细致地考察地区间 TFP 增长的收敛情况，下面进行量化程度较高的绝对 β 收敛检验。根据巴罗（Barro，1991）的分析框架，这里将 TFP 增长的绝对 β 收敛回归估计式设为：

$$\frac{1}{T}\ln\left(\frac{y_{iT}}{y_{i0}}\right) = a + b\ln(y_{i0}) + u_{it} \qquad (6-13)$$

式（6-13）中，y_{iT} 和 y_{i0} 分别为第 i 省第 T 年和初始年份流通业 TFP 水平；$b = -[(1 - e^{-\beta T})/T]$，$\beta$ 为收敛速度；T 为时间跨度；a 为常数项，u_{it} 为随机误差项。具体估计结果如表6-3所示。

表6-3   生产率水平的 β 收敛检验

变量	全国	东部	中部	西部
b	-0.0703 *** (0.006)	-0.0699 *** (0.014)	-0.0700 *** (0.017)	-0.0639 *** (0.007)
R^2	0.834 [0.828]	0.763 [0.733]	0.734 [0.690]	0.920 [0.910]
β	0.1287	0.1193	0.1214	0.0698

注：圆括号内为标准误差，方括号内为调整的 R^2；*、**、*** 分别表示在10%、5%和1%的水平下变量显著。

从表6-3可以看出，就全国整体来看，系数 b 的值为 -0.0703，并且在1%的水平下显著，说明1994年以来，通过加总估计的全国流通业生产率存在绝对 β 收敛，TFP 增长与初始水平存在显著的负相关关系，意味着落后地区全要素生产率增长更快，从而趋于收敛，收敛速度为12.87%。也就是说，从长期看，所有的经济体都收敛于共同的稳态水平，并具有相同的增长率。就三大地区来看，东部、中部、西部三大地区系数 b 的值为 -0.0699、-0.07 和 -0.0639，并且所有的回归系数均在1%的水平下显著，说明在东部、中部和西部三大地区内部也存在绝对 β 收敛现象。从收敛速度看，东部地区年收敛速度为11.93%；中部地区为12.14%、西部地区为6.98%，中部地区的收敛速度相对东部和西部地区更快，但基本上三大地区都保持了较快的收敛速度。总体而言，无论是全国还是三大地区，都表现出显著的收敛趋势。这也说明了我国市场化改革进程的加速，以及有利的制度设施使得各种促进生产率收敛的社会经济条件发挥了重要作用，从而使得各地区间的流通业生产率差异缩小。

综合上述收敛性分析，我国流通业全要素生产率存在一定的 σ 收敛，

同时存在绝对 β 收敛，表明各地区流通业全要素生产率水平将逐渐缩小，且趋于同一水平。

6.5　本章小结

本章使用 1993～2008 年中国省际面板数据，采用基于 DEA 的 Malmquist 指数方法，测算了中国流通业全要素生产率，并将其进行了分解，分析了全国和区域层面流通业全要素生产率的增长情况及特征，在此基础上检验了流通业 TFP 增长的收敛性。

从全国总体看，1993～2008 年中国流通业全要素生产率年均增长率为 0.6%，将全要素生产率分解为技术效率和技术进步，其中技术效率变动 0.4%，技术进步率为 0.2%。这个测算结果比以往关于服务生产率的研究结果要低，可见我国流通业全要素生产率不仅低于生产性服务业等新兴服务部门生产率的水平，也低于服务业的平均水平。虽然技术效率和技术进步都对流通业的增长做出了一定贡献，但两者的增长幅度均较小，导致中国流通业 TFP 增长率较低。因此，通过效率的改善和技术的提高提升流通业全要素生产率还有很大空间。在技术效率的变动中，纯技术效率指数平均上升 0.7%，而规模效率指数平均下降 0.3%，中国流通业普遍存在规模无效率。从变化趋势看，流通业 TFP 增长的时间变动呈现出一定的特点，受经济、体制、制度、环境等多种因素的影响，不同时期的特点也不尽相同。但总体上看，TFP 受宏观环境因素的影响较大。

从区域层面看，全要素生产率增长存在显著的区域差异。就三大地区而言，东部地区流通业 TFP 增长水平最高，达到 1.6%，中部地区次之，为 0.5%，西部地区则是负增长 -0.4%，区域间差异较大。就分解情况看，东部地区的 TFP 增长由技术进步和技术效率共同驱动，但技术进步的增长效应更为明显。中部地区的 TFP 增长由技术效率推动，技术水平则表现为下降。西部地区 TFP 增长率为负，归因于技术效率下降和技术进步不明显。东部、中部、西部三大地区的纯技术效率指数均为正；东部规模效率为正，而中部、西部的规模效率为负。就各省份而言，省际间 TFP 增长的差异也较大。平均增长率最高的省份山东省和最低的省份贵州省，两者的平均增长率相差接近 10 个百分点。平均增长率高于 2% 的省份有山东省、天津市、上海市、北京市，增长率为负的省份有贵州省、陕西省、青海省、江西省、云南省、山西省。无论是东部、中部、西部地区之间，还是各省份之间，流通业全要素生产率增长均存在显著差异。

收敛性检验表明，我国流通业全要素生产率存在一定的 σ 收敛，同时存在绝对 β 收敛，各地区流通业 TFP 水平的差距将逐渐缩小，且趋于同一水平。σ 收敛检验表明，无论是全国还是东部、中部、西部地区，流通业 TFP 增长均存在 σ 收敛，TFP 增长的地区间差距在逐渐缩小。绝对 β 收敛表明，通过加总估计的全国流通业生产率存在绝对 β 收敛，TFP 增长与初始水平存在显著的负相关关系，落后地区全要素生产率增长更快，从而趋于收敛，收敛速度为 12.87%。东部、中部、西部三大地区内部也存在绝对 β 收敛现象，收敛速度分别为 11.93%、12.14% 和 6.98%。无论是全国还是三大地区，都表现出显著的收敛趋势。我国市场化改革进程的加速，以及有利的制度设施使得各种促进生产率收敛的社会经济条件发挥了重要作用，从而使得地区间流通业生产率差异逐渐缩小。

第 7 章

中国流通业和制造业生产率比较

尽管 1992 年国务院颁布《关于加快发展第三产业的决定》之后，我国流通业实现了较快增长，但和同期整个国民经济及制造业的增速相比，流通业的增长速度仍显得较为滞后。1993～2008 年，中国国民经济和制造业年均增长 9.1% 和 10.4%，分别高于流通业 0.2 个和 1.5 个百分点[①]。值得注意的是，虽然此期间流通业的增速大幅低于制造业，但流通业固定资产投资增长率一直处于较高水平，并且与制造业相差无几。综合流通业和制造业迥异的增加值和固定资产投资变动趋势，可以初步判断，流通业的投资效率要低于制造业。现在的问题是，从生产率指标看，是否仍然能够得出相似的结论？如果流通业增长效率低下，是否意味着"重生产、轻流通"的观念具有一定的合理性，流通业在整个国民经济中的地位并不那么重要，因此也没有必要成为产业政策实施的重要领域？生产率是否该成为政府制定产业政策的主要标准？如果不是，那么在产业政策制定和实施过程中是否还有其他需要考虑的重要因素？本章将试图逐一论述上述问题。

相关文献主要集中在两个方面，一是制造业和流通业效率的相互关系。杜丹清（2008）认为，为了提高制造业和流通业效率，必须进行产业链整合，通过构建全球性的商贸网络体系，以达到生产—流通关系的和

---

① 根据《中国统计年鉴（2009）》计算得到。

谐。庄尚文和王永培（2008）实证研究了流通业的结构和效率对制造业产出的影响。研究结果表明批发业的相对萎缩和零售业的规模增长对制造业的产出造成不利影响，而大型商品交易市场的规模增大有利于制造业产出增长。王俊（2011）实证检验了流通业发展水平对制造业全要素生产率的影响。研究结果表明流通规模扩大显著促进了制造业全要素生产率的提升。二是流通业与经济增长的关系。冉净斐（2005）对我国流通业推动经济增长的全部作用和外溢效应进行了实证检验。研究结果表明流通与经济增长具有正相关关系，但是流通业对经济增长的贡献只是通过增加劳动力的就业实现的，而且流通部门的边际生产力低于非流通部门的边际生产力。赵萍（2007）实证研究了流通业对国民经济的直接和间接贡献。研究结果表明流通业的外溢效应对经济增长具有显著的推动作用。中国社会科学院课题组（2008）认为流通业的外溢效应对于提高国民经济运行质量、优化国民经济流程、调整国民经济结构、扩大国内需求、增加社会福利等方面的影响能力，远远大于它所提供的直接贡献。赵凯和宋则（2009）对流通业的影响力和作用机理进行了分析与检验，发现流通业对经济增长的直接影响力低于其对经济增长的间接影响力。流通业同其他服务业一样，不仅存在可识别的直接影响力，而且存在更强烈、更巨大的间接影响力。宋则等（2010）进一步认为，流通业影响力可以促进经济发展方式转变和制造业结构调整。

综合上述研究可以发现：首先，对制造业和流通业效率关系的讨论仍显不足。尽管现有研究对两者效率的相互关系进行了一定的研究，但主要停留在定性分析层面，或者是通过其他效率指标进行衡量，而从生产率角度对制造业和流通业的效率对比还没有涉及。事实上，生产率指标是一个更为科学的评价效率的指标。其次，将制造业和流通业增长效率进行对比，如果忽视产业间可能存在的溢出效应，可能会使结论产生偏差。本章尝试弥补这些不足，使用更为科学的效率评价指标，对比分析1993~2008年中国制造业和流通业的生产率；在此基础上，分析流通业溢出效应的内在机理，然后构建一个反映产业间溢出效应的两部门模型，并利用

1993～2008 年中国省际面板数据进行实证检验，全面评价流通业在国民经济中的作用和意义，以期为政府制定正确的产业政策提供更为科学的依据。本章的结构安排如下：第一部分是制造业和流通业生产率对比；第二部分是流通业溢出效应的理论模型；第三部分是流通业溢出效应的实证检验；最后是本章小结。

7.1 制造业和流通业生产率对比

这里仍然采用本书第六章介绍的由法尔等（Fare et al.）在 1994 年构建的基于 DEA 的 Malmquist 指数方法估算制造业的全要素生产率。实证研究的时间区间仍设定为 1993～2008 年。样本包括除西藏自治区以外的中国大陆所有省份，重庆市被合并到四川省进行分析。各省制造业①增加值数据取自《中国国内生产总值核算历史资料（1952～2004）》和《中国统计年鉴（2006～2009）》，为保证可比性，按照相应的平减指数折算为 1993 年不变价。劳动力数据取自历年《中国统计年鉴》。制造业资本存量数据采用永续盘存法进行估计。具体而言，用 1993 年各省制造业固定资产原价作为基年资本存量，折旧率取 5%。以制造业固定资产投资作为当年投资的衡量指标，相关原始数据来源于历年《中国固定资产投资统计年鉴》和各省统计年鉴，固定资产投资数据采用各省 1993 年为基期的固定资产价格指数进行调整。各省制造业产出、资本和劳动力的具体数据参见附录。

根据各省制造业面板数据，利用 DEAP2.1 软件进行估计，得到 1993～2008 年全国总体，以及各省市制造业全要素生产率及其分解的逐年变动情况，全国总体的估计结果如表 7-1 所示②。下面根据表中具体的估计结

① 考虑到统计数据的可得性和统计口径的一致性，这里的制造业取其广义，其外延同工业相一致，包括制造业、采掘业和水、电、气供应业。

② 本章主要是基于全国总体情况对制造业和流通业生产率进行比较，因此这里仅列出全国总体的估计结果，各省市的估计结果从略。

果以及本书第 6 章中提供的流通业对应指标，对 1993～2008 年中国制造业和流通业的生产率进行对比分析。

表 7-1 　　　　中国制造业历年平均 Malmquist 生产率指数
变动及其分解（1993～2008 年）

年份	技术效率变化	技术进步指数	纯技术效率指数	规模效率指数	TFP 指数
1993～1994	0.935	1.134	0.971	0.963	1.060
1994～1995	0.964	1.087	1.005	0.959	1.048
1995～1996	1.002	1.043	1.004	0.998	1.044
1996～1997	1.005	1.041	1.007	0.998	1.046
1997～1998	1.030	1.068	1.031	0.999	1.100
1998～1999	0.997	1.066	1.007	0.991	1.063
1999～2000	0.998	1.094	1.004	0.994	1.092
2000～2001	1.008	1.053	1.009	0.999	1.061
2001～2002	1.003	1.045	0.992	1.010	1.048
2002～2003	0.978	1.061	0.978	1.001	1.038
2003～2004	1.008	1.040	1.009	1.000	1.049
2004～2005	1.038	0.986	1.029	1.009	1.024
2005～2006	1.055	0.953	1.000	1.055	1.005
2006～2007	0.967	1.065	0.953	1.015	1.031
2007～2008	0.979	1.033	0.986	0.993	1.012
平均	0.997	1.050	0.999	0.999	1.048

注：本表中指数为历年各省的几何平均数，所取的平均数也是各年份的几何平均数。

从制造业的估计结果看，1993～2008 年中国制造业技术进步的平均增长率为 5%，远远高于同期流通业年均增长 0.2% 的水平。众所周知，作为一个资本和技术密集型行业，制造业相比于较为传统的流通业具有更强的技术水平和创新能力，从而能够保持前沿技术的更快进步。但制造业技术效率的平均增长率为 -0.3%，低于流通业年均 0.4% 的增长率。这段时期内制造业的技术效率出现下降，可能与其组织和管理体制有关。相比于流通业较低的进入壁垒和较高的竞争程度，我国制造业存在着更为严重的行政垄断和限制竞争问题，由此造成竞争和激励机制相对不足，从而对资源和技术的利用效率较低，因而出现技术效率的下降。但还有另一个不可忽视的因素，那就是制造业的技术进步速度非常快，而消化吸收新技术通常存在一定的时滞，因此这也可能导致技术效率的下降。尽管如此，从全要素生产生产率指标看，1993～2008 年中国制造业全要素生产率的平均增长率为 4.8%，这一结果明显高于同期流通业年均 0.6% 的增长率。不难发现，我国制造业在技术创新和技术进步方面的优势，是有助于推动其全要素生产率提升的重要原因。

综合上述分析，尽管技术效率指标比流通业稍有逊色，但从技术进步和全要素生产率指标看，1993～2008 年中国制造业的表现均远远好于流通业。关于流通业和制造业生产率的对比还没有相同的研究结果可以比较，但与第二产业相比，我国第三产业投资效率欠佳和增长效率低下已经成为多数学者的共识（江小涓和李辉，2004；顾乃华，2006；姚战琪和何德旭，2008）。相关研究普遍认为，尽管我国将增量投资很大部分投入了第三产业，但仍然存在第三产业资本效率欠佳和全要素生产率对产出增长的贡献率较低的问题。尽管本书研究的只是第三产业中的流通部门，但这里的定性结论与以往关于第三产业整体的研究仍具有相似之处。此外，从本书前两章的分析可知，我国流通业的增长效率相对滞后于第三产业，也不难推断出上述定性结论的正确性。由此引发的一个问题是，既然流通业的生产效率低于制造业，那么是否意味着以往"重生产、轻流通"的观念似乎具有一定的合理性，流通业在整个国民经济中的地位并不是非常重要，因此在政府制定产业政策时，是否该重点支持效率表现较好的制造业，而效率相对低下的流通业并没有必要成为产业政策关注的重要方面？本书认为，如果单纯用生产率指标作为政府制定产业政策的标准，可能会由于忽视了产业间的溢出效应，而使结论产生偏差。要正确评价流通业的地位和作用，不仅要着眼于其增长效率，还应考虑流通业对包括制造业在内的国民经济其他部门的溢出效应。

7.2 流通业溢出效应的理论模型

7.2.1 流通业溢出效应的理论分析

在现代经济条件下，一系列的交换活动构成流通，流通过程对商品和服务的生产和消费提供了不可替代和名目繁多的服务，例如生产性服务和消费性服务，其载体为流通产业。流通产业是商品流通的组织载体，主要是国民经济中与商品和服务贸易相关的产业部门。外延包括批发、零售、物流、餐饮等服务行业。作为国民经济的一个重要组成部门，流通业不仅本身为经济创造增加值，而且还通过自身的溢出效应对经济发展产生重大影响。

流通业的发展通过商流、物流、资金流、信息流的融合，连接生产和消费及其在媒介商品交换中广泛的产业关联效应，对经济发展和其他产业的发展提供动力，有助于降低交易成本，提高交易效率，而且流通业的发展，有助于发挥市场配置资源的基础性作用，调整和优化经济结构，提高经济运行的效率，在这个意义上讲，流通业成为推动经济增长的重要动力，尤其在现代信息技术和管理理念在流通业中广泛应用的背景下，其所蕴含的经济增长效应不断凸显。流通业的上述作用可概括为"外溢经济效应"。对于正处于经济体制转轨阶段的中国经济而言，流通业正承担着破除工业体制改革瓶颈，减轻改革阵痛的功能。即使在信息经济时代，流通业仍然属于劳动相对密集的产业，通过发展流通业，可以为安置工业释放出的剩余劳动力提供重要渠道。因此，评价流通业的意义，不能仅看流通业本身的经济绩效，还要考虑其承担的社会职能，流通业这方面的外溢效应可称为"外溢社会效应"。具体而言，对于正处于工业化中后期的中国转型经济而言，流通业的溢出效应主要表现为以下三种形式，前两种可归纳为"外溢经济效应"，第三种可归纳为"外溢社会效应"。

7.2.1.1　为其他部门的增长提供动力

对于经济发展和工业化而言，同其他服务业一样，流通业发挥着里德尔（Riddle，1986）所言的"黏合剂"作用，充当促进其他部门增长的过程产业角色，降低了经济运行的成本。在商品经济发展过程中，生产专业化和消费的精细化使得产销联系日趋复杂，只有通过流通及其主体才能增强产销关系的稳定性。一方面，分工深化和社会化生产使得生产部门更加专业化；另一方面，经济的发展和收入水平的提高使得消费者的消费更加多样化，这时流通系统为生产部门和消费者之间产销联系的实现提供了通道，特别是流通部门与众多的生产企业和消费者发生联系，通过数量、批次和品种的协调形成一类产品稳定的产销联系，通过流通部门的过滤，可使影响生产和消费的不稳定因素相互抵消。相反，如果没有流通部门强化销售，就会出现积压和脱销并存的状况。

从整个过程来看，流通提供了一种必要的交易效率，降低了交易成本，提高了商品对消费者的有用性，同时也使生产者的利益得以实现。特别是流通部门采用先进技术和现代经营方式后，不仅可以使流通过程的效率大大提高，而且也使得生产过程和消费过程的效率大大提高。对于生产者和消费者而言，他的生产过程或消费过程在流通领域得以向前或向后延伸，表现为加工仓储、运输保管、包装装卸、售前售后服务等的数量在大量增加，同时在生产到消费的实现过程中，向流通领域投入和获取大量信息，需要各种生产性、技术性和商业性服务，从而衍生出对这些服务的需求。通过对生产和消费日益深化的影响，间接促进了相关产业的增长，成为其顺利发展的强大动力。从现实来看，流通业的发展，不仅带动了制造部门的增长，也带动了金融服务、房地产、科技服务、信息服务和其他第三产业的发展。赵德海和邵万清（2004）使用相关系数指标，从实证方面分析了流通业对其他产业的推动作用。研究结果表明流通业与国民经济其他产业的发展具有高度相关性，流通业的发展对于其他产业部门的增长有着较强地推动作用。

7.2.1.2 调整和优化国民经济结构

经济发展必然伴随着经济结构的转换，结构转换能力已经成为一个国家和地区经济发展能力的主要决定性因素。经济结构转换的核心在于结构的优化升级。现代市场机制通过供需匹配、价格调节，具有天然的结构优化及效率改进功能。商品是市场经济的基础，媒介商品交换是流通业的最基本职能。流通业的高效运作可以有效发挥市场配置资源的基础性作用，调整和优化经济结构，提高经济运行效率。主要表现在：竞争性的订单择优采购、订单择优销售机制，可以直接间接地优化产业结构，促进资源优化配置；储备信息调控储备商品，快节奏、精准化的采购销售和库存，高效率的物流、系统化的物流供应链，可以直接间接地优化经济流程，提高经济效率。因此，市场经济无论是作为资源配置的基础性作用，还是作为一切商品交换关系的总和，都是通过流通部门和流通环节实现的（宋则等，2010）。

进一步讲，流通体系的现代化程度与运作效率反映并决定了整个市场机制的成熟程度和运作效率，进而决定了整个经济系统的活力与效能。如果流通领域滞后，流通业竞争力低下，就会加剧流通不畅、周转缓慢、结构扭曲的局面，导致工农业销售困难、效益降低等问题，降低国民经济改革的速度和效益。而流通业的良性发展，能够从整体上促进经济循环，尽可能消除各种耽搁迟滞和资源浪费，加快经济节奏和资本周转，优化经济结构，促进国民经济从静态化、慢节奏、高成本、低效率向动态化、快节奏、低成本、高效率转变。总之，在现代市场经济中流通业具有调整国民经济结构、优化资源配置、提高经济效率的重要功能。作为从计划体制向市场体制转型的国家，中国同发达市场经济国家的最大区别在于流通产业和市场体系等传导产业、传导机制的缺失。因此，在运用财政、货币等宏观经济政策调整和优化经济结构的同时，更应强化流通业和市场机制的功能和作用，以提高经济运行的整体质量。

7.2.1.3　充当吸纳社会劳动力的渠道

同发达工业化国家已经建立起成熟的市场经济体制不一样，中国正处于经济体制转型时期。在这个特殊阶段，必然有着无法避免的社会问题。具体而言，随着经济体制的改革、经济结构的巨大调整，社会上必然出现大量的结构性失业人员，包括从工业、农业释放的剩余劳动力以及每年大量的新增劳动力。在社会保障体系不健全的条件下，由于社会责任的约束，很多企业无法解决冗余劳动力的安置问题，严重影响了其生存能力和盈利能力，致使行业整体效益难以提高。同时，每年大量新增劳动力也难以找到合适的就业岗位，不仅造成社会资源的损失，而且可能带来严重的社会问题。由于社会保障体系的完善是一个长期过程，在短期内安置社会闲置人员，只有寄希望于不断创造新的就业机会。而流通业具有技术相对简单，工作时间、地点相对灵活等特点，从而决定了其具有很强的吸纳就业的能力。流通业的发展为社会吸纳劳动力提供了一个合适的渠道，从而解决了我国体制改革和结构调整中最为重要的"瓶颈"限制。

从实际情况看，1993～2008 年中国工业和农业吸纳的就业人数基本处于不断下降态势。而同期服务业吸收的就业人数一直在不断上升，共计吸纳新增就业人员 325962 万人，其中流通业吸收的新增就业人员达 114776 万人，占第三产业新增就业人员的 35.2%[①]。从劳动力份额看，长期以来，流通业的就业人数一直位居第三产业之首，说明和其他产业相比，流通业有着更大的就业吸收空间，并且由于流通业的发展对各相关产业具有一定的中间需求，从而带动了这些部门生产的扩张，引致相关产业大量的就业需求增加，由此对整个社会的就业产生巨大的推动效应。由此可见，流通业通过解决社会就业问题所创造的溢出效应非常显著。

7.2.2　流通业溢出效应的数理模型

下面借鉴菲德（Feder，1982）的两部门模型，将前一部分的理论分

---

① 根据历年《中国统计年鉴》计算得到。

析形式化。和 Feder 模型不同的是,本书并非将整个国民经济划分为出口部门和非出口部门,而是将其划分为流通部门和非流通部门。同时,假设流通部门使用资本和劳动力两种生产要素进行生产,非流通部门的生产要素除资本和劳动力外,还包括流通部门的溢出效应。用公式表示如下:

$$\begin{cases} Y = D + N \\ D = F(K_d,\ L_d) \\ N = G(K_n,\ L_n,\ D) \end{cases} \quad (7-1)$$

式(7-1)中,Y、D、N 分别表示整个国民经济(包括流通部门和非流通部门)、流通部门和非流通部门的产出,K_d、L_d、K_n、L_n 分别表示投入到流通部门和非流通部门的资本和劳动力。由于我国流通业本身规模较小、发展较为分散、信息化水平较低且具有劳动密集性等特点,因而难以形成规模经济和利用先进技术,这里暂且假设流通部门的效率比非流通部门低。即:

$$\frac{F_K}{G_K} = \frac{F_L}{G_L} = 1 + \delta \quad (\delta < 0) \quad (7-2)$$

式(7-2)中,F_K、G_K 和 F_L、G_L 分别是流通部门和非流通部门资本和劳动力的边际产出,δ 是两部门之间相对边际生产率的差异,δ 小于 0 意味着流通部门的边际生产力低于非流通部门。

对式(7-1)的第一个分式两边求微分,并将式(7-2)代入,得到式(7-3):

$$dY = dD + dN = F_K dK_d + F_L dL_d + G_K dK_n + G_L dL_n + G_D dD$$

$$= G_K(dK_d + dK_n) + G_L(dL_d + dL_n) + \left(\frac{\delta}{1+\delta} + G_D\right)dD \quad (7-3)$$

在假设国民经济只有两部门的前提下,总投资 $I = I_d + I_n = dK_d + dK_n$,由此可以得出式(7-4):

$$dY = F_K I + F_L dL + (\delta + G_D)dD \quad (7-4)$$

将式(7-4)两边除以 Y,并令 $\alpha = G_K$,$\beta = \dfrac{G_L L}{Y}$,$\gamma = \dfrac{\delta}{1+\delta} + G_C$,可以得到方程式(7-5):

$$\frac{dY}{Y} = \alpha \frac{I}{Y} + \beta \frac{dL}{L} + \gamma \frac{dD}{D} \frac{D}{Y} \qquad (7-5)$$

式 (7-5) 中, $\frac{dY}{Y}$ 代表产出增长率; $\frac{I}{Y}$ 反映了投资相对于产出的比例; $\frac{dL}{L}$ 表示劳动力增长率; $\frac{dD}{D}$ 是流通业产出增长率, $\frac{D}{Y}$ 为流通业产出相对于总产出的比例, $\frac{dD}{D} \frac{D}{Y}$ 可看作加权流通业增长; $G_c = \partial G / \partial D$ 用于衡量流通业对其他部门的溢出效应。如果产业间要素边际生产率相同 ($\delta = 0$) 或者不存在产业间的溢出效应 ($G_c = 0$),则上式就转化为典型的新古典生产函数形式。

为了更好地研究流通业的溢出效应,假设流通业通过不变弹性影响其他部门产出,即: $N = G(K_n, L_n, D) = D^\theta H(K_n, L_n)$,于是方程式 (7-5) 可以转化为式 (7-6):

$$\frac{dY}{Y} = \alpha \frac{I}{Y} + \beta \frac{dL}{L} + \left(\frac{\delta}{1+\delta} - \theta \right) \frac{dD}{D} \frac{D}{Y} + \theta \frac{dD}{D} \qquad (7-6)$$

从式 (7-6) 可以看出,一个国家或地区的经济增长不仅与资本、劳动力等生产要素的投入有关,而且与流通业的发展水平相关。具体而言,流通业对经济增长的影响渠道主要有两个:一是流通业对其他部门的溢出效应,即 $\theta(1 - D/Y)(dD/D)$;二是流通业低效率的负面效应,即 $[\delta/(1+\delta)](dD/D)(D/Y)$。上述方程加上常数项和服从经典分布的随机误差项,就构成了本章的实证回归模型。

7.3　流通业溢出效应的实证检验

7.3.1　指标选取与数据说明

下面采用中国大陆各省市 1993～2008 年的面板数据进行实证检验,样本包括除西藏自治区以外的所有省份,重庆市被合并到四川省进行分析。为同 Feder 模型截面分析的原则相协调，把时间区域划分为 1993 ~ 2000 年、2001 ~ 2008 年两个时段，从两个时间段对比研究流通业在不同时期内的溢出效应，也有助于反映我国经济发展的阶段性特征。这两个时段的 I/Y、D/Y 取 6 年算术平均值，dY/Y、dL/L、dD/D 这三组反映增长率的数据则按照几何平均法进行计算。

实证分析中 Y、D 分别用国内生产总值、流通业增加值表示。流通业增加值数据直接采用本书第 5 章中的相应数据。各地区国内生产总值取自《中国国内生产总值核算历史资料（1952 ~ 2004）》和《中国统计年鉴》（2006 ~ 2009），为保持可比性，按照相应的平减指数统一折算成 1993 年可比价。I 用全社会固定资产投资表示，数据来源于历年《中国固定资产投资统计年鉴》和《新中国六十年统计资料汇编》，并根据各省固定资产投资价格指数折算为 1993 年的价格水平。L 用各省年末从业人员数表示，数据取自历年《中国统计年鉴》。各地区国内生产总值、固定资产投资和从业人员的具体数据参见附录。

7.3.2 实证结果分析

利用计量软件 Eviews6.0 对上述回归方程进行估计，实证估计结果如表 7 - 2 所示，下面对回归结果予以分析和讨论。

表 7 - 2　　　　　　　　　　流通业溢出效应模型估计结果

变量	1993 ~ 2000 年		2001 ~ 2008 年	
	系数	t 检验值	系数	t 检验值
C	0.047 ***	2.509	0.043 ***	3.067
I/Y	0.226	0.973	0.246 *	1.953
dL/L	0.039 *	1.518	0.020	1.484
$(dD/D)(D/Y)$	0.917	1.374	1.484 **	2.047
dD/D	0.153 *	1.611	0.328 *	1.590
$Adj - R^2$	0.301		0.608	
$D - W$ 值	2.078		2.126	

注：*、**、*** 分别表示在 10%、5% 和 1% 的水平下变量显著。

（1）初级要素投入对经济增长的作用较小。1993～2000 年，投资产出比 I/Y 前的系数为 0.226，但未能通过 10% 的显著性检验。2001～2008 年 I/Y 的系数为 0.246，并且在 10% 的水平上显著，这意味着资本产出比每提高 1 个百分点，能促使总产出增长 0.246 个百分点。1993～2000 年，dL/L 前的系数为 0.039，并且通过了 10% 的显著性检验，这意味着劳动力每增加 1 个单位，将使总产出增长 0.039 个百分点。2001～2008 年 dL/L 的系数为 0.02，但不能在显著性水平上拒绝系数不为 0 的假设，说明增加劳动投入对经济增长的贡献非常微弱。这可能与我国不断深化的经济体制改革，排挤出大量隐性就业人员，促使劳动力供给过剩日益严重有关。菲德（Feder，1982）也指出，当样本国在考察期内存在劳动力供给过剩状况时，dL/L 的系数可能不显著。尽管在两个时间段内，个别估计系数在 10% 的水平上不显著，但从其绝对值的大小差异，仍可以粗略地得出结论，资本投入对我国经济增长的拉动作用远大于劳动力的作用。这和转型期我国经济资本有机构成不断提高，技术趋势由劳动密集型向技术密集型转变的客观现实是比较吻合的。

（2）流通部门对非流通部门的溢出效应明显。在两个阶段的回归方程中，dD/D 的系数均显著为正，表明流通业确实能够对非流通部门产生溢出效应。具体来说，两个时间段的系数分别为 0.153 和 0.328，表明在 1993～2000 年和 2001～2008 年，流通业增加值每增长 1 个百分点，通过溢出效应可分别带动非流通部门增长 0.153 和 0.328 个百分点。将该系数代入前文所示的溢出效应计算公式，可计算出以整体经济增长水平表示的溢出效应值。假设流通业增加值占 GDP 的比重为 16%，那么在 1993～2000 年和 2000～2008 年，流通业每增长 1%，通过发挥对非流通部门的溢出效应，大约可以促使整个经济分别增长 0.3 个和 0.565 个百分点。流通业作为国民经济的一个组成部门，其本身不仅可以为国民经济创造增加值，而且可以通过溢出效应，带动其他部门的增长、优化经济结构、吸纳社会就业等多种形式促进经济增长，这里的实证结果验证了前文的理论分析。此外，分阶段估计结果还显示，随着我国市场经济体制改革的不断深入，流通部门的作用日益得到更大程度的发挥，从而对非流通部门和经济整体的溢出效应日趋明显。

（3）流通部门的效率确实低于非流通部门。将加权流通业增长（dD/D）（D/Y）和流通业增加值增长率 dD/D 的系数代入前文给出的计算公式，可以计算出流通部门和非流通部门要素边际生产率的差值 δ。由于 1993～2000 年的回归结果中加权流通业增长的系数未能通过显著性检验，因此不能为这一结论提供数据支撑。但是，2001～2008 年流通业增长的系数通过了 5% 的显著性检验，可以算出 δ 的平均值为 -2.23，这意味着这段时期在投入同等资本和劳动力的情况下，非流通部门的产出是流通部门的2.23 倍。这也说明，流通部门的生产率低于非流通部门。可能的原因是：长期以来，我国流通业规模较小且发展较为分散，难以实现规模经济；技术水平不高，流通信息化和现代化水平与经济发展水平不相适应；以及流通产业本身劳动密集的特点，不利于大规模采用先进技术。因此，流通部门与其他产业部门相比，生产效率相对较低。这种较低的边际生产率显然不利于流通业溢出效应的发挥。但随着我国流通信息化和现代化步伐的加快，以及流通业发展方式的转变，可以预期流通部门和非流通部门的效率差距将日益缩小。

综合以上分析可以发现，尽管流通部门的生产效率低于非流通部门，但流通业对国民经济其他部门确实存在较强的溢出效应。并且，随着这种溢出效应的增大，其对经济增长的贡献度也越来越大。既然存在流通部门对非流通部门的溢出效应，那么在制定和评价政府产业政策时，显然不能将流通部门和非流通部门割裂开来，仅测度它们自身的增长率，并以此作为制定和评判标准。而如果片面地以生产率指标作为衡量标准，就会致使得到的结论产生偏差。以往"重生产、轻流通"以及质疑将流通业作为发展重点的观念①，究其原因，正是由于忽视了不同产业在经济运行中的

---

① 例如，在我国提出走新型工业化道路，强调第一、第二、第三产业协调发展的时期，一些流通学者提出大力发展流通产业，把流通产业作为先导产业、基础产业，要防止"离制造业""制造业空心化"的倾向（冉净斐和文启湘，2005）。

不同作用以及经济变量之间的相互影响关系，从而低估了流通业对经济增长的贡献度。流通业本身作为一个服务部门规模较小，在国民经济中所占比重较低，但是能通过提供其他产业增长的动力、调整和优化国民经济结构，以及充当吸纳社会劳动力的主要渠道等多种形式，对经济增长发挥了巨大的间接效应。因此，在产业政策的制定和实施过程中，应该高度重视流通业在国民经济中的重要地位和作用，把流通业作为基础和先导产业加以重点规划和发展。

7.4 本 章 小 结

本章首先运用基于 DEA 的 Malmquist 生产率指数方法对比分析了 1993～2008 年中国制造业和流通业的生产率。然后分析了流通业溢出效应的内在机理，在此基础上，构建了一个反映产业间溢出效应的两部门模型，并运用 1993～2008 年中国省际面板数据对此进行了实证检验，探讨了流通业的溢出效应及其对政府制定产业政策的含义。

研究结果表明，1993～2008 年中国制造业技术进步的平均增长率为5%，远远高于同期流通业年均增长 0.2% 的水平。相比于流通业，我国制造业具有更强的技术水平和创新能力，从而能够保持前沿技术水平的更快进步。但制造业技术效率的平均增长率为 -0.3%，低于流通业年均0.4% 的增长率。我国制造业在组织和管理体制上的固有缺陷导致对现有资源和技术的利用程度较低，而制造业的技术进步速度非常快，消化吸收新技术通常存在时滞，这也可能导致技术效率的下降。尽管如此，从全要素生产率指标看，1993～2008 年中国制造业的全要素生产率增长率为4.8%，明显高于流通业 0.6% 的水平，中国流通业的增长效率明显差于制造业。我国制造业在技术创新和技术进步方面的优势，是有助于推动其全要素生产率提升的重要原因。而流通业存在投资效率欠佳和增长效率低下的问题，这一结论与以往关于第三产业整体的研究具有相似之处。

　　作为国民经济的一个重要组成部分，流通业不仅本身为经济创造增加值，而且还通过自身的溢出效应对经济发展产生重大影响。第一，为其他部门的增长提供动力。在商品经济发展过程中，生产专业化和消费的精细化使得产销联系日趋复杂，流通系统为生产部门和消费者之间产销联系的实现提供了通道。通过对生产和消费日益深化的影响，间接促进了相关产业的增长。第二，调整和优化国民经济结构。流通业的发展可以有效地发挥市场配置资源的基础性作用，调整和优化经济结构，提高经济运行效率。流通体系的现代化程度与运作效率反映并决定了整个市场机制的成熟程度和运作效率，进而决定了整个经济系统的活力与效能。第三，充当吸纳社会劳动力的渠道。流通业具有技术相对简单，工作时间、地点相对灵活等特点，从而决定了其具有很强的吸纳就业的能力。流通业的发展为社会吸纳劳动力提供了一个合适的渠道，通过解决社会就业问题所创造的溢出效应非常显著。

　　本章的研究结果表明，流通业对国民经济其他部门确实存在较强的溢出效应。在 1993～2000 年和 2001～2008 年，流通业增加值每增长 1 个百分点，通过溢出效应可分别带动非流通部门增长 0.153 个和 0.328 个百分点。通过发挥对非流通部门的溢出效应，大约可以促使整个经济分别增长 0.3 个和 0.565 个百分点。但流通部门的边际效率低于非流通部门，这种较低的边际生产率显然不利于流通业溢出效应的发挥。由于存在流通部门对非流通部门的溢出效应，因此在制定和评价政府产业政策时，不应该将流通部门和非流通部门割裂开来，仅测度它们自身的增长率，并以此作为制定和评判标准。流通业本身作为一个服务部门规模较小，在国民经济中所占比重较低，但是能通过多种形式对经济增长发挥巨大的间接效应。因此，政府在制定和实施产业政策时，应该高度重视流通业在国民经济中的重要地位和作用，把流通业作为先导和基础产业加以重点规划和发展。

第 8 章

结论与展望

8.1 研 究 结 论

本书在国内外服务生产率研究成果以及经济增长理论、服务经济理论、流通经济理论等经济学理论基础上，运用规范的经济学分析方法对中国流通业增长效率进行了较为深入系统的研究，得到以下几个方面的重要结论。

8.1.1 中国流通业的增长状况

1993~2008 年中国流通业增长的总量（发展水平、要素投入、产出效益）和结构（行业结构、地区结构、所有制结构）的描述性统计分析结果表明：

（1）发展水平方面，1993 年以来，中国流通业一直保持着较高的增长率。1993~2008 年流通业增加值年均增长率为 8.9%，略低于同期第三产业的增长速度。在此期间，流通业产值占 GDP 的比重一直稳定在 16% 左右，与此同时，流通业对 GDP 的贡献率也保持着比较高的水平。尽管流通业占第三产业的比重有逐渐下降趋势，但目前这一比重仍然维持在

40%左右，流通业依然是第三产业的重要组成部分，是一个重要的服务部门。此外，流通业具有强大的就业贡献能力，这也是中国流通业取得快速发展的一个重要原因。

（2）要素投入方面，从业人员一直保持平稳增长趋势，流通产业在吸纳社会就业方面的作用越来越大，但2002年之前从业人员增长率波动性较大，2002年以来从业人员增长趋于稳定，平均增长率为4.7%。固定资产投资增长迅猛，流通业增长的投资驱动现象明显，并且2003年之前资本投入的波动幅度较大，2003年以后投资增速开始逐渐趋于平稳，平均增速为23.56%。

（3）产出效益方面，人均增加值呈现稳定增长态势，从1993年的481.17元增加至2008年的3701.82元，但增长速度总体上表现为下降趋势。单位资本产出水平呈波动性下降趋势，从1993年的3.05元下降至2008年的1.81元，资本使用效率低下问题比较严重，但下降幅度随年份不同而有所差异。

（4）行业结构方面，1993年以来，流通业各行业均保持了较快的增长态势，但行业之间的差异比较明显。传统的批发零售住宿和餐饮业发展相对较快，在流通业中所占比重平均为64%左右，并且有不断扩大的趋势，而以交通运输仓储为代表的现代流通业发展缓慢，在流通业中所占比重仅为36%，并且有逐渐下降的趋势，流通业内部结构优化缓慢，与整个第三产业增长和结构优化的趋势显得不够协调。

（5）地区结构方面，流通业增长的区域不平衡现象日益突出。省际流通业增长的绝对差距不断扩大，与此同时，相对差距也有所扩大。东部、中部和西部三大地区流通业增长的不平衡现象更为明显，东中部之间、东西部之间及中西部之间流通业人均增加值的绝对差距不断扩大，东西部地区、中西部地区的相对差距则分别从1993年的2.36和1.007扩大至2008年的2.488和1.098。无论是省际之间还是东部、中部、西部三大地区之间，流通业增长的区域不均衡问题都非常严重。

（6）所有制结构方面，1993~2008年国有经济在流通业中的比重有稳步下降的趋势，下降幅度为 15.8%；集体经济比重呈显著下降趋势，下降幅度达 27.7%；其他经济比重显著上升，上升幅度高达 43.1%，中国流通业的所有制结构正趋于优化。但目前国有经济在流通业中仍然占据主导地位，特别是交通运输仓储和邮政通信业中，国有经济仍然占据 67.7% 的绝对优势地位，中国流通业的所有制结构还有待进一步优化。

8.1.2 流通业技术效率变化及其影响因素

通过采用超越对数生产函数的随机前沿模型，运用一步估计法实证分析中国流通业技术效率及其影响因素，得到以下结论：

（1）从全国总体看，1993 ~ 2008 年，中国流通业平均技术效率为 0.7649，技术效率仍处于较低水平，还远远未能挖掘出现有资源和技术的利用潜力，对前沿技术的利用程度不高。因此，技术效率的提升还有较大空间。从变化趋势看，在此期间，中国流通业技术效率总体呈现逐渐上升趋势，且年际间的变化存在一定的差异。以 2000 年为分界点，在此之前，技术效率的波动性较强，效率的提升并不明显，2000 年以后，技术效率的增加幅度有稳步提高的趋势，效率提升非常明显。

（2）从三大地区看，东部地区平均技术效率为 0.9006，中部、西部地区分别为 0.6953 和 0.6714，东部地区的技术效率显著高于中西部地区，流通业技术效率存在显著的地区差异。从变化情况看，在此期间，东部、中部、西部三大地区的平均技术效率均呈现波动性上升趋势，但中部地区的技术效率提升最快，西部仅次于中部地区，东部地区技术效率提升最慢。中西部地区技术效率的提升幅度快于东部地区，从而东部与中部、西部地区技术效率的相对差距有所缩小，流通业技术效率存在一定的收敛性。

（3）从各省份看，各省市流通业平均技术效率值在 0.5805 ~ 0.9726 之间，省际间的差异明显。东部地区集中了全国技术效率的前八位，分别是广东省、上海市、北京市、天津市、江苏省、福建省、辽宁省、海南省，中部地区效率相对较高的吉林省、黑龙江省、安徽省，其技术效率值也远远低于东部地区，西部地区除内蒙古自治区和广西壮族自治区外，其余省份的技术效率都很低，并且贵州省、青海省位于全国倒数的后两位。各省份之间技术效率的差异明显，并且技术效率较高的省份主要集中在东部地区，效率较低的省份主要集中在中西部地区，流通业技术效率的区域发展不平衡问题严重。

（4）人力资本、市场化程度、对外开放程度是影响我国流通业技术效率的重要因素。人力资本能够有效反映生产要素的使用效率，从而对技术效率产生影响。市场化进程的推进，不仅意味着在价格机制的调节引导下，资源配置更加合理，而且提供了更加有效的激励机制，从而促进技术效率的提高。对外贸易能够促进技术转移，加快国内技术效率的提升，外资带来的先进技术和经营管理经验，对技术效率也产生积极影响。研究结果表明，流通业从业人员平均受教育年限每增加 1 年，将促使技术效率提高 4.15%。市场化水平每提高 1 个单位，大约会促使流通业技术效率提高 0.17%。外资和外贸占 GDP 的比重每提高 1 个单位，会分别促进流通业技术效率提高 0.52% 和 2.8%。

8.1.3 流通业全要素生产率增长及其收敛性

通过采用基于 DEA 的 Malmquist 指数方法测算中国流通业全要素生产率并对其进行分解，在此基础上检验流通业 TFP 增长的收敛性，得到以下结论：

（1）就全国总体而言，1993~2008 年中国流通业全要素生产率年均增长率为 0.6%，将全要素生产率分解为技术效率和技术进步，其中技术效率变动 0.4%，技术进步率为 0.2%。虽然技术效率和技术进步都对流通业 TFP 增长做出了一定的贡献，但两者的增长速度都偏低，导致流通业全要素生产率增长缓慢。因此，通过效率的改善和技术的提升提高我国流通业增长还有很大空间。在技术效率的变动中，纯技术效率指数平均上升

0.7%，规模效率指数平均下降 0.3%，中国流通业普遍存在规模无效率。从变化趋势看，流通业 TFP 增长的时间变动呈现出一定的特点，受经济、体制、制度、环境等多种因素的影响，不同时期的特点也不尽相同。但总体上看，TFP 受宏观环境因素的影响较大。

（2）就三大地区而言，东部地区 TFP 增长水平最高，达到 1.6%，中部地区次之，为 0.5%，而西部地区则是负增长 -0.4%，区域间差异较大。就分解情况看，东部地区的 TFP 增长主要由技术进步和技术效率双重驱动，但技术进步的增长效应更为明显，其技术进步增长率达到了 1.3%，技术效率的增长率为 0.3%。中部地区的 TFP 增长由技术效率推动，其技术效率的平均增长率为 1.8%，而技术水平下降显著，平均增长率为 -1.3%。西部地区 TFP 增长率为负，归因于技术效率的下降和技术进步的不明显，其技术效率和技术进步的平均增长率分别为 -0.5% 和 0.1%。在技术效率的变动中，东部、中部、西部三大地区纯技术效率指数均为正，东部规模效率为正，而中部、西部的规模效率为负。

（3）就各省份而言，省际间流通业 TFP 增长的差异较大。平均增长率最高的省份山东省和最低的省份贵州省，两者的平均增长率相差接近 10 个百分点。平均增长率高于 2% 的省份有山东省、天津市、上海市、北京市，平均增长率分别是 4.2%、3.4%、3.1%、2.3%。增长率为负的省份有贵州省、陕西省、青海省、江西省、云南省、山西省，其中贵州省和陕西省的全要素生产率下降最快，平均增长率分别为 -4.1% 和 -3.2%，也是全国最低水平。总体上看，平均增长率较高的省份主要集中在东部地区，平均增长率较低的省份主要集中在中部、西部地区。

（4）中国流通业全要素生产率存在一定的 σ 收敛，同时存在绝对 β 收敛，各地区流通业全要素生产率水平将逐渐缩小，且趋于同一水平。σ 收敛检验表明，无论是全国还是东部、中部、西部地区，流通业 TFP 增长率均存在 σ 收敛，流通业 TFP 增长的地区间差距在逐渐缩小。绝对 β 收敛检验表明，通过加总估计的全国流通业生产率，以及东部、中部和西部三大地区内部流通业生产率均存在绝对 β 收敛，TFP 增长与初始水平存在显著的负相关关系，收敛速度分别为12.87%、11.93%、12.14%和6.98%。

8.1.4 流通业和制造业生产率的比较

通过采用基于DEA的Malmquist指数方法对比分析中国制造业和流通业的生产率，并应用经济计量方法实证检验流通业的溢出效应，得到以下结论：

（1）1993~2008年中国制造业技术进步的平均增长率为5%，远远高于同期流通业年均增长0.2%的水平。相比于流通业，我国制造业具有更强的技术水平和创新能力，从而能够保持前沿技术的更快进步。但制造业技术效率的平均增长率为-0.3%，低于流通业年均0.4%的增长率。尽管如此，从全要素生产率指标看，1993~2008年中国制造业的全要素生产率增长率为4.8%，明显高于流通业0.6%的水平，中国流通业的增长效率明显差于制造业。我国制造业在技术创新和技术进步方面的优势，是有助于推动其全要素生产率提升的重要原因。流通业存在投资效率欠佳和增长效率低下的问题，这一结论与以往关于第三产业整体的研究具有相似之处。

（2）作为国民经济的一个重要组成部门，流通业不仅本身为经济创造增加值，而且还通过自身的溢出效应对经济发展产生重大影响。第一，为其他部门的增长提供动力。在商品经济发展过程中，生产专业化和消费的精细化使得产销联系日趋复杂，流通系统为生产部门和消费者之间产销联系的实现提供了通道。通过对生产和消费日益深化的影响，间接促进了相关产业的增长。第二，调整和优化国民经济结构。流通业的高效运作可以有效发挥市场配置资源的基础性作用，调整和优化经济结构，提高经济运行效率。第三，充当吸纳社会劳动力的渠道。流通业的发展为社会吸纳劳动力提供了一个合适的渠道，通过解决社会就业问题所创造的溢出效应非常显著。

（3）实证检验结果表明，流通业对国民经济其他部门确实存在较强的溢出效应。在 1993~2000 年和 2001~2008 年，流通业增加值每增长 1 个百分点，通过溢出效应可分别带动非流通部门增长 0.153 个和 0.328 个百分点。通过发挥对非流通部门的溢出效应，大约可以促使整个经济分别增长 0.3 个和 0.565 个百分点。但是，流通部门的边际效率低于非流通部门，这种较低的边际生产率不利于流通业溢出效应的发挥。流通业本身作为一个服务部门规模较小，在国民经济中所占比重较低，但是能够通过多种形式对经济增长发挥巨大的间接效应。因此，在产业政策的制定和实施过程中，应该高度重视流通业在国民经济中的重要地位和作用，把流通业作为先导和基础产业加以重点规划和发展。

8.2　政　策　建　议

流通业增长效率的提升不仅有助于流通产业发展方式的转变，而且作为国民经济的先导性产业，流通业的发展和效率提升，对于我国转变经济发展方式具有重要意义。在上述研究结论的基础上，本书提出以下政策建议。

8.2.1　深化流通体制改革，消除造成效率损失的体制性障碍

我国流通业技术效率水平不高，还远远未能挖掘出现有资源和技术的潜力。现有流通体制还不够完善，影响了流通业技术效率的提高。因此，要通过体制改革和激励机制的完善，努力消除各种造成效率损失的障碍，促进现有资源的优化配置，前沿技术的推广和扩散，提高流通业技术效率水平。

（1）继续深化市场主导型的体制改革。建立起能够充分发挥市场机制在国家宏观调控下对资源配置起基础性作用的商品流通体制。重点解决所有制、政企不分、行业垄断、地区封锁等问题。对流通业的所有制结构

进行市场化调整，改变部分行业国有企业的垄断地位，推进产权多元化，充分引入竞争机制；深化国有流通企业改革，推进现代企业制度，改变产权不清、政企不分、效率低下的状况。同时推动国有流通企业经营机制转变和组织结构调整，以市场为导向，促进企业联合重组，培育一批具有较强国际竞争力的大型流通企业集团，改变流通业规模效率较低的状况；加强各地区的市场化程度，消除各种形式的地方保护和区域壁垒，建设全方位、统一开放的市场和流通体系，为流通业的发展创造良好的体制环境。

（2）转变流通产业政策理念。在市场经济条件下，流通产业已经成为国民经济的先导和基础产业。流通业不仅本身为国民经济创造增加值，还通过自身的溢出效应，对经济发展产生重大影响。因此，要改变"重生产、轻流通"的传统观念，高度重视和充分发挥流通业在国民经济中的地位和作用，以流通产业为主线重构整个国民经济的运行。整个国民经济运行转向以流通企业为中心展开，将流通业作为整个国民经济的龙头，以流通企业为"链主"向上整合制造企业，向下整合服务企业。与此相适应，整个国民经济的收入结构、就业结构、利润来源、运行效率重心也从制造企业转向流通企业。

（3）完善流通领域的法规建设。法规建设与政府职能改革紧密联系。在我国转型期，流通领域存在法规不健全与法规空白的盲点，即使有法规的领域也需要在实践中更新或调整。因此，要从建立和完善统一开放、竞争有序的现代市场体系出发，按照依法行政和实现对全社会流通统一管理的要求，加快制定规范流通活动、流通秩序、流通主体、市场行为、市场调控和行业管理等方面的法律法规，使流通业从低水平无序竞争走向规范化、法制化的有序竞争。通过规范化的市场制度，充分发挥市场配置资源的基础性作用，促进流通业的增长和效率提升。

8.2.2　加强技术创新，提高前沿技术进步水平

全要素生产率增长分为技术效率和技术进步两个部分，因此要促进全

要素生产率的提升，不仅要着眼于提高技术效率，还要促进前沿技术的进步。我国流通业技术进步缓慢，制约了全要素生产率的提升。因此，要加强流通领域的技术创新，推动流通技术的持续升级，提高流通业技术进步水平。

（1）重视企业技术创新主体的建设。技术创新活动本质是一个经济过程，只有坚持以企业为主体，才能真正实现以市场为导向，满足市场需求。企业成为技术创新主体，就是要使企业成为研究开发的主体、技术创新活动的主体和技术成果应用的主体。因此，要完善相关政策，明确企业的技术创新主体地位，鼓励和支持流通企业加大研发投入，建立专门的研发队伍，积极开展各种技术创新活动，开发具有自主知识产权的核心技术和知名品牌，并及时将最新技术成果应用于企业生产经营活动中，以此加快流通领域的技术创新，推动流通技术的持续升级与扩散。

（2）完善技术创新的金融政策。技术创新需要投入大量资金，而资金短缺是当前制约我国流通业技术研发的一个重要因素。因此，必须为企业提供有效的金融支持。具体包括：拓宽融资渠道，广泛吸纳社会资本，建立和发展支持流通业技术创新的社会产业投资基金；对大型重点流通技术创新项目提供优惠的信贷条件，或由国家直接投资保证资金供应；设立流通企业技术创新基金，为重要技术创新提供资金支持；设立流通企业技术创新担保基金，解决创新风险分担问题；设立流通企业技术创新风险投资基金，并对风险投资机构向流通企业技术创新投资实施鼓励政策。

（3）完善技术创新服务体系。完善流通企业技术创新所需要的科技服务体系，为企业技术创新提供支撑。具体包括：设立为流通企业服务的科技服务机构，提高直接服务于流通业技术创新的科技力量的比例，增强社会化服务能力，规范和发挥科技服务机构的作用。设立流通技术研究推广机构，对国内流通技术的研究成果、国外流通技术的具体经验进行总结，对流通技术在企业经营管理中的应用条件、各种设备技术的开发与应用等问题进行深入研究，为流通技术创新提供服务。

（4）建立技术创新合作机制。建立有效的技术创新合作机制是支持流通企业技术创新的一种重要方式，是流通技术创新顺利进行的重要保证。这种合作创新机制可以通过创新主体之间进行或者通过产学研合作的方式进行。一方面，运用财政税收政策引导企业之间进行合作创新，提高创新主体的参与度和积极性，在发挥创新主体各自优势基础上实现合作创新；另一方面，通过相应的优惠政策鼓励流通企业和高校、科研机构合作进行技术开发，实现资源共享、优势互补，共同促进流通业技术创新。

8.2.3 加强人力资本投资，提高流通从业人员素质

本书的分析表明以人均受教育年限表示的人力资本水平的提高，将促进技术效率的大幅提升，说明人力资本对于流通业技术效率具有显著的正向影响。人力资本能够有效反映生产要素的使用效率，从而对技术效率产生影响。因此，要加强中国流通业的人力资本投资，通过各种途径提高从业人员素质。

（1）加大政府支持力度。加大流通从业人员培养的专项基金投入，用于流通从业人员的专业培训、产学研合作、师资培养、交流合作、人才引进等。实施高级流通管理人才培养工程，力求培养出一批在全国乃至国际上具有较高水平的流通管理人才。此外，通过税收优惠等政策，对从事流通技术开发的高级技术人才和特殊人才给予一定的奖励，培养出一批掌握流通信息化和现代化技术、具有高级专业技能的流通人才。

（2）加大流通人才的培养力度。引导高等院校加强流通学科建设，开设贸易流通专业，强化流通理论研究和应用能力的培养，培养具有较强理论知识和应用能力的专业人才。引导职业院校扩大与商业、贸易、流通相关的专业，注重实用知识和技能教育，通过实习基地等形式与流通企业良好互动，合作培养具有实践经验的复合型流通人才。从财政、税收、信贷等方面鼓励各类社会培训机构采取多种形式开展人才培训，培养社会急需的各种层次流通人才。鼓励企业内部设立培训机构，通过甄选、培训、考核和辅导等形式帮助员工提高专业水平和业务技能。支持在职培训和海

外培训，扩大现有流通从业人员进修与培训范围，通过各种方式提高从业人员专业水平和整体素质，优化流通人才结构。

（3）引进国外优秀管理和技术人才。制定吸引外优秀人才的政策，建立畅通的人才流进渠道，加大引进国外优秀流通人才，特别是具有大型跨国流通企业经营管理经验的高级流通管理人员，以及能够提供先进流通技术支持与保障的流通专业技术人才。通过对高级管理和专业技术人才的引进，为我国流通业的发展提供良好的支持条件。

8.2.4 扩大对外开放，促进技术转移和效率提升

在流通业技术效率影响因素的分析中，对外开放是技术效率的有效促进因素之一。对外开放有利于促进技术转移以及国外先进经营管理经验的引入，从而提高技术效率。因此，要进一步扩大流通业的对外开放，通过对外开放促进技术转移和效率提升，实现中国流通业的更快增长。

（1）转变流通业对外开放的观念。打破计划经济下的内向型、封闭式发展方式，实现从计划向市场，从内向型向外向型，从封闭向开放的全面转变，在流通业的各行业、各领域、各环节实现全面对外开放，与国际市场全面对接，在开放中有效利用国外先进资源和技术，注重对技术的吸收应用能力，促进我国流通业的发展和效率提升。

（2）加大流通业对外开放力度。通过各种途径大力吸引外商直接投资，吸收国外先进技术和经验，增强外商直接投资的技术溢出效应。具体包括以下几个方面：保持政策的稳定性和连续性，为外商直接投资创造良好的政策环境。加强投资环境建设，尤其是道路交通通讯等基础设施建设，降低交易环节和交易成本，为外资进入创造良好的环境条件。鼓励通过创新方法利用外资，促进外资参与国内流通企业的改组改造，改善国内企业经营管理机制，提高管理水平和经营效率。此外，积极引导外商投资企业的区域分布，鼓励和推动外资投向中西部地区，提高中西部地区对外开放水平。

（3）坚持适度保护的商业开放政策。尽管流通领域对外开放对加快我国流通业的发展，提高流通业效率能够起到积极的推动作用。但不容忽视的问题是，流通业对外开放不仅对我国商品流通管理体制、效率水平提出了更高要求，而且由于外资在经营、管理、组织等方面优势明显，常常导致工商矛盾、渠道冲突等一系列问题，在一定程度上影响了国内流通业的健康有序发展。这就要求我国流通业在全面对外开放的同时，确保产业安全，警惕外资的副效应，坚持适度保护的商业开放政策。对大型外资商业网点的设立进行调控，调整和优化商业网点布局。同时加强法律法规建设，实行有效规制，对流通业开放后的竞争行为进行合理规范，对外资商企的垄断行为进行有效规制。

8.2.5　实施区域流通产业政策，促进流通业区域协调发展

由于在地理位置、资源禀赋、技术条件、历史背景和初始发展水平等方面存在较大的异质性，东部、中部、西部地区间流通业增长效率存在显著差异，中西部地区明显落后于东部地区。因此，要高度重视流通业增长的区域差异，制定有效的区域流通产业政策，促进流通业区域协调发展。

（1）根据不同地区的实际情况予以分类指导。我国作为一个发展中大国，有着特殊的背景和国情，各地区的发展水平也有所不同。因此，要根据不同地区流通业的增长状况予以分类指导。具体而言，促进东部地区利用现有知识、技术和人才优势保持较快技术进步的同时，重点通过体制、制度创新提高对现有资源和技术的利用效率，从而实现 TFP 更快增长。中部地区在保持现有技术效率高速增长的同时，重点要建立起有利于技术创新的体制和机制，加快技术创新和前沿技术进步的速度。西部地区要予以重点扶持和开发，引导更多资源和要素的流入，促进其技术效率和技术进步全面提升。

（2）加大对中部、西部地区政策支持力度。从区域一体化的角度重新配置商业资源，加大对中西部地区流通基础设施建设、人才队伍建设以

及市场体系和市场组织建设等方面的投入力度。具体而言：增加财政投入，扩大中西部地区基础设施的覆盖范围，并推进现有批发市场、物流设施、道路交通等的改造升级；健全要素市场，重视对人力资本的投资，促进劳动力素质的提高；推进市场化、企业产权改革和对外开放，提高这些地区利用市场机制和外部条件自我发展的能力，促进流通业的增长和效率提升。同时引导和鼓励更多社会资源流向中西部地区，促进这些地区流通业的增长和发展。通过加大对中部、西部地区的支持力度，缩小中西部与东部之间的差距，促进区域流通业协调发展。

（3）建立区域间的联动发展机制。东部、中部、西部地区间存在明显的资源禀赋、经济结构和经济发展水平等方面的差异，相互在要素利用和技术资源上有着很强的互补性。因此，要打破地区封锁和地方保护，促进区域间市场的开放，以各地区的比较优势为基础，从简单的生产要素互补向结构互补转变，加强东部、中部、西部地区的资源、技术、信息和知识共享，促进区域间的联动发展。考虑到地区间发展水平的差异，东部地区在技术和知识等方面要加大对中西部地区的转移，促进中西部地区技术水平的更快提升。通过建立区域间的联动机制，促进东部、中部、西部地区协调发展。

8.3　研究展望

尽管本书对中国流通业的增长效率问题进行了比较深入系统的研究，取得了一些研究成果，但由于服务业分行业统计数据可获得性的制约，本书的研究时间区间受到一定限制。此外，受时间、所掌握的数据资料、研究经验和水平等方面因素的限制，仍有一些重要问题未能在研究中得以深入探讨，还需要在本研究的基础上进一步做更为深入的研究，以充实和完善本书的研究内容，从而更加深入全面地把握中国流通业的增长效率，促进我国流通业的增长和发展。

　　具体而言，在今后的研究中，还有以下几个方面问题值得进一步深入探讨：

　　（1）本书主要从宏观和总量角度研究流通业的增长效率问题，但对于流通业细分行业（商业和物流业）全要素生产率的分解和测度还没有涉及。因此，下一步的研究方向是对流通业内部各行业的增长效率状况进行研究，以得出更为细化的结论，丰富流通业生产率研究的内容。

　　（2）本书的研究对比分析了制造业和流通业的生产率，但是没有就制造业和流通业效率的提升对整个中国经济全要素生产率增长的影响进行实证研究。因此，今后可以从制造业和流通业相互关系角度，研究生产和流通的良性互动对于整个经济 TFP 提升的影响，从而得出更具有现实价值的结论。

　　（3）本书主要研究了中国流通业的增长效率状况，但对于流通业增长效率的国际比较没有进行探讨。因此，下一步研究可以选择一些代表性发达国家，研究这些国家流通业的效率状况，并将其与我国流通业进行比较，找出我国与发达国家流通业增长质量上的差距，并进一步研究产生这一差距的根源。

附　　录

附录 A　1993~2008 年各省流通业投入产出数据

表 A-1　　1993~2008 年中国各省流通业增加值（1993 年不变价）　单位：亿元

省份	1993 年	1994 年	1995 年	1996 年	1997 年	1998 年	1999 年	2000 年
北京市	163.58	206.16	235.67	262.10	290.67	305.45	324.97	347.32
天津市	102.26	116.44	133.78	151.17	168.99	199.15	227.45	251.27
河北省	277.22	299.72	347.32	391.82	451.72	503.86	547.09	611.74
山西省	112.96	132.04	144.91	168.35	185.46	208.75	224.80	247.25
内蒙古自治区	91.65	108.40	129.14	153.04	185.31	211.73	241.98	285.27
辽宁省	364.80	399.82	434.03	472.50	547.19	587.74	640.50	701.50
吉林省	93.99	113.61	128.96	148.02	172.81	179.01	193.73	241.92
黑龙江省	170.50	182.63	189.13	207.86	246.25	267.57	285.70	358.58
上海市	282.97	311.45	347.64	389.87	441.70	478.14	525.22	581.96
江苏省	458.62	507.35	596.23	680.25	771.71	852.80	945.99	1038.27
浙江省	346.45	401.21	491.43	540.36	599.19	650.44	696.81	747.10
安徽省	150.76	182.42	208.25	245.99	290.63	316.79	348.27	363.63
福建省	215.47	229.15	274.57	319.55	373.20	417.39	451.38	496.79
江西省	84.11	94.74	115.62	137.22	150.04	178.36	200.84	229.84
山东省	381.07	470.97	560.61	641.79	738.37	808.97	877.62	966.94
河南省	206.00	226.03	261.25	313.68	375.17	413.03	454.66	503.20
湖北省	219.97	243.71	283.29	325.28	368.94	403.64	447.55	495.51
湖南省	196.23	219.30	244.05	273.41	297.27	320.70	338.04	356.19
广东省	573.64	703.77	812.68	918.63	1037.24	1140.60	1236.69	1367.00

续表

省份	1993 年	1994 年	1995 年	1996 年	1997 年	1998 年	1999 年	2000 年
广西壮族自治区	162.82	169.90	192.64	218.65	240.27	265.33	294.16	329.51
海南省	55.74	62.20	66.24	70.36	76.64	86.61	91.66	98.99
四川省	312.31	337.18	405.32	495.25	555.13	605.34	635.26	702.07
贵州省	58.33	56.64	62.51	67.55	69.94	78.74	95.74	108.56
云南省	126.36	147.80	169.58	189.45	205.59	224.51	245.89	276.07
陕西省	107.89	112.47	125.75	137.32	150.53	161.38	180.20	203.34
甘肃省	58.14	67.52	83.23	96.17	109.25	118.54	132.87	138.54
青海省	17.05	18.17	18.94	20.68	22.52	24.69	27.08	31.38
宁夏回族自治区	15.15	15.81	17.87	21.03	24.42	27.37	31.56	34.44
新疆维吾尔自治区	76.04	85.06	95.98	107.33	119.16	132.21	148.63	163.75

续表 A - 1　　　　　**1993～2008 年中国各省流通业增加值**

（1993 年不变价）　　　　　单位：亿元

省份	2001 年	2002 年	2003 年	2004 年	2005 年	2006 年	2007 年	2008 年
北京市	377.88	397.44	429.37	475.66	479.37	537.52	575.63	640.34
天津市	282.95	319.86	343.39	393.40	394.33	416.87	451.67	513.11
河北省	685.17	731.28	772.47	848.98	863.28	1044.45	1154.61	1256.37
山西省	278.90	323.16	368.70	440.70	445.57	477.07	530.30	581.20
内蒙古自治区	331.45	389.94	431.86	505.48	558.95	640.97	737.69	868.58
辽宁省	773.77	846.91	941.22	1076.89	1046.63	1147.55	1252.75	1386.91
吉林省	262.96	283.22	310.65	320.13	347.82	396.01	457.85	531.59
黑龙江省	392.00	432.80	467.17	509.09	502.95	543.36	603.26	666.02
上海市	647.95	716.74	779.95	854.01	909.60	1006.89	1092.03	1195.24
江苏省	1175.07	1317.99	1474.39	1650.37	1673.39	1864.80	2065.41	2395.06

续表

省份	2001 年	2002 年	2003 年	2004 年	2005 年	2006 年	2007 年	2008 年
浙江省	779.77	837.43	894.59	994.00	1021.75	1166.23	1318.95	1496.80
安徽省	399.30	436.01	487.50	548.14	559.25	622.72	704.55	800.08
福建省	529.90	562.33	613.13	682.39	679.63	774.77	854.71	960.10
江西省	250.00	273.85	301.28	334.59	349.06	375.21	412.17	468.44
山东省	1101.28	1198.79	1329.25	1548.85	1664.95	1884.47	2110.56	2507.39
河南省	557.21	615.50	681.39	772.81	821.46	922.89	1027.00	1167.70
湖北省	531.58	582.08	635.95	701.85	689.64	764.79	824.32	948.78
湖南省	393.68	428.38	464.44	518.76	537.68	576.83	646.42	727.18
广东省	1510.23	1657.80	1798.20	1969.14	1944.73	2167.46	2285.13	2541.30
广西壮族自治区	349.74	387.94	428.37	449.96	445.67	490.95	558.97	631.98
海南省	106.67	113.40	122.73	134.50	141.20	158.02	176.16	198.45
四川省	769.33	848.27	931.65	1025.49	1006.18	1132.86	1246.99	1392.67
贵州省	118.76	131.03	143.48	157.11	159.16	176.48	202.43	223.79
云南省	298.02	325.59	342.48	383.52	420.81	410.99	443.73	496.18
陕西省	233.41	261.52	285.34	324.78	341.13	385.93	422.57	479.26
甘肃省	160.52	179.48	196.42	225.89	233.34	258.64	273.88	303.28
青海省	35.31	39.77	44.85	49.70	46.32	50.18	55.06	57.68
宁夏回族自治区	37.84	41.87	46.26	51.19	47.66	50.09	53.24	58.74
新疆维吾尔自治区	161.72	175.13	189.15	216.88	211.45	236.35	254.26	277.02

表 A-2　　　　　　1993~2008 年中国各省流通业劳动力投入　　　　单位：万人

省份	1993 年	1994 年	1995 年	1996 年	1997 年	1998 年	1999 年	2000 年
北京市	107.4	105.9	109.6	112.8	110.8	106.5	111.7	110.4
天津市	76.2	82.8	84.8	86.6	91.3	79.3	81.3	71.4
河北省	279.1	308.7	341.5	380.3	393.6	394.4	411.0	418.1

续表

省份	1993 年	1994 年	1995 年	1996 年	1997 年	1998 年	1999 年	2000 年
山西省	165.9	176.0	188.5	198.4	203.8	194.1	201.2	193.8
内蒙古自治区	113.7	120.1	123.4	127.8	135.5	125.6	131.0	132.9
辽宁省	294.5	319.4	332.3	346.1	353.0	301.8	312.2	323.6
吉林省	162.7	173.6	188.8	193.3	196.8	171.1	162.2	148.9
黑龙江省	219.6	232.6	251.2	259.1	273.0	258.7	241.4	232.3
上海市	111.2	117.3	127.8	134.5	142.1	122.0	117.2	119.7
江苏省	352.2	376.5	392.2	404.4	421.3	417.2	423.1	415.8
浙江省	250.8	284.4	298.6	306.8	320.8	315.7	336.5	365.6
安徽省	226.7	243.5	271.5	285.6	310.7	311.1	328.0	341.6
福建省	147.7	158.8	168.4	173.0	179.0	179.7	182.0	185.4
江西省	140.2	155.5	165.9	181.4	187.9	165.0	165.8	157.4
山东省	365.6	404.3	434.8	461.8	484.8	492.6	529.4	495.9
河南省	343.1	372.7	399.4	438.0	472.1	455.3	453.9	478.1
湖北省	261.4	292.9	332.7	347.4	371.5	367.8	348.7	317.7
湖南省	241.2	275.8	309.0	328.8	357.8	338.2	336.7	302.8
广东省	413.9	445.8	466.3	485.3	506.1	493.9	507.2	515.2
广西壮族自治区	139.5	151.5	166.8	170.4	179.4	183.0	192.1	191.1
海南省	40.6	45.4	46.4	44.9	40.5	40.1	42.4	41.8
四川省	360.5	382.7	444.5	431.0	467.3	450.9	445.6	430.5
贵州省	77.9	83.1	87.3	92.7	98.5	102.2	100.9	103.0
云南省	108.6	117.6	125.9	129.9	140.8	149.7	157.8	155.2
陕西省	136.3	147.3	156.0	173.3	177.6	191.6	200.4	220.2
甘肃省	83.4	88.9	92.6	97.0	100.4	99.8	108.3	97.1
青海省	20.5	21.4	21.7	21.6	22.9	22.3	25.6	25.8
宁夏回族自治区	19.4	21.0	23.6	24.8	26.2	26.4	30.0	30.5
新疆维吾尔自治区	68.2	72.4	74.8	77.5	82.8	80.9	81.0	84.1

续表 A－2　　　　1993～2008 年中国各省流通业劳动力投入　　　　单位：万人

省份	2001 年	2002 年	2003 年	2004 年	2005 年	2006 年	2007 年	2008 年
北京市	109.6	156.6	165.2	192.8	204.1	229.7	255.3	275.0
天津市	77.3	73.2	74.5	75.3	76.2	76.3	76.4	97.3
河北省	378.0	383.1	352.9	369.3	386.3	402.8	419.3	436.5
山西省	194.8	199.6	224.8	222.7	219.9	231.8	243.6	256.4
内蒙古自治区	138.0	126.8	132.5	135.9	138.6	141.0	143.3	157.1
辽宁省	344.5	348.6	353.6	374.6	377.6	399.7	421.8	432.7
吉林省	140.5	127.3	113.5	130.5	125.2	124.5	123.5	135.6
黑龙江省	236.3	233.0	233.3	241.3	243.2	250.2	257.2	269.2
上海市	129.3	147.8	159.8	177.7	194.2	196.5	198.7	207.2
江苏省	420.7	420.9	448.3	487.2	523.0	544.0	565.0	608.6
浙江省	388.9	416.4	442.4	460.1	478.0	521.9	565.8	581.9
安徽省	354.4	358.6	368.0	390.8	388.8	404.7	420.5	419.2
福建省	187.9	195.3	203.8	215.1	227.6	239.5	251.4	270.0
江西省	152.9	168.0	164.4	168.5	175.7	179.3	182.8	184.5
山东省	502.6	538.5	589.5	627.3	677.5	696.7	715.9	751.9
河南省	478.6	505.1	523.2	560.3	594.0	615.9	637.7	665.1
湖北省	290.2	295.3	319.0	333.2	354.1	363.1	372.1	399.8
湖南省	296.0	312.7	330.4	360.0	366.7	376.8	386.8	402.1
广东省	536.6	547.0	578.1	623.0	701.2	754.4	807.5	858.5
广西壮族自治区	194.3	199.3	208.2	225.8	240.0	212.7	185.3	189.3
海南省	44.3	44.0	46.1	49.7	52.1	57.7	63.2	61.2
四川省	446.5	475.7	504.0	524.7	557.6	585.0	612.3	636.3
贵州省	108.9	109.3	122.1	138.0	148.8	159.0	169.1	173.6
云南省	162.1	170.7	175.3	191.7	206.3	228.2	250.1	273.8
陕西省	203.8	227.1	242.0	240.1	233.6	239.7	245.8	255.6
甘肃省	98.1	103.6	108.8	111.7	119.7	125.1	130.5	139.0

续表

省份	2001 年	2002 年	2003 年	2004 年	2005 年	2006 年	2007 年	2008 年
青海省	27.1	31.0	32.1	35.7	37.6	39.2	40.7	39.7
宁夏回族自治区	32.6	34.8	37.8	42.0	43.1	45.6	48.0	44.9
新疆维吾尔自治区	88.6	92.2	98.4	104.6	110.1	114.3	118.5	121.7

表 A-3 1993~2008 年中国各省流通业资本投入

（1993 年不变价） 单位：亿元

省份	1993 年	1994 年	1995 年	1996 年	1997 年	1998 年	1999 年	2000 年
北京市	606.90	672.97	723.94	780.52	844.88	935.03	971.38	1011.32
天津市	234.53	270.98	293.19	315.48	359.70	419.00	464.77	502.99
河北省	870.26	896.64	934.18	1025.38	1192.86	1406.70	1580.58	1749.66
山西省	284.31	333.80	385.21	419.79	456.51	531.05	645.79	729.79
内蒙古自治区	237.20	261.35	278.69	298.87	323.40	361.47	416.07	478.76
辽宁省	801.89	857.78	894.59	937.06	1022.14	1169.74	1288.73	1373.07
吉林省	229.84	258.81	276.91	307.51	331.25	406.19	475.15	538.15
黑龙江省	478.09	516.21	559.25	611.47	694.46	818.65	883.24	953.54
上海市	619.36	715.95	819.86	949.36	1066.78	1198.17	1300.61	1365.76
江苏省	641.05	724.69	835.46	995.49	1186.16	1440.02	1661.64	1870.33
浙江省	976.19	1023.50	1084.28	1203.52	1332.52	1535.66	1727.76	1960.22
安徽省	476.03	487.41	504.78	527.68	572.63	639.90	683.96	755.50
福建省	638.08	697.09	784.26	891.20	1014.15	1153.85	1274.07	1379.84
江西省	249.58	266.85	294.64	324.05	370.30	442.67	496.68	548.64
山东省	1283.83	1324.54	1371.42	1454.63	1549.34	1750.31	1919.56	2118.00
河南省	776.35	811.68	842.87	903.57	971.45	1088.48	1190.47	1344.54
湖北省	730.71	777.12	831.04	887.05	959.37	1072.06	1232.03	1382.55

续表

省份	1993 年	1994 年	1995 年	1996 年	1997 年	1998 年	1999 年	2000 年
湖南省	669.55	698.58	745.26	809.17	864.54	961.08	1074.11	1202.08
广东省	1281.73	1591.50	1936.48	2271.68	2577.77	2935.25	3306.86	3727.81
广西壮族自治区	353.87	376.18	407.65	472.95	536.07	633.44	717.56	790.79
海南省	101.91	126.84	139.68	158.03	180.34	213.51	247.25	274.52
四川省	949.06	987.04	1034.38	1100.03	1210.45	1518.71	1809.12	2084.31
贵州省	145.83	156.91	170.27	189.79	215.09	273.66	324.14	401.94
云南省	447.13	476.59	504.39	549.25	620.39	736.45	873.84	990.17
陕西省	253.42	269.94	299.39	340.18	383.07	474.21	545.20	635.98
甘肃省	312.03	309.02	304.59	311.33	324.96	351.61	396.24	457.00
青海省	52.19	54.51	57.14	61.32	68.52	78.90	90.48	123.76
宁夏回族自治区	48.71	60.67	72.21	80.41	92.79	110.37	129.08	151.33
新疆维吾尔自治区	234.23	253.46	278.08	307.22	354.26	422.93	486.27	540.89

续表 A - 3　　　　1993～2008 年中国各省流通业资本投入

（1993 年不变价）　　　　单位：亿元

省份	2001 年	2002 年	2003 年	2004 年	2005 年	2006 年	2007 年	2008 年
北京市	1065.71	1152.31	1213.90	1281.68	1398.38	1609.61	1893.13	2179.36
天津市	560.40	626.05	688.06	749.01	848.83	966.71	1175.74	1381.04
河北省	1904.74	2078.23	2227.88	2410.24	2742.24	3206.95	3729.43	4184.48
山西省	840.71	950.51	1030.89	1143.75	1266.33	1389.02	1530.25	1684.67
内蒙古自治区	541.29	629.19	773.27	967.92	1245.49	1538.28	1877.05	2175.63
辽宁省	1479.66	1573.37	1684.62	1874.19	2104.65	2521.89	2968.18	3511.68
吉林省	599.21	667.81	743.36	835.24	985.86	1163.37	1401.46	1707.68

省份	2001 年	2002 年	2003 年	2004 年	2005 年	2006 年	2007 年	2008 年
黑龙江省	1051.19	1163.29	1223.08	1294.92	1392.10	1546.51	1733.69	1977.70
上海市	1463.78	1558.06	1723.11	1898.38	2178.23	2594.53	3147.81	3587.93
江苏省	2119.32	2368.84	2662.14	2990.20	3366.46	3868.38	4377.81	4924.83
浙江省	2204.85	2453.12	2670.07	3032.47	3513.26	4110.98	4641.29	5082.78
安徽省	847.25	930.80	1017.52	1145.88	1305.90	1517.25	1774.72	2006.23
福建省	1522.98	1671.34	1769.88	1887.74	2053.02	2294.23	2653.87	3062.26
江西省	625.60	756.82	893.85	1058.21	1255.73	1461.45	1636.40	1814.02
山东省	2289.95	2526.64	2748.06	3013.46	3338.85	3782.30	4310.78	5007.04
河南省	1531.23	1780.66	2034.94	2316.19	2710.00	3196.74	3601.51	3985.34
湖北省	1552.68	1690.88	1827.30	2018.60	2202.67	2514.09	2870.65	3242.29
湖南省	1314.36	1401.47	1518.42	1609.99	1761.74	1920.72	2122.68	2402.68
广东省	4162.96	4545.38	4848.55	5225.92	5669.61	6311.96	6985.82	7792.57
广西壮族自治区	868.13	948.44	1019.66	1126.45	1262.43	1425.09	1651.76	1937.27
海南省	308.04	351.44	386.40	411.59	440.07	495.75	568.27	646.13
四川省	2381.40	2653.05	2863.73	3129.35	3431.59	3813.55	4262.45	4826.00
贵州省	506.53	613.60	682.12	772.89	867.17	978.93	1099.64	1244.58
云南省	1107.80	1197.09	1302.17	1404.36	1596.73	1825.03	2047.45	2228.74
陕西省	744.43	835.01	929.48	1043.59	1189.57	1404.99	1652.86	1901.04
甘肃省	518.15	576.62	623.10	686.86	763.78	834.17	882.30	933.00
青海省	160.40	202.35	230.26	263.08	298.52	341.62	391.69	444.37
宁夏回族自治区	175.43	198.92	217.46	242.92	264.87	289.03	308.45	335.16
新疆维吾尔自治区	605.18	687.48	767.81	854.01	968.05	1056.24	1127.42	1221.37

附录 B　检验流通业技术效率影响因素数据

表 B – 1　　　　　1993 ~ 2008 年中国各省劳动者平均受教育年限

省份	1993 年	1994 年	1995 年	1996 年	1997 年	1998 年	1999 年	2000 年
北京市	9.66	9.63	9.59	9.58	9.50	9.75	9.98	9.59
天津市	7.95	7.94	7.97	8.02	8.38	8.12	8.71	8.56
河北省	6.81	6.82	6.84	6.89	7.17	7.47	7.46	7.26
山西省	7.80	7.72	7.64	7.56	7.68	7.57	7.82	7.34
内蒙古自治区	7.09	7.09	7.10	7.12	7.18	7.43	7.35	7.26
辽宁省	7.90	7.87	7.85	7.85	8.10	8.03	8.18	7.97
吉林省	7.77	7.76	7.76	7.76	8.03	8.03	8.23	7.82
黑龙江省	7.72	7.72	7.73	7.73	7.86	7.85	7.82	7.80
上海市	9.05	9.04	9.02	9.01	8.89	8.97	9.27	8.96
江苏省	6.78	6.85	6.93	7.02	6.91	7.04	7.30	7.44
浙江省	6.65	6.66	6.68	6.71	6.81	7.03	7.14	7.00
安徽省	6.34	6.31	6.29	6.30	6.56	6.54	6.54	6.47
福建省	6.06	6.10	6.18	6.29	6.73	6.69	6.77	7.08
江西省	6.57	6.53	6.52	6.54	7.05	7.01	7.12	6.91
山东省	6.12	6.21	6.31	6.42	6.50	6.62	6.82	7.12
河南省	6.77	6.79	6.81	6.85	7.10	7.25	7.10	7.17
湖北省	6.79	6.83	6.88	6.94	7.22	7.30	7.29	7.35
湖南省	6.83	6.85	6.89	6.94	7.22	7.29	7.45	7.31
广东省	6.94	6.84	6.79	6.79	7.50	7.55	7.61	7.41
广西壮族自治区	6.73	6.70	6.69	6.70	6.61	6.79	6.84	6.97
海南省	6.60	6.59	6.61	6.64	7.21	7.20	7.25	7.00
四川省	6.33	6.36	6.39	6.43	6.58	6.79	6.71	6.63

续表

省份	1993 年	1994 年	1995 年	1996 年	1997 年	1998 年	1999 年	2000 年
贵州省	5.91	5.83	5.76	5.69	5.85	5.73	6.07	5.44
云南省	5.57	5.58	5.60	5.62	5.79	5.79	5.82	5.71
陕西省	6.61	6.67	6.74	6.81	7.07	7.05	7.14	7.19
甘肃省	5.56	5.62	5.67	5.73	6.13	6.07	6.35	5.98
青海省	4.49	4.62	4.75	4.90	4.69	4.91	5.97	5.59
宁夏回族自治区	6.67	6.61	6.56	6.50	6.45	6.54	6.66	6.31
新疆维吾尔自治区	7.38	7.32	7.27	7.21	7.51	7.46	7.94	7.03

续表 B-1　　　　1993~2008 年中国各省劳动者平均受教育年限

省份	2001 年	2002 年	2003 年	2004 年	2005 年	2006 年	2007 年	2008 年
北京市	9.99	10.26	10.35	10.56	10.69	10.95	11.09	10.97
天津市	8.99	9.15	9.25	9.64	9.51	9.73	9.81	9.88
河北省	7.74	8.03	8.38	8.38	8.17	8.13	8.17	8.36
山西省	8.02	8.25	8.40	8.38	8.42	8.70	8.78	8.81
内蒙古自治区	7.76	7.88	7.77	8.17	8.22	8.19	8.36	8.37
辽宁省	8.41	8.44	8.92	8.84	8.75	8.92	8.99	9.08
吉林省	8.24	8.61	8.70	8.80	8.47	8.66	8.78	8.89
黑龙江省	8.25	8.30	8.41	8.49	8.46	8.53	8.70	8.70
上海市	9.30	9.59	10.13	10.11	10.03	10.44	10.45	10.55
江苏省	7.85	7.59	7.69	7.81	8.13	8.25	8.43	8.44
浙江省	7.46	7.68	7.76	7.95	7.61	8.06	8.11	8.24
安徽省	6.98	6.99	7.66	7.49	7.04	7.34	7.24	7.44
福建省	7.49	7.46	7.59	7.49	7.54	7.73	7.75	7.80
江西省	7.55	7.48	8.29	7.98	7.53	7.71	8.25	8.26
山东省	7.58	8.08	7.85	7.94	7.72	8.09	8.23	8.28
河南省	7.72	8.08	7.97	8.22	7.99	8.05	8.18	8.34

省份	2001 年	2002 年	2003 年	2004 年	2005 年	2006 年	2007 年	2008 年
湖北省	7.77	7.34	7.92	8.10	7.82	8.26	8.42	8.49
湖南省	7.80	7.91	8.05	8.16	7.99	8.17	8.42	8.43
广东省	8.07	8.09	8.01	8.13	8.36	8.44	8.68	8.77
广西壮族自治区	7.57	7.62	7.77	8.02	7.66	8.03	8.03	7.98
海南省	7.68	7.94	8.19	8.41	8.11	8.17	8.32	8.35
四川省	7.12	7.33	7.48	7.40	6.98	7.33	7.51	7.58
贵州省	6.15	6.73	6.89	6.98	6.42	6.59	6.84	7.05
云南省	6.33	6.12	6.04	6.82	6.38	6.66	6.79	6.90
陕西省	7.71	7.43	8.11	8.26	8.06	8.30	8.40	8.51
甘肃省	6.54	6.78	7.04	7.24	6.86	6.78	7.06	7.17
青海省	6.12	6.35	6.72	6.80	6.76	6.99	7.18	7.26
宁夏回族自治区	7.03	7.39	7.35	7.70	7.37	7.63	7.82	8.13
新疆维吾尔自治区	7.73	8.37	8.38	8.49	8.20	8.30	8.51	8.56

表 B – 2　　　　1993 ~ 2008 年中国各省非国有经济单位

职工人数占职工总数的比重

省份	1993 年	1994 年	1995 年	1996 年	1997 年	1998 年	1999 年	2000 年
北京市	0.225	0.227	0.239	0.242	0.251	0.287	0.313	0.357
天津市	0.296	0.309	0.320	0.316	0.319	0.360	0.434	0.456
河北省	0.234	0.237	0.233	0.227	0.215	0.224	0.222	0.222
山西省	0.220	0.215	0.201	0.199	0.201	0.265	0.252	0.253
内蒙古自治区	0.232	0.221	0.212	0.204	0.198	0.236	0.249	0.252
辽宁省	0.339	0.350	0.331	0.330	0.328	0.305	0.307	0.303
吉林省	0.299	0.274	0.257	0.248	0.250	0.234	0.246	0.251
黑龙江省	0.254	0.242	0.239	0.241	0.237	0.241	0.242	0.266
上海市	0.280	0.290	0.311	0.316	0.327	0.362	0.382	0.410

续表

省份	1993 年	1994 年	1995 年	1996 年	1997 年	1998 年	1999 年	2000 年
江苏省	0.372	0.372	0.371	0.364	0.354	0.374	0.379	0.389
浙江省	0.401	0.413	0.409	0.414	0.409	0.433	0.450	0.473
安徽省	0.276	0.280	0.277	0.270	0.297	0.307	0.318	0.315
福建省	0.360	0.380	0.369	0.379	0.397	0.439	0.454	0.475
江西省	0.206	0.205	0.191	0.184	0.184	0.210	0.206	0.205
山东省	0.277	0.290	0.291	0.290	0.290	0.289	0.300	0.314
河南省	0.223	0.234	0.242	0.240	0.283	0.352	0.354	0.366
湖北省	0.245	0.235	0.233	0.233	0.238	0.238	0.238	0.233
湖南省	0.229	0.221	0.220	0.210	0.211	0.197	0.186	0.182
广东省	0.356	0.374	0.398	0.390	0.393	0.427	0.435	0.441
广西壮族自治区	0.166	0.178	0.177	0.174	0.174	0.211	0.204	0.205
海南省	0.116	0.128	0.133	0.145	0.157	0.151	0.157	0.159
四川省	0.248	0.261	0.258	0.256	0.261	0.281	0.281	0.284
贵州省	0.157	0.158	0.147	0.151	0.158	0.193	0.207	0.208
云南省	0.157	0.158	0.156	0.153	0.155	0.169	0.187	0.193
陕西省	0.181	0.166	0.158	0.156	0.154	0.196	0.191	0.192
甘肃省	0.189	0.174	0.157	0.166	0.156	0.189	0.192	0.178
青海省	0.145	0.135	0.131	0.128	0.129	0.132	0.126	0.130
宁夏回族自治区	0.156	0.165	0.162	0.153	0.165	0.205	0.203	0.204
新疆维吾尔自治区	0.132	0.111	0.107	0.105	0.104	0.122	0.120	0.142

续表 B - 2　　　　**1993～2008 年中国各省非国有经济单位**

职工人数占职工总数的比重

省份	2001 年	2002 年	2003 年	2004 年	2005 年	2006 年	2007 年	2008 年
北京市	0.411	0.510	0.547	0.588	0.602	0.618	0.639	0.664
天津市	0.439	0.480	0.509	0.524	0.533	0.547	0.567	0.564

省份	2001 年	2002 年	2003 年	2004 年	2005 年	2006 年	2007 年	2008 年
河北省	0.224	0.237	0.245	0.262	0.291	0.304	0.313	0.315
山西省	0.264	0.278	0.285	0.285	0.297	0.303	0.323	0.317
内蒙古自治区	0.258	0.282	0.309	0.315	0.333	0.338	0.342	0.331
辽宁省	0.316	0.344	0.358	0.375	0.386	0.386	0.388	0.397
吉林省	0.265	0.275	0.287	0.301	0.316	0.342	0.353	0.355
黑龙江省	0.278	0.301	0.341	0.359	0.371	0.382	0.381	0.347
上海市	0.436	0.475	0.496	0.522	0.546	0.559	0.602	0.613
江苏省	0.400	0.441	0.473	0.511	0.547	0.584	0.598	0.605
浙江省	0.500	0.509	0.543	0.608	0.663	0.694	0.713	0.729
安徽省	0.320	0.356	0.372	0.365	0.372	0.398	0.410	0.420
福建省	0.496	0.527	0.560	0.602	0.627	0.650	0.668	0.673
江西省	0.204	0.210	0.236	0.255	0.278	0.294	0.307	0.322
山东省	0.326	0.355	0.360	0.377	0.523	0.532	0.532	0.526
河南省	0.364	0.399	0.432	0.412	0.420	0.434	0.447	0.447
湖北省	0.243	0.289	0.321	0.371	0.336	0.423	0.379	0.390
湖南省	0.205	0.211	0.216	0.234	0.354	0.360	0.390	0.406
广东省	0.459	0.493	0.521	0.552	0.583	0.600	0.622	0.620
广西壮族自治区	0.203	0.251	0.257	0.274	0.297	0.304	0.310	0.323
海南省	0.170	0.196	0.200	0.218	0.220	0.245	0.267	0.285
四川省	0.295	0.331	0.368	0.381	0.397	0.405	0.426	0.438
贵州省	0.213	0.220	0.249	0.276	0.304	0.317	0.318	0.294
云南省	0.208	0.215	0.255	0.272	0.286	0.310	0.376	0.380
陕西省	0.204	0.213	0.229	0.238	0.251	0.260	0.274	0.278
甘肃省	0.177	0.176	0.179	0.183	0.179	0.259	0.253	0.240
青海省	0.168	0.185	0.190	0.193	0.244	0.243	0.260	0.268
宁夏回族自治区	0.207	0.277	0.348	0.364	0.348	0.374	0.373	0.373
新疆维吾尔自治区	0.200	0.219	0.227	0.225	0.235	0.234	0.242	0.246

表 B-3　　　　　　1993~2008 年中国各省人均运输线路长度　　　单位：公里/万人

省份	1993 年	1994 年	1995 年	1996 年	1997 年	1998 年	1999 年	2000 年
北京市	11.04	11.16	10.26	10.45	10.79	10.89	11.11	10.66
天津市	5.07	5.08	5.13	5.15	5.14	5.17	10.24	9.91
河北省	8.28	8.42	8.53	8.92	9.15	9.27	9.35	9.32
山西省	11.52	11.56	11.78	12.40	14.87	16.15	17.32	17.62
内蒙古自治区	22.16	22.07	22.08	22.29	24.02	27.49	29.60	30.94
辽宁省	11.31	11.51	11.61	11.62	11.63	11.68	11.84	11.78
吉林省	12.90	13.29	13.86	14.07	14.39	14.58	14.97	14.84
黑龙江省	14.55	14.51	15.89	14.47	14.55	14.50	14.49	16.36
上海市	4.47	4.47	4.34	4.40	4.33	4.41	4.47	3.99
江苏省	7.18	7.18	7.15	7.21	7.23	7.24	7.27	7.11
浙江省	10.25	10.41	10.60	10.70	10.75	11.19	11.50	11.29
安徽省	6.45	6.42	7.08	7.19	7.33	7.62	7.74	8.68
福建省	15.38	15.56	15.91	15.98	15.99	16.01	16.52	16.03
江西省	10.27	10.23	10.20	10.24	10.19	10.48	10.55	10.83
山东省	5.78	6.25	6.68	7.04	7.17	7.68	8.18	8.32
河南省	5.56	5.64	5.82	5.93	6.33	6.51	6.80	7.34
湖北省	10.21	10.15	10.11	10.25	10.22	10.54	10.89	11.14
湖南省	11.20	11.19	11.18	11.18	11.15	11.14	11.14	11.37
广东省	11.06	13.04	13.99	14.54	14.67	14.60	14.74	13.54
广西壮族自治区	10.07	9.86	10.05	10.67	11.20	12.32	12.51	13.49
海南省	19.15	21.04	23.14	21.14	21.37	23.31	23.30	22.91
四川省	9.92	9.88	9.85	9.84	9.92	10.35	11.08	11.50
贵州省	10.35	10.29	10.17	10.13	10.19	10.16	10.18	10.90
云南省	16.99	17.39	17.83	18.11	18.82	19.34	25.24	26.36
陕西省	12.01	12.03	12.12	12.18	12.36	12.55	12.76	13.10
甘肃省	15.91	15.74	15.48	15.35	15.29	15.25	15.67	16.77
青海省	38.67	38.30	38.08	37.86	37.77	37.83	38.69	38.89
宁夏回族自治区	18.49	18.21	18.84	18.90	19.16	19.70	20.49	20.09
新疆维吾尔自治区	18.26	18.35	19.05	19.51	19.44	19.52	19.92	19.17

续表 B-3　　　　　**1993～2008 年中国各省人均运输线路长度**　　　单位：公里/万人

省份	2001 年	2002 年	2003 年	2004 年	2005 年	2006 年	2007 年	2008 年
北京市	10.88	10.89	10.71	10.55	10.29	13.68	13.39	12.69
天津市	10.74	10.75	10.80	11.00	11.11	11.30	11.04	10.98
河北省	10.04	10.06	10.36	11.00	11.76	21.54	21.91	22.09
山西省	18.44	19.12	20.14	20.82	21.81	34.52	36.38	37.70
内蒙古自治区	32.66	33.65	34.76	35.54	36.75	57.38	61.42	64.85
辽宁省	12.21	12.53	12.99	13.52	13.77	23.97	23.90	24.51
吉林省	16.76	17.21	18.04	19.12	20.37	32.85	33.16	33.79
黑龙江省	19.30	19.30	19.85	20.30	20.38	39.27	39.70	42.28
上海市	5.18	5.28	5.24	5.91	5.96	7.12	7.38	7.43
江苏省	11.38	11.57	12.39	14.02	14.54	20.26	20.94	21.65
浙江省	12.06	12.34	12.25	12.30	12.16	21.33	21.90	22.40
安徽省	11.64	11.89	12.07	12.34	13.19	25.47	25.56	25.64
福建省	17.02	17.11	17.08	17.35	17.86	25.69	25.63	25.94
江西省	16.31	16.25	16.25	16.29	16.32	31.41	31.76	32.30
山东省	8.47	8.75	8.81	8.94	9.13	22.48	23.12	23.93
河南省	7.77	8.00	8.14	8.34	9.05	25.73	26.07	26.08
湖北省	15.94	15.99	16.39	16.68	17.83	33.81	34.13	34.89
湖南省	12.04	14.72	14.97	15.26	16.22	29.37	29.87	31.18
广东省	15.47	15.82	15.62	15.11	14.08	20.68	20.75	20.66
广西壮族自治区	13.17	13.40	13.71	13.88	15.05	20.87	21.47	22.30
海南省	26.76	26.78	26.44	26.41	26.24	21.70	21.92	22.59
四川省	12.97	13.27	13.73	13.83	15.62	25.89	28.63	32.10
贵州省	10.11	12.57	13.10	13.15	14.00	31.57	34.21	34.47
云南省	39.12	39.01	39.08	38.94	38.77	45.36	45.45	45.92
陕西省	13.44	13.74	14.63	15.37	15.78	31.47	33.50	35.43
甘肃省	17.02	16.91	16.70	16.76	17.15	37.97	39.70	41.45
青海省	47.80	48.14	48.31	54.69	57.35	90.71	98.93	105.81
宁夏回族自治区	21.47	21.75	21.95	22.57	23.47	34.45	35.19	35.51
新疆维吾尔自治区	44.63	44.99	44.68	45.64	45.92	71.46	70.63	70.12

表 B－4   1993～2008 年中国各省进出口贸易总额占 GDP 的比重

省份	1993 年	1994 年	1995 年	1996 年	1997 年	1998 年	1999 年	2000 年
北京市	1.815	2.173	2.051	1.362	1.214	1.063	1.062	1.294
天津市	0.297	0.390	0.587	0.615	0.657	0.639	0.695	0.835
河北省	0.083	0.125	0.115	0.101	0.086	0.082	0.084	0.086
山西省	0.053	0.087	0.109	0.078	0.076	0.057	0.064	0.079
内蒙古自治区	0.129	0.132	0.109	0.102	0.094	0.091	0.096	0.110
辽宁省	0.242	0.339	0.328	0.296	0.300	0.272	0.272	0.337
吉林省	0.239	0.332	0.199	0.175	0.105	0.087	0.109	0.108
黑龙江省	0.159	0.130	0.100	0.086	0.077	0.060	0.063	0.078
上海市	0.483	0.697	0.636	0.626	0.597	0.683	0.763	0.949
江苏省	0.175	0.250	0.264	0.286	0.293	0.304	0.336	0.442
浙江省	0.201	0.288	0.270	0.249	0.253	0.243	0.278	0.375
安徽省	0.072	0.121	0.106	0.109	0.110	0.102	0.081	0.095
福建省	0.519	0.639	0.576	0.519	0.518	0.450	0.427	0.467
江西省	0.093	0.119	0.092	0.066	0.069	0.060	0.059	0.067
山东省	0.152	0.216	0.235	0.228	0.222	0.196	0.202	0.248
河南省	0.046	0.063	0.062	0.045	0.039	0.033	0.032	0.037
湖北省	0.097	0.139	0.135	0.095	0.093	0.075	0.069	0.075
湖南省	0.080	0.105	0.079	0.058	0.055	0.049	0.050	0.059
广东省	1.301	1.804	1.463	1.338	1.387	1.260	1.256	1.311
广西壮族自治区	0.137	0.177	0.179	0.139	0.140	0.129	0.074	0.081
海南省	0.568	0.700	0.521	0.488	0.393	0.357	0.212	0.202
四川省	0.074	0.097	0.084	0.076	0.062	0.053	0.059	0.065
贵州省	0.050	0.088	0.089	0.074	0.070	0.060	0.048	0.053
云南省	0.062	0.118	0.130	0.105	0.096	0.086	0.072	0.075
陕西省	0.127	0.164	0.140	0.122	0.105	0.116	0.104	0.098
甘肃省	0.075	0.097	0.046	0.054	0.053	0.043	0.035	0.045
青海省	0.065	0.089	0.081	0.102	0.067	0.043	0.037	0.050
宁夏回族自治区	0.079	0.113	0.133	0.096	0.112	0.106	0.099	0.124
新疆维吾尔自治区	0.107	0.135	0.146	0.130	0.115	0.115	0.126	0.137

续表 B - 4　　　　1993～2008 年中国各省进出口贸易总额占 GDP 的比重

省份	2001 年	2002 年	2003 年	2004 年	2005 年	2006 年	2007 年	2008 年
北京市	1.149	1.004	1.129	1.263	1.471	1.570	1.590	1.775
天津市	0.784	0.878	0.943	1.093	1.165	1.161	1.091	0.868
河北省	0.086	0.092	0.107	0.129	0.128	0.126	0.144	0.163
山西省	0.079	0.082	0.089	0.122	0.107	0.110	0.155	0.140
内蒙古自治区	0.123	0.128	0.108	0.108	0.107	0.096	0.098	0.079
辽宁省	0.327	0.330	0.366	0.418	0.413	0.408	0.416	0.369
吉林省	0.122	0.131	0.192	0.176	0.146	0.145	0.150	0.142
黑龙江省	0.083	0.099	0.109	0.116	0.140	0.162	0.189	0.189
上海市	0.967	1.048	1.390	1.604	1.641	1.714	1.789	1.611
江苏省	0.449	0.549	0.756	0.921	1.005	1.025	1.047	0.887
浙江省	0.394	0.434	0.524	0.592	0.645	0.690	0.725	0.673
安徽省	0.092	0.098	0.125	0.123	0.137	0.156	0.167	0.158
福建省	0.460	0.526	0.587	0.667	0.668	0.645	0.620	0.537
江西省	0.058	0.057	0.075	0.083	0.081	0.104	0.132	0.144
山东省	0.261	0.273	0.306	0.327	0.335	0.337	0.364	0.349
河南省	0.042	0.044	0.057	0.063	0.059	0.062	0.066	0.065
湖北省	0.076	0.078	0.089	0.097	0.113	0.121	0.124	0.124
湖南省	0.060	0.057	0.066	0.078	0.074	0.076	0.081	0.077
广东省	1.213	1.355	1.481	1.532	1.544	1.574	1.571	1.312
广西壮族自治区	0.065	0.080	0.094	0.101	0.103	0.108	0.120	0.126
海南省	0.252	0.240	0.264	0.336	0.231	0.301	0.463	0.494
四川省	0.067	0.077	0.090	0.085	0.094	0.107	0.115	0.123
贵州省	0.047	0.046	0.057	0.073	0.057	0.056	0.064	0.069
云南省	0.077	0.080	0.086	0.098	0.110	0.121	0.143	0.115
陕西省	0.085	0.082	0.089	0.093	0.098	0.093	0.097	0.083
甘肃省	0.057	0.059	0.078	0.084	0.110	0.131	0.157	0.131
青海省	0.057	0.048	0.072	0.100	0.061	0.080	0.060	0.049
宁夏回族自治区	0.131	0.097	0.119	0.137	0.129	0.158	0.137	0.117
新疆维吾尔自治区	0.098	0.138	0.209	0.206	0.246	0.233	0.300	0.362

表 B - 5　　　　1993~2008 年中国各省外商直接投资实际利用额占 GDP 的比重

省份	1993 年	1994 年	1995 年	1996 年	1997 年	1998 年	1999 年	2000 年
北京市	0.043	0.109	0.078	0.072	0.064	0.072	0.069	0.064
天津市	0.058	0.119	0.136	0.149	0.165	0.152	0.140	0.125
河北省	0.012	0.021	0.023	0.030	0.031	0.032	0.027	0.017
山西省	0.006	0.003	0.005	0.009	0.015	0.013	0.019	0.010
内蒙古自治区	0.021	0.036	0.060	0.031	0.032	0.029	0.024	0.030
辽宁省	0.035	0.050	0.042	0.044	0.051	0.047	0.041	0.045
吉林省	0.028	0.074	0.066	0.062	0.057	0.030	0.021	0.021
黑龙江省	0.014	0.026	0.031	0.028	0.032	0.026	0.032	0.029
上海市	0.088	0.140	0.109	0.133	0.116	0.079	0.060	0.055
江苏省	0.058	0.089	0.077	0.070	0.072	0.077	0.069	0.062
浙江省	0.031	0.037	0.030	0.030	0.027	0.022	0.023	0.022
安徽省	0.014	0.024	0.022	0.020	0.015	0.009	0.011	0.009
福建省	0.148	0.195	0.161	0.137	0.121	0.110	0.098	0.084
江西省	0.017	0.024	0.021	0.018	0.025	0.022	0.014	0.009
山东省	0.038	0.057	0.044	0.037	0.032	0.026	0.027	0.030
河南省	0.012	0.017	0.013	0.012	0.013	0.012	0.009	0.009
湖北省	0.026	0.047	0.044	0.044	0.042	0.052	0.024	0.022
湖南省	0.020	0.017	0.019	0.023	0.027	0.022	0.017	0.016
广东省	0.125	0.175	0.143	0.141	0.125	0.117	0.109	0.094
广西壮族自治区	0.058	0.059	0.037	0.033	0.040	0.038	0.027	0.021
海南省	0.232	0.227	0.243	0.169	0.143	0.134	0.084	0.068
四川省	0.018	0.030	0.016	0.009	0.011	0.016	0.011	0.010
贵州省	0.007	0.014	0.013	0.012	0.014	0.018	0.017	0.016
云南省	0.007	0.018	0.015	0.010	0.008	0.007	0.007	0.005
陕西省	0.020	0.025	0.026	0.023	0.037	0.017	0.013	0.013
甘肃省	0.008	0.017	0.016	0.010	0.006	0.004	0.004	0.005
青海省	0.002	0.003	0.004	0.005	0.006	0.004	0.002	0.013
宁夏回族自治区	0.014	0.044	0.032	0.021	0.018	0.019	0.013	0.026
新疆维吾尔自治区	0.006	0.006	0.007	0.006	0.002	0.002	0.002	0.001

续表 B－5　　1993～2008 年中国各省外商直接投资实际利用额占 GDP 的比重

省份	2001 年	2002 年	2003 年	2004 年	2005 年	2006 年	2007 年	2008 年
北京市	0.040	0.034	0.035	0.041	0.041	0.045	0.042	0.040
天津市	0.139	0.147	0.052	0.064	0.073	0.074	0.081	0.080
河北省	0.011	0.011	0.013	0.016	0.015	0.014	0.014	0.015
山西省	0.010	0.009	0.006	0.002	0.005	0.008	0.018	0.010
内蒙古自治区	0.023	0.025	0.023	0.024	0.029	0.032	0.030	0.025
辽宁省	0.051	0.059	0.077	0.066	0.036	0.051	0.064	0.061
吉林省	0.021	0.020	0.016	0.015	0.026	0.030	0.033	0.032
黑龙江省	0.028	0.028	0.026	0.025	0.022	0.022	0.024	0.022
上海市	0.070	0.073	0.072	0.066	0.060	0.054	0.050	0.050
江苏省	0.062	0.081	0.105	0.066	0.058	0.063	0.066	0.057
浙江省	0.027	0.033	0.047	0.046	0.046	0.044	0.043	0.032
安徽省	0.009	0.009	0.008	0.009	0.010	0.018	0.031	0.027
福建省	0.080	0.079	0.083	0.075	0.077	0.074	0.068	0.064
江西省	0.015	0.037	0.048	0.048	0.048	0.047	0.044	0.038
山东省	0.033	0.045	0.049	0.047	0.039	0.035	0.033	0.018
河南省	0.005	0.006	0.007	0.008	0.009	0.012	0.016	0.015
湖北省	0.026	0.028	0.027	0.030	0.027	0.025	0.023	0.020
湖南省	0.018	0.021	0.026	0.020	0.026	0.027	0.027	0.025
广东省	0.089	0.080	0.081	0.043	0.045	0.043	0.042	0.037
广西壮族自治区	0.014	0.014	0.013	0.007	0.008	0.007	0.009	0.009
海南省	0.067	0.066	0.067	0.064	0.061	0.057	0.071	0.060
四川省	0.012	0.012	0.010	0.010	0.011	0.012	0.014	0.023
贵州省	0.010	0.006	0.008	0.007	0.008	0.006	0.004	0.004
云南省	0.003	0.004	0.005	0.004	0.004	0.006	0.006	0.009
陕西省	0.015	0.015	0.015	0.013	0.013	0.016	0.017	0.014
甘肃省	0.006	0.004	0.002	0.002	0.001	0.001	0.003	0.003
青海省	0.027	0.035	0.036	0.039	0.040	0.034	0.031	0.016
宁夏回族自治区	0.013	0.007	0.013	0.019	0.019	0.015	0.015	0.008
新疆维吾尔自治区	0.001	0.002	0.002	0.002	0.002	0.003	0.003	0.003

附录 C 1993~2008 年各省流通业技术效率估计结果

表 C-1 　　　　　　　　1993~2008 年中国各省流通业技术效率

省份	1993 年	1994 年	1995 年	1996 年	1997 年	1998 年	1999 年	2000 年
北京市	0.9696	0.9829	0.9803	0.9667	0.9606	0.9535	0.9529	0.9624
天津市	0.8743	0.9230	0.9512	0.9591	0.9638	0.9650	0.9687	0.9726
河北省	0.6874	0.6816	0.6854	0.6793	0.6839	0.6843	0.6689	0.6642
山西省	0.6495	0.6504	0.6364	0.6490	0.6611	0.6662	0.6509	0.6453
内蒙古自治区	0.6892	0.7217	0.7774	0.7782	0.8169	0.8463	0.8476	0.8736
辽宁省	0.8626	0.8763	0.8590	0.8515	0.8782	0.8785	0.8713	0.8878
吉林省	0.6941	0.7798	0.7524	0.7596	0.7789	0.7263	0.7196	0.7722
黑龙江省	0.6771	0.6653	0.6361	0.6288	0.6466	0.6336	0.6487	0.7091
上海市	0.9644	0.9736	0.9653	0.9665	0.9615	0.9580	0.9589	0.9657
江苏省	0.9149	0.9307	0.9305	0.9272	0.9239	0.9241	0.9235	0.9329
浙江省	0.8239	0.8403	0.8564	0.8444	0.8354	0.8229	0.8128	0.8062
安徽省	0.6030	0.6467	0.6475	0.6734	0.6936	0.6885	0.6963	0.6844
福建省	0.9337	0.9493	0.9369	0.9237	0.9232	0.9087	0.8922	0.8946
江西省	0.6068	0.6168	0.6340	0.6439	0.6508	0.6779	0.6829	0.7055
山东省	0.7405	0.7942	0.8001	0.7959	0.8013	0.7847	0.7769	0.8117
河南省	0.5682	0.5636	0.5698	0.5810	0.6055	0.6175	0.6214	0.6218
湖北省	0.6599	0.6699	0.6643	0.6689	0.6750	0.6845	0.6640	0.6817
湖南省	0.6382	0.6256	0.6121	0.6108	0.6088	0.6094	0.5975	0.6004
广东省	0.9772	0.9851	0.9802	0.9777	0.9774	0.9745	0.9723	0.9709
广西壮族自治区	0.8108	0.7926	0.7691	0.7542	0.7504	0.7388	0.7128	0.7253
海南省	0.9735	0.9714	0.9677	0.9471	0.9328	0.9203	0.8374	0.8144

省份	1993 年	1994 年	1995 年	1996 年	1997 年	1998 年	1999 年	2000 年
四川省	0.6692	0.6696	0.6582	0.6945	0.6902	0.6834	0.6714	0.6592
贵州省	0.6529	0.6269	0.6283	0.6166	0.5972	0.5750	0.5982	0.5765
云南省	0.6308	0.6594	0.6679	0.6598	0.6412	0.6171	0.5976	0.6012
陕西省	0.6939	0.6839	0.6803	0.6559	0.6678	0.6172	0.6108	0.6056
甘肃省	0.5040	0.5345	0.5722	0.5958	0.6182	0.6224	0.6256	0.6117
青海省	0.6385	0.6532	0.6594	0.6819	0.6729	0.6640	0.6691	0.6244
宁夏回族自治区	0.6740	0.6497	0.6241	0.6275	0.6335	0.6254	0.6203	0.6188
新疆维吾尔自治区	0.6727	0.6754	0.6814	0.6785	0.6641	0.6518	0.6605	0.6519

续表 C - 1　1993 ~ 2008 年中国各省流通业技术效率

省份	2001 年	2002 年	2003 年	2004 年	2005 年	2006 年	2007 年	2008 年
北京市	0.9555	0.9389	0.9524	0.9640	0.9684	0.9722	0.9707	0.9750
天津市	0.9745	0.9785	0.9714	0.9785	0.9781	0.9778	0.9755	0.9717
河北省	0.6947	0.6994	0.7227	0.7416	0.7138	0.7404	0.7465	0.7616
山西省	0.6615	0.6852	0.7058	0.7526	0.7433	0.7582	0.8049	0.8143
内蒙古自治区	0.8931	0.9160	0.8991	0.9007	0.8811	0.8736	0.8739	0.8840
辽宁省	0.9006	0.9177	0.9427	0.9485	0.9227	0.9248	0.9298	0.9257
吉林省	0.7940	0.8127	0.8414	0.8174	0.8113	0.8264	0.8393	0.8395
黑龙江省	0.7217	0.7406	0.7652	0.7889	0.7785	0.7912	0.8197	0.8261
上海市	0.9702	0.9735	0.9794	0.9814	0.9806	0.9810	0.9808	0.9789
江苏省	0.9400	0.9551	0.9684	0.9681	0.9664	0.9690	0.9715	0.9697
浙江省	0.7977	0.8040	0.8343	0.8575	0.8408	0.8578	0.8746	0.8833
安徽省	0.6953	0.7125	0.7526	0.7655	0.7497	0.7745	0.8046	0.8335
福建省	0.8895	0.8927	0.9138	0.9282	0.9189	0.9273	0.9227	0.9163
江西省	0.7203	0.7177	0.7431	0.7369	0.7040	0.7007	0.7248	0.7540

省份	2001 年	2002 年	2003 年	2004 年	2005 年	2006 年	2007 年	2008 年
山东省	0.8459	0.8642	0.8732	0.8974	0.8940	0.9071	0.9186	0.9246
河南省	0.6325	0.6353	0.6413	0.6546	0.6374	0.6442	0.6649	0.6930
湖北省	0.6983	0.7044	0.7214	0.7412	0.7072	0.7254	0.7237	0.7455
湖南省	0.6227	0.6338	0.6484	0.6670	0.6741	0.6884	0.7209	0.7390
广东省	0.9685	0.9712	0.9737	0.9708	0.9667	0.9683	0.9675	0.9599
广西壮族自治区	0.7212	0.7429	0.7675	0.7592	0.7271	0.7574	0.7888	0.8003
海南省	0.8292	0.8191	0.8381	0.8769	0.8655	0.8905	0.9281	0.9357
四川省	0.6612	0.6655	0.6753	0.6824	0.6499	0.6730	0.6888	0.7150
贵州省	0.5518	0.5432	0.5514	0.5540	0.5322	0.5404	0.5641	0.5787
云南省	0.5994	0.6043	0.6045	0.6319	0.6288	0.6003	0.6105	0.6319
陕西省	0.6305	0.6301	0.6449	0.6704	0.6657	0.6756	0.6772	0.6900
甘肃省	0.6387	0.6509	0.6723	0.7058	0.6948	0.7246	0.7610	0.8002
青海省	0.6076	0.5888	0.6089	0.6223	0.5774	0.5753	0.5770	0.5599
宁夏回族自治区	0.6114	0.6141	0.6466	0.6761	0.6415	0.6597	0.6871	0.7170
新疆维吾尔自治区	0.6216	0.6329	0.6436	0.6648	0.6343	0.6542	0.6916	0.7298

附录 D　1993～2008 年各省流通业 Malmquist 生产率指数及分解估计结果

表 D-1　　中国各省流通业 Malmquist 生产率指数及分解（1993～1994 年）

省份	技术效率变化	技术进步指数	纯技术效率指数	规模效率指数	TFP指数
北京市	1.225	1.015	1.239	0.989	1.244
天津市	1.108	0.993	1.042	0.977	1.011
河北省	1.024	0.995	0.961	1.065	1.018
山西省	1.017	0.989	1.011	1.006	1.007
内蒙古自治区	1.092	1.005	1.116	0.978	1.097
辽宁省	1.021	0.998	0.979	1.042	1.018
吉林省	1.097	0.979	1.093	1.003	1.073
黑龙江省	0.998	1.004	1.003	0.994	1.002
上海市	1.000	1.010	1.000	1.000	1.010
江苏省	1.000	0.993	1.000	1.000	0.993
浙江省	1.085	0.988	0.990	1.097	1.073
安徽省	1.146	1.006	1.154	0.993	1.153
福建省	0.995	0.984	0.985	1.010	0.979
江西省	1.077	0.979	1.080	0.996	1.053
山东省	1.176	0.991	1.037	1.133	1.165
河南省	1.026	1.004	0.987	1.039	1.029
湖北省	1.020	0.997	0.985	1.035	1.017
湖南省	1.029	0.998	1.007	1.021	1.027
广东省	1.055	0.992	1.000	1.055	1.046
广西壮族自治区	0.972	1.000	0.985	0.987	0.972
海南省	0.943	0.998	1.000	0.943	0.942

续表

省份	技术效率变化	技术进步指数	纯技术效率指数	规模效率指数	TFP指数
四川省	1.029	0.999	0.969	1.063	1.028
贵州省	0.908	0.996	0.926	0.982	0.905
云南省	1.107	0.986	1.118	0.990	1.091
陕西省	0.989	0.986	1.004	0.985	0.975
甘肃省	1.152	0.989	1.182	0.975	1.140
青海省	1.021	0.999	1.024	0.998	1.021
宁夏回族自治区	0.895	0.998	1.000	0.895	0.893
新疆维吾尔自治区	1.052	0.990	1.084	0.970	1.042

表 D-2　　中国各省流通业 Malmquist 生产率指数及分解（1994~1995 年）

省份	技术效率变化	技术进步指数	纯技术效率指数	规模效率指数	TFP指数
北京市	1.078	1.021	1.086	0.993	1.101
天津市	1.049	1.038	1.067	0.984	1.089
河北省	1.025	1.053	1.000	1.025	1.079
山西省	0.933	1.036	0.929	1.004	0.967
内蒙古自治区	1.063	1.073	1.077	0.987	1.141
辽宁省	0.986	1.057	0.964	1.023	1.042
吉林省	1.041	1.019	1.044	0.997	1.061
黑龙江省	0.892	1.073	0.896	0.996	0.958
上海市	1.000	1.008	1.000	1.000	1.008
江苏省	1.000	1.048	1.000	1.000	1.048
浙江省	1.125	1.032	1.102	1.021	1.161
安徽省	1.058	1.030	1.072	0.988	1.091
福建省	1.075	1.014	1.076	0.999	1.089
江西省	1.084	1.019	1.083	1.001	1.105
山东省	1.084	1.042	1.066	1.018	1.129

省份	技术效率 变化	技术进步 指数	纯技术 效率指数	规模效率 指数	TFP 指数
河南省	1.022	1.073	1.004	1.018	1.097
湖北省	0.993	1.060	0.976	1.018	1.053
湖南省	0.955	1.064	0.958	0.997	1.016
广东省	0.985	1.027	1.000	0.985	1.012
广西壮族自治区	0.975	1.064	0.981	0.993	1.038
海南省	0.955	1.050	0.993	0.962	1.003
四川省	1.020	1.065	1.051	0.970	1.086
贵州省	0.998	1.023	0.997	1.001	1.021
云南省	1.055	1.023	1.064	0.992	1.079
陕西省	0.989	1.019	0.987	1.001	1.008
甘肃省	1.176	1.037	1.201	0.979	1.220
青海省	0.954	1.060	1.000	0.954	1.012
宁夏回族自治区	0.932	1.048	0.720	1.294	0.976
新疆维吾尔自治区	1.023	1.032	1.041	0.983	1.056

表 D－3　　中国各省流通业 Malmquist 生产率指数及分解（1995～1996 年）

省份	技术效率 变化	技术进步 指数	纯技术 效率指数	规模效率 指数	TFP 指数
北京市	1.027	1.037	1.016	1.011	1.065
天津市	1.049	1.027	1.050	1.000	1.078
河北省	0.981	1.039	0.963	1.019	1.019
山西省	1.113	0.958	1.113	1.000	1.066
内蒙古自治区	1.114	1.002	1.131	0.985	1.116
辽宁省	1.004	1.039	0.989	1.015	1.043
吉林省	1.079	0.958	1.074	1.005	1.034
黑龙江省	1.022	1.000	1.028	0.995	1.023
上海市	1.000	1.034	1.000	1.000	1.034

省份	技术效率变化	技术进步指数	纯技术效率指数	规模效率指数	TFP指数
江苏省	1.000	0.999	1.000	1.000	0.999
浙江省	1.004	1.025	0.990	1.014	1.029
安徽省	1.180	0.958	1.185	0.996	1.130
福建省	1.054	1.014	1.055	0.999	1.069
江西省	1.127	0.958	1.123	1.004	1.079
山东省	1.045	1.032	1.049	0.996	1.079
河南省	1.170	0.958	1.166	1.003	1.120
湖北省	1.046	1.042	1.050	0.997	1.090
湖南省	1.001	1.037	1.005	0.996	1.038
广东省	0.999	1.018	1.000	0.999	1.017
广西壮族自治区	1.012	1.038	1.010	1.002	1.051
海南省	0.988	1.031	0.981	1.007	1.019
四川省	1.164	1.025	1.109	1.049	1.193
贵州省	1.013	0.958	0.998	1.015	0.969
云南省	1.030	1.021	1.032	0.998	1.052
陕西省	1.004	0.958	0.997	1.007	0.961
甘肃省	1.082	1.031	1.086	0.997	1.116
青海省	1.023	1.038	1.000	1.023	1.062
宁夏回族自治区	1.056	1.032	0.993	1.063	1.090
新疆维吾尔自治区	1.020	1.024	1.107	1.003	1.044

表 D-4　　中国各省流通业 Malmquist 生产率指数及分解（1996~1997 年）

省份	技术效率变化	技术进步指数	纯技术效率指数	规模效率指数	TFP指数
北京市	1.039	1.051	1.066	0.975	1.093
天津市	0.989	1.031	0.980	1.010	1.020
河北省	1.028	1.018	1.024	1.004	1.047

续表

省份	技术效率变化	技术进步指数	纯技术效率指数	规模效率指数	TFP指数
山西省	1.064	0.952	1.067	0.997	1.013
内蒙古自治区	1.175	0.952	1.180	0.996	1.119
辽宁省	1.070	1.020	1.073	0.998	1.091
吉林省	1.138	0.952	1.143	0.996	1.084
黑龙江省	1.096	0.962	1.096	0.999	1.054
上海市	1.000	1.051	1.000	1.000	1.051
江苏省	1.000	0.991	1.000	1.000	0.991
浙江省	0.999	1.031	0.988	1.011	1.030
安徽省	1.144	0.952	1.147	0.997	1.089
福建省	1.036	1.031	1.036	1.000	1.068
江西省	1.005	0.952	1.003	1.002	0.957
山东省	1.056	1.031	1.048	1.007	1.089
河南省	1.168	0.952	1.172	0.997	1.112
湖北省	1.077	0.977	1.081	0.996	1.052
湖南省	1.069	0.952	1.073	0.996	1.018
广东省	1.002	1.031	1.000	1.002	1.033
广西壮族自治区	0.981	1.027	0.979	1.001	1.007
海南省	1.040	1.031	1.026	1.014	1.073
四川省	1.047	0.978	1.010	1.036	1.023
贵州省	0.960	0.952	0.955	1.005	0.914
云南省	0.950	1.031	0.947	1.004	0.980
陕西省	1.022	0.952	1.022	1.000	0.973
甘肃省	1.060	1.031	1.061	0.999	1.093
青海省	0.974	1.031	1.000	0.974	1.004
宁夏回族自治区	1.023	1.031	1.023	1.000	1.055
新疆维吾尔自治区	0.969	1.031	0.957	1.013	0.999

表 D – 5　　　中国各省流通业 Malmquist 生产率指数及分解（1997～1998 年）

省份	技术效率变化	技术进步指数	纯技术效率指数	规模效率指数	TFP指数
北京市	0.941	1.106	0.911	1.032	1.041
天津市	1.123	1.028	1.080	1.040	1.154
河北省	1.013	0.984	1.009	1.004	0.997
山西省	1.063	0.910	1.018	1.044	0.968
内蒙古自治区	1.123	0.916	1.044	1.076	1.029
辽宁省	1.074	0.973	1.072	1.002	1.044
吉林省	0.928	0.910	0.863	1.075	0.845
黑龙江省	1.013	0.941	0.994	1.019	0.953
上海市	1.000	1.146	1.000	1.000	1.146
江苏省	1.000	0.963	1.000	1.000	0.963
浙江省	0.985	1.027	0.981	1.003	1.012
安徽省	1.072	0.910	1.042	1.029	0.975
福建省	0.995	1.036	0.994	1.001	1.031
江西省	1.092	0.910	1.028	1.063	0.994
山东省	1.006	0.999	1.010	0.996	1.005
河南省	1.079	0.910	1.073	1.006	0.983
湖北省	1.076	0.919	1.069	1.006	0.989
湖南省	1.066	0.913	1.056	1.010	0.973
广东省	0.995	1.033	1.000	0.995	1.028
广西壮族自治区	0.994	0.980	0.996	0.998	0.974
海南省	1.001	1.030	0.993	1.008	1.031
四川省	0.955	0.957	0.975	0.979	0.914
贵州省	0.972	0.910	0.885	1.098	0.885
云南省	0.939	1.028	0.924	1.016	0.966
陕西省	0.951	0.910	0.898	1.060	0.866
甘肃省	1.029	1.002	1.039	0.990	1.031
青海省	1.023	0.981	1.000	1.023	1.003
宁夏回族自治区	0.999	1.023	0.954	1.047	1.022
新疆维吾尔自治区	0.986	1.029	0.945	1.044	1.015

表 D-6　　中国各省流通业 Malmquist 生产率指数及分解（1998~1999 年）

省份	技术效率变化	技术进步指数	纯技术效率指数	规模效率指数	TFP指数
北京市	0.982	1.040	0.977	1.006	1.021
天津市	1.029	1.031	1.000	1.029	1.061
河北省	0.987	1.001	0.988	0.999	0.988
山西省	0.903	0.981	0.905	0.997	0.886
内蒙古自治区	1.011	0.982	1.000	1.011	0.993
辽宁省	0.994	1.022	0.992	1.002	1.016
吉林省	0.942	0.982	0.937	1.006	0.925
黑龙江省	1.023	0.989	1.020	1.002	1.011
上海市	1.000	1.091	1.000	1.000	1.091
江苏省	1.000	0.998	1.000	1.000	0.998
浙江省	0.946	1.029	0.947	0.998	0.973
安徽省	1.047	0.982	1.054	0.994	1.029
福建省	0.974	1.035	0.973	1.001	1.008
江西省	1.022	0.982	1.018	1.004	1.004
山东省	1.007	0.989	0.998	1.008	0.995
河南省	1.025	0.982	1.043	0.983	1.006
湖北省	0.994	0.982	1.000	0.994	0.976
湖南省	0.961	0.982	0.975	0.985	0.943
广东省	0.962	1.034	1.000	0.962	0.994
广西壮族自治区	1.012	0.989	0.989	1.023	1.001
海南省	0.917	1.031	0.923	0.993	0.946
四川省	0.930	1.000	0.937	0.993	0.930
贵州省	1.047	0.981	1.032	1.015	1.027
云南省	0.938	1.030	0.929	1.010	0.967
陕西省	0.989	0.982	0.988	1.001	0.971
甘肃省	1.017	0.989	0.977	1.041	1.006
青海省	0.973	0.983	1.000	0.973	0.956
宁夏回族自治区	0.974	1.025	0.995	0.979	0.999
新疆维吾尔自治区	0.998	1.031	0.974	1.025	1.030

表 D - 7　　中国各省流通业 Malmquist 生产率指数及分解（1999 ~ 2000 年）

省份	技术效率变化	技术进步指数	纯技术效率指数	规模效率指数	TFP指数
北京市	0.967	1.078	0.976	0.992	1.043
天津市	1.000	1.082	1.000	1.000	1.082
河北省	1.014	1.025	1.035	0.980	1.039
山西省	0.963	1.027	0.971	0.991	0.988
内蒙古自治区	1.000	1.031	1.000	1.000	1.031
辽宁省	1.011	1.027	1.022	0.990	1.038
吉林省	1.077	1.031	1.083	0.994	1.111
黑龙江省	1.165	1.029	1.171	0.995	1.199
上海市	1.000	1.074	1.000	1.000	1.074
江苏省	0.997	1.027	1.000	0.997	1.025
浙江省	0.906	1.057	0.926	0.978	0.958
安徽省	0.923	1.025	0.944	0.977	0.945
福建省	0.949	1.093	0.984	0.965	1.037
江西省	1.011	1.030	1.019	0.993	1.041
山东省	1.014	1.033	1.010	1.004	1.047
河南省	0.956	1.025	0.998	0.958	0.980
湖北省	1.010	1.034	1.005	1.004	1.044
湖南省	0.948	1.022	0.956	0.991	0.969
广东省	0.927	1.089	1.000	0.927	1.010
广西壮族自治区	1.019	1.027	1.009	1.010	1.047
海南省	0.932	1.079	0.961	0.970	1.006
四川省	0.987	1.035	0.998	0.988	1.021
贵州省	0.915	1.023	0.911	1.004	0.935
云南省	0.962	1.074	0.984	0.977	1.032
陕西省	0.944	1.025	0.960	0.984	0.967
甘肃省	0.943	1.039	0.914	1.032	0.979
青海省	0.891	1.041	1.000	0.891	0.927
宁夏回族自治区	0.940	1.040	1.025	0.917	0.978
新疆维吾尔自治区	0.936	1.079	0.933	1.003	1.010

表 D-8　　中国各省流通业 Malmquist 生产率指数及分解（2000~2001 年）

省份	技术效率变化	技术进步指数	纯技术效率指数	规模效率指数	TFP指数
北京市	1.020	1.031	1.013	1.007	1.051
天津市	1.000	1.020	1.000	1.000	1.020
河北省	1.043	1.045	1.032	1.012	1.090
山西省	0.973	1.046	0.966	1.007	1.018
内蒙古自治区	1.000	1.042	1.000	1.000	1.042
辽宁省	0.979	1.050	1.018	0.961	1.028
吉林省	0.979	1.039	0.971	1.008	1.017
黑龙江省	0.970	1.050	0.981	0.988	1.018
上海市	1.000	1.034	1.000	1.000	1.034
江苏省	0.992	1.042	1.000	0.992	1.034
浙江省	0.912	1.033	0.906	1.008	0.942
安徽省	0.953	1.028	0.965	0.987	0.979
福建省	0.972	1.024	0.953	1.020	0.995
江西省	0.943	1.040	0.934	1.010	0.981
山东省	1.027	1.048	1.024	1.002	1.076
河南省	0.946	1.028	0.970	0.976	0.972
湖北省	0.976	1.042	0.983	0.993	1.017
湖南省	0.998	1.051	1.004	0.994	1.049
广东省	0.991	1.023	1.000	0.991	1.014
广西壮族自治区	0.945	1.049	0.948	0.996	0.991
海南省	0.954	1.020	0.988	0.966	0.973
四川省	0.950	1.038	0.968	0.982	0.987
贵州省	0.876	1.049	0.861	1.017	0.919
云南省	0.960	1.022	0.953	1.008	0.981
陕西省	0.954	1.030	0.966	0.988	0.983
甘肃省	1.017	1.039	1.019	0.998	1.057
青海省	0.890	1.035	1.000	0.890	0.921
宁夏回族自治区	0.936	1.037	1.132	0.827	0.970
新疆维吾尔自治区	0.877	1.022	0.877	0.999	0.896

表 D – 9 中国各省流通业 Malmquist 生产率指数及分解（2001~2002 年）

省份	技术效率变化	技术进步指数	纯技术效率指数	规模效率指数	TFP指数
北京市	0.837	1.052	0.865	0.968	0.881
天津市	1.000	1.067	1.000	1.000	1.067
河北省	0.917	1.095	0.970	0.946	1.005
山西省	0.977	1.067	1.015	0.963	1.043
内蒙古自治区	1.000	1.055	1.000	1.000	1.055
辽宁省	0.983	1.056	1.020	0.964	1.038
吉林省	0.947	1.069	0.949	0.998	1.012
黑龙江省	0.944	1.080	0.988	0.955	1.019
上海市	1.000	0.994	1.000	1.000	0.994
江苏省	0.955	1.093	1.000	0.955	1.044
浙江省	0.901	1.086	0.924	0.975	0.978
安徽省	0.982	1.012	0.981	1.001	0.994
福建省	0.921	1.067	0.952	0.968	0.983
江西省	0.881	1.046	0.900	0.978	0.921
山东省	0.923	1.074	0.975	0.946	0.992
河南省	0.939	1.012	0.947	0.991	0.950
湖北省	0.945	1.090	0.981	0.963	1.030
湖南省	0.963	1.061	1.011	0.953	1.022
广东省	0.963	1.067	1.000	0.963	1.027
广西壮族自治区	0.956	1.073	0.998	0.958	1.026
海南省	0.912	1.068	1.033	0.882	0.974
四川省	0.921	1.091	0.986	0.935	1.005
贵州省	0.889	1.082	0.879	1.011	0.962
云南省	0.953	1.069	0.972	0.980	1.019
陕西省	0.987	1.012	0.987	1.000	0.999
甘肃省	0.938	1.092	0.948	0.989	1.023
青海省	0.854	1.079	1.000	0.854	0.921
宁夏回族自治区	0.915	1.089	1.242	0.737	0.997
新疆维吾尔自治区	0.917	1.068	0.922	0.995	0.979

表 D – 10　　中国各省流通业 Malmquist 生产率指数及分解（2002～2003 年）

省份	技术效率变化	技术进步指数	纯技术效率指数	规模效率指数	TFP指数
北京市	1.045	0.981	1.019	1.026	1.025
天津市	1.000	1.005	1.000	1.000	1.005
河北省	1.078	0.951	1.018	1.059	1.025
山西省	1.167	0.902	1.112	1.049	1.052
内蒙古自治区	1.000	0.931	1.000	1.000	0.931
辽宁省	1.151	0.902	1.055	1.091	1.038
吉林省	1.103	0.946	1.100	1.003	1.044
黑龙江省	1.136	0.913	1.067	1.064	1.037
上海市	1.000	1.002	1.000	1.000	1.002
江苏省	1.055	0.955	1.000	1.055	1.008
浙江省	1.027	0.963	0.959	1.071	0.989
安徽省	1.135	0.902	1.084	1.047	1.023
福建省	1.040	0.995	1.034	1.006	1.035
江西省	1.034	0.918	1.009	1.024	0.949
山东省	1.131	0.902	1.001	1.130	1.019
河南省	1.075	0.902	0.982	1.094	0.969
湖北省	1.059	0.955	1.015	1.043	1.011
湖南省	1.110	0.902	1.025	1.083	1.001
广东省	1.029	0.991	1.000	1.029	1.019
广西壮族自治区	1.139	0.901	1.086	1.049	1.027
海南省	1.008	0.989	0.951	1.059	0.997
四川省	1.077	0.948	0.995	1.083	1.021
贵州省	1.040	0.946	1.067	0.974	0.984
云南省	1.004	0.979	0.981	1.023	0.983
陕西省	1.087	0.902	1.050	1.035	0.980
甘肃省	1.073	0.949	1.110	0.967	1.018
青海省	1.046	0.975	1.000	1.046	1.020
宁夏回族自治区	1.060	0.955	1.000	1.060	1.012
新疆维吾尔自治区	0.996	0.984	0.990	1.006	0.979

表 D-11　　中国各省流通业 Malmquist 生产率指数及分解（2003～2004 年）

省份	技术效率 变化	技术进步 指数	纯技术 效率指数	规模效率 指数	TFP 指数
北京市	1.002	1.027	0.996	1.006	1.029
天津市	1.000	1.082	1.000	1.000	1.082
河北省	1.006	1.016	1.016	0.991	1.023
山西省	1.052	1.026	1.087	0.968	1.080
内蒙古自治区	0.958	1.016	0.960	0.998	0.974
辽宁省	1.000	1.028	1.000	1.000	1.028
吉林省	0.897	1.017	0.929	0.966	0.913
黑龙江省	1.012	1.019	1.026	0.987	1.031
上海市	0.920	1.072	1.000	0.920	0.986
江苏省	0.996	1.008	1.000	0.996	1.004
浙江省	0.983	1.014	1.027	0.957	0.996
安徽省	0.971	1.028	1.007	0.964	0.998
福建省	0.992	1.054	1.042	0.952	1.045
江西省	0.945	1.014	0.954	0.991	0.958
山东省	1.033	1.028	1.048	0.986	1.063
河南省	0.969	1.028	0.985	0.984	0.996
湖北省	1.001	1.007	1.000	1.001	1.009
湖南省	1.024	1.028	1.034	0.991	1.053
广东省	0.968	1.049	1.000	0.968	1.016
广西壮族自治区	0.924	1.028	0.961	0.962	0.951
海南省	0.979	1.049	0.992	0.987	1.027
四川省	1.007	1.007	0.991	1.016	1.014
贵州省	0.957	1.010	0.990	0.967	0.967
云南省	1.002	1.034	1.000	1.002	1.036
陕西省	0.986	1.028	1.032	0.955	1.014
甘肃省	1.048	1.008	1.072	0.977	1.057
青海省	0.944	1.032	1.000	0.944	0.975
宁夏回族自治区	0.986	1.005	1.000	0.986	0.991
新疆维吾尔自治区	0.996	1.044	0.997	0.999	1.039

表 D - 12　　　中国各省流通业 Malmquist 生产率指数及分解（2004~2005 年）

省份	技术效率变化	技术进步指数	纯技术效率指数	规模效率指数	TFP指数
北京市	1.032	0.899	1.044	0.989	0.928
天津市	1.000	0.941	1.000	1.000	0.941
河北省	1.006	0.899	1.005	1.001	0.904
山西省	1.050	0.879	1.047	1.002	0.922
内蒙古自治区	0.986	0.897	0.995	0.991	0.884
辽宁省	0.999	0.875	1.000	0.999	0.874
吉林省	1.054	0.898	1.040	1.013	0.946
黑龙江省	1.048	0.881	1.059	0.990	0.924
上海市	0.984	0.972	1.000	0.984	0.956
江苏省	1.008	0.897	1.000	1.008	0.904
浙江省	1.002	0.899	1.036	0.968	0.901
安徽省	1.032	0.868	1.025	1.007	0.895
福建省	1.025	0.896	0.988	1.037	0.919
江西省	0.996	0.898	1.001	0.995	0.894
山东省	1.118	0.868	1.068	1.047	0.970
河南省	1.047	0.868	1.027	1.019	0.908
湖北省	1.009	0.894	1.010	0.999	0.902
湖南省	1.091	0.868	1.094	0.998	0.947
广东省	1.011	0.897	1.000	1.011	0.906
广西壮族自治区	1.019	0.871	1.012	1.007	0.888
海南省	1.098	0.896	1.117	0.983	0.984
四川省	1.005	0.893	0.975	1.031	0.897
贵州省	1.023	0.885	1.023	1.000	0.906
云南省	1.083	0.898	1.074	1.008	0.972
陕西省	1.062	0.869	1.052	1.009	0.923
甘肃省	1.039	0.897	1.056	0.984	0.932
青海省	0.924	0.898	1.000	0.924	0.829
宁夏回族自治区	0.964	0.891	1.000	0.964	0.858
新疆维吾尔自治区	0.968	0.896	0.977	0.991	0.868

表 D - 13 　　　中国各省流通业 Malmquist 生产率指数及分解（2005～2006 年）

省份	技术效率变化	技术进步指数	纯技术效率指数	规模效率指数	TFP指数
北京市	0.993	0.983	1.013	0.981	0.977
天津市	1.000	1.000	1.000	1.000	1.000
河北省	1.079	0.979	1.079	1.000	1.056
山西省	0.988	0.991	1.027	0.962	0.979
内蒙古自治区	0.999	0.956	1.018	0.982	0.955
辽宁省	0.932	0.990	0.940	0.991	0.923
吉林省	1.026	0.968	1.020	1.005	0.992
黑龙江省	0.988	0.990	1.016	0.972	0.978
上海市	1.036	1.003	1.000	1.036	1.039
江苏省	1.000	0.983	1.000	1.000	0.983
浙江省	1.010	0.978	0.989	1.021	0.988
安徽省	0.959	0.999	0.999	0.960	0.958
福建省	1.072	0.961	1.051	1.020	1.030
江西省	0.967	0.978	0.968	0.999	0.946
山东省	1.000	1.000	1.000	1.000	1.000
河南省	0.953	0.999	0.960	0.993	0.953
湖北省	0.999	0.984	1.004	0.996	0.983
湖南省	0.985	0.999	1.019	0.966	0.984
广东省	1.037	0.971	1.000	1.037	1.007
广西壮族自治区	1.002	0.991	1.023	0.979	0.993
海南省	1.029	0.968	1.029	1.000	0.996
四川省	1.035	0.983	1.020	1.015	1.018
贵州省	0.997	0.989	1.058	0.942	0.986
云南省	0.882	0.975	0.885	0.996	0.859
陕西省	0.968	0.995	1.002	0.967	0.964
甘肃省	1.039	0.982	1.104	0.941	1.020
青海省	0.991	0.970	1.000	0.991	0.962
宁夏回族自治区	0.981	0.984	1.000	0.981	0.965
新疆维吾尔自治区	1.072	0.963	1.100	0.974	1.033

表 D-14　　　中国各省流通业 Malmquist 生产率指数及分解（2006~2007 年）

省份	技术效率 变化	技术进步 指数	纯技术 效率指数	规模效率 指数	TFP 指数
北京市	0.926	0.993	0.953	0.972	0.919
天津市	1.000	1.006	1.000	1.000	1.006
河北省	0.994	0.987	0.993	1.001	0.981
山西省	1.020	0.995	1.044	0.977	1.015
内蒙古自治区	1.042	0.955	1.028	1.014	0.996
辽宁省	0.948	0.992	0.958	0.990	0.941
吉林省	1.049	0.960	1.051	0.998	1.007
黑龙江省	1.009	0.994	1.031	0.979	1.002
上海市	0.991	1.021	1.000	0.991	1.012
江苏省	1.000	0.994	1.000	1.000	0.994
浙江省	1.021	0.993	0.991	1.030	1.014
安徽省	0.984	0.983	0.987	0.997	0.967
福建省	1.015	0.962	0.999	1.016	0.977
江西省	1.023	0.984	1.054	0.970	1.007
山东省	1.000	0.989	1.000	1.000	0.989
河南省	1.005	0.985	1.007	0.999	0.990
湖北省	0.967	0.995	0.979	0.987	0.962
湖南省	1.032	0.983	1.039	0.993	1.015
广东省	0.976	0.985	1.000	0.976	0.962
广西壮族自治区	1.062	0.985	1.054	1.008	1.047
海南省	1.004	0.980	1.025	0.980	0.985
四川省	1.001	0.992	1.002	0.999	0.993
贵州省	1.035	0.994	1.065	0.972	1.029
云南省	0.977	0.992	1.008	0.969	0.969
陕西省	0.954	0.992	0.963	0.991	0.947
甘肃省	1.011	0.992	1.065	0.949	1.003
青海省	1.008	0.975	1.000	1.008	0.983
宁夏回族自治区	1.004	0.994	1.000	1.004	0.998
新疆维吾尔自治区	1.045	0.972	1.114	0.938	1.016

表 D-15　　　中国各省流通业 Malmquist 生产率指数及分解（2007~2008 年）

省份	技术效率 变化	技术进步 指数	纯技术 效率指数	规模效率 指数	TFP 指数
北京市	0.940	1.040	0.940	1.000	0.978
天津市	0.950	0.976	1.000	0.950	0.927
河北省	0.960	1.038	0.966	0.994	0.997
山西省	0.967	1.033	0.970	0.996	0.999
内蒙古自治区	1.017	1.015	1.000	1.017	1.032
辽宁省	0.921	1.043	0.920	1.002	0.960
吉林省	0.963	1.022	0.982	0.981	0.984
黑龙江省	0.944	1.038	0.943	1.001	0.980
上海市	1.076	0.967	1.000	1.076	1.040
江苏省	1.000	1.042	1.000	1.000	1.042
浙江省	1.017	1.044	1.013	1.004	1.062
安徽省	0.982	1.023	0.980	1.002	1.005
福建省	0.970	1.027	0.970	1.000	0.997
江西省	1.023	1.037	1.034	0.989	1.061
山东省	1.000	1.031	1.000	1.000	1.031
河南省	1.005	1.023	1.007	0.998	1.027
湖北省	0.990	1.042	0.992	0.998	1.032
湖南省	0.972	1.023	0.971	1.001	0.994
广东省	0.975	1.041	1.000	0.975	1.015
广西壮族自治区	0.978	1.036	0.975	1.002	1.013
海南省	1.013	1.035	1.000	1.013	1.049
四川省	0.962	1.038	0.963	1.000	0.999
贵州省	0.955	1.037	0.950	1.005	0.990
云南省	0.979	1.047	0.999	0.980	1.025
陕西省	0.964	1.038	0.962	1.002	1.001
甘肃省	1.007	1.039	1.021	0.986	1.046
青海省	0.943	1.031	1.000	0.943	0.972
宁夏回族自治区	1.000	1.036	1.000	1.000	1.036
新疆维吾尔自治区	0.991	1.035	1.017	0.974	1.025

附录 E　1993～2008 年各省制造业投入产出数据

表 E-1　　1993～2008 年中国各省制造业增加值（1993 年不变价）　单位：亿元

省份	1993 年	1994 年	1995 年	1996 年	1997 年	1998 年	1999 年	2000 年
北京市	339.23	386.94	422.21	439.80	481.75	515.66	579.18	659.38
天津市	280.73	317.46	365.57	416.52	465.38	493.77	554.89	628.77
河北省	758.10	873.92	991.80	1170.54	1350.33	1505.83	1648.01	1834.78
山西省	296.01	327.53	374.79	419.47	474.52	506.58	561.11	608.66
内蒙古自治区	162.53	185.57	210.64	238.13	273.15	296.47	324.53	364.05
辽宁省	920.60	1046.98	1121.27	1220.44	1351.38	1459.74	1575.18	1762.42
吉林省	308.10	331.50	359.87	409.86	446.04	471.14	511.43	683.00
黑龙江省	580.40	636.92	703.04	783.78	864.17	938.03	1007.12	1110.92
上海市	846.71	967.90	1090.17	1200.65	1310.58	1403.52	1541.36	1708.51
江苏省	1451.97	1803.80	2073.64	2295.67	2556.31	2794.42	3108.25	3498.65
浙江省	876.26	1120.15	1316.41	1526.08	1731.24	1926.33	2143.74	2394.88
安徽省	387.92	448.13	493.37	566.26	633.95	683.88	738.96	804.64
福建省	381.95	519.38	603.97	689.37	805.91	899.04	1008.38	1147.05
江西省	233.76	240.32	241.92	276.35	325.17	356.08	373.18	399.91
山东省	1201.67	1421.93	1613.89	1834.07	2071.13	2314.19	2578.35	2886.41
河南省	678.36	832.26	981.66	1125.35	1233.89	1332.56	1441.08	1612.94
湖北省	475.44	563.88	648.50	745.86	845.37	938.02	1008.42	1100.21
湖南省	399.58	458.69	526.94	617.34	706.17	774.76	835.15	927.76
广东省	1386.83	1776.61	2148.09	2472.04	2813.41	3182.37	3548.56	4020.77
广西壮族自治区	273.03	351.82	381.20	415.97	440.75	488.12	518.87	561.77
海南省	35.58	41.27	40.78	45.14	49.10	55.23	60.93	67.75

续表

省份	1993 年	1994 年	1995 年	1996 年	1997 年	1998 年	1999 年	2000 年
四川省	695.81	818.21	903.76	985.85	1085.49	1169.86	1242.24	1333.22
贵州省	135.40	154.49	172.52	190.98	211.01	232.05	258.26	276.24
云南省	284.65	342.78	391.02	434.65	472.70	503.96	527.76	558.73
陕西省	250.07	292.82	340.46	385.67	426.21	476.44	522.87	577.87
甘肃省	136.74	155.86	172.74	190.60	201.90	214.66	223.97	239.12
青海省	36.67	41.56	45.68	47.56	51.26	56.22	61.28	67.93
宁夏回族自治区	37.33	41.01	47.65	52.65	56.38	59.34	63.27	72.16
新疆维吾尔自治区	155.92	172.73	193.81	207.89	224.07	227.89	242.97	273.61

续表 E - 1   **1993 ~ 2008 年中国各省制造业增加值**

（1993 年不变价）   单位：亿元

省份	2001 年	2002 年	2003 年	2004 年	2005 年	2006 年	2007 年	2008 年
北京市	727.76	785.51	887.30	1057.64	1169.21	1274.03	1436.39	1446.38
天津市	706.63	807.03	958.96	1156.47	1356.14	1603.31	1861.45	2208.66
河北省	1998.35	2224.91	2529.34	2910.16	3380.59	3921.81	4520.86	5011.08
山西省	671.33	774.56	909.82	1083.10	1268.07	1470.45	1745.49	1884.52
内蒙古自治区	400.76	455.47	572.96	715.05	985.25	1268.07	1632.54	2009.84
辽宁省	1888.03	2063.67	2282.88	2627.85	3088.12	3662.57	4444.35	5141.79
吉林省	754.93	837.01	949.73	1110.63	1239.95	1455.52	1779.30	2099.20
黑龙江省	1215.30	1342.11	1511.94	1711.68	1939.78	2193.55	2428.39	2727.49
上海市	1900.65	2133.35	2513.88	2921.34	3251.59	3677.25	4107.04	4416.02
江苏省	3882.64	4396.48	5267.24	6210.24	7292.73	8481.10	9861.24	10999.26
浙江省	2629.69	2984.30	3433.05	4008.27	4567.87	5234.88	6104.46	6640.88
安徽省	892.44	978.15	1092.00	1240.75	1466.49	1738.24	2100.82	2473.43

续表

省份	2001 年	2002 年	2003 年	2004 年	2005 年	2006 年	2007 年	2008 年
福建省	1269.18	1458.83	1675.86	1920.17	2186.48	2547.38	3021.37	3471.13
江西省	446.84	512.72	612.28	740.26	904.04	1075.09	1301.54	1528.69
山东省	3203.27	3644.25	4290.76	5224.91	6173.28	7267.92	8435.67	9471.88
河南省	1760.31	1977.20	2301.54	2679.71	3221.06	3817.22	4550.50	5274.08
湖北省	1214.38	1327.03	1462.75	1656.25	1933.77	2236.02	2575.84	3028.11
湖南省	1008.91	1110.28	1258.46	1459.29	1659.02	1952.25	2328.19	2691.92
广东省	4492.00	5137.42	6204.48	7379.00	8591.83	10162.78	11928.02	13272.34
广西壮族自治区	603.35	665.86	767.73	908.52	1071.90	1305.19	1595.50	1876.71
海南省	74.13	86.34	105.18	120.00	140.68	179.79	228.17	236.16
四川省	1450.04	1615.93	1864.49	2224.03	2669.50	3243.59	3918.70	4461.05
贵州省	300.61	335.13	384.86	447.60	513.84	594.14	680.91	744.05
云南省	575.44	630.75	694.55	772.76	831.57	964.90	1133.63	1269.72
陕西省	642.38	738.30	868.03	1028.74	1195.08	1396.01	1631.04	1937.62
甘肃省	261.40	288.43	324.80	375.16	431.32	501.81	584.53	632.98
青海省	75.02	84.77	100.15	123.79	153.34	184.11	218.05	257.47
宁夏回族自治区	79.13	89.29	105.01	125.03	144.98	173.25	205.52	234.52
新疆维吾尔自治区	293.16	313.24	354.45	414.75	488.13	559.16	632.93	724.98

表 E-2　　　　1993～2008 年中国各省制造业劳动力投入　　　单位：万人

省份	1993 年	1994 年	1995 年	1996 年	1997 年	1998 年	1999 年	2000 年
北京市	202.4	206.8	197.6	188.5	178.9	153.6	146.4	136.7
天津市	204.7	207.6	207.6	201.2	195.8	152.0	146.1	142.6
河北省	581.7	625.0	665.1	698.9	699.9	649.7	637.3	633.6
山西省	345.9	359.8	357.3	356.2	344.4	298.1	288.3	279.3

续表

省份	1993 年	1994 年	1995 年	1996 年	1997 年	1998 年	1999 年	2000 年
内蒙古自治区	170.0	177.8	178.5	177.9	168.8	140.3	133.8	126.9
辽宁省	624.7	638.1	633.4	617.4	597.4	417.9	389.6	371.8
吉林省	292.2	291.4	284.7	280.4	268.2	193.3	179.8	163.1
黑龙江省	450.1	459.9	453.9	455.9	433.9	316.2	305.7	277.6
上海市	377.8	373.6	363.2	342.8	321.1	265.0	268.7	256.4
江苏省	995.0	992.0	1002.0	970.9	936.5	822.5	789.9	771.2
浙江省	654.5	697.1	702.1	694.8	685.2	637.8	639.8	675.5
安徽省	360.3	398.7	418.7	401.8	390.6	337.7	330.9	332.0
福建省	249.4	275.0	271.6	281.9	296.1	288.4	290.5	302.5
江西省	275.4	294.0	299.8	294.2	293.1	230.3	217.2	202.7
山东省	761.1	799.5	850.7	847.0	842.8	778.8	776.7	776.7
河南省	565.8	605.2	639.6	680.0	686.3	639.1	616.6	641.4
湖北省	422.3	448.5	468.5	461.0	457.2	377.8	359.5	323.6
湖南省	391.3	422.4	437.6	443.5	440.5	367.9	361.2	351.2
广东省	672.8	740.2	778.7	768.1	781.8	744.4	731.8	757.8
广西壮族自治区	175.4	186.5	190.4	188.5	185.3	167.9	160.2	158.0
海南省	22.0	24.8	24.8	24.4	25.2	20.4	19.8	20.0
四川省	677.2	700.0	703.0	702.1	685.3	570.5	539.3	525.7
贵州省	128.3	141.2	143.3	143.2	146.5	133.7	136.4	133.9
云南省	144.4	149.3	153.4	153.1	152.8	143.6	139.5	135.7
陕西省	244.0	245.2	249.6	247.9	244.8	207.0	208.2	199.8
甘肃省	139.7	152.4	150.8	149.8	142.8	125.6	114.6	106.6
青海省	29.8	29.7	30.4	30.1	29.3	25.1	22.6	20.3
宁夏回族自治区	33.6	34.7	35.6	37.1	36.4	32.6	32.4	32.9
新疆维吾尔自治区	90.3	94.2	97.6	95.7	92.8	81.1	75.5	64.2

续表 E - 2　　　　　1993～2008 年中国各省制造业劳动力投入　　　　单位：万人

省份	2001 年	2002 年	2003 年	2004 年	2005 年	2006 年	2007 年	2008 年
北京市	136.8	158.7	180.5	152.2	145.8	145.2	146.9	133.6
天津市	137.4	132.4	143.4	144.4	147.8	200.3	222.9	231.9
河北省	616.9	626.2	670.8	707.1	750.7	775.2	812.3	837.8
山西省	273.8	272.2	282.5	294.0	302.5	325.9	328.7	333.7
内蒙古自治区	122.4	117.2	114.4	113.9	122.1	126.0	137.7	139.7
辽宁省	354.4	346.6	350.8	371.6	386.9	452.7	461.3	464.0
吉林省	151.7	146.0	138.6	157.8	153.8	181.1	185.3	191.8
黑龙江省	270.0	264.5	247.5	258.9	265.3	292.8	308.7	300.8
上海市	255.8	274.3	283.6	287.6	296.8	375.4	378.6	380.1
江苏省	777.0	775.5	891.2	969.5	1073.8	1145.4	1172.1	1190.0
浙江省	728.9	791.9	894.7	1006.5	1097.4	1189.4	1304.5	1359.5
安徽省	336.3	352.2	388.4	418.8	457.6	501.4	542.9	581.2
福建省	315.5	336.9	368.7	402.9	439.6	488.4	534.1	558.5
江西省	198.5	217.0	248.9	293.2	329.2	453.4	470.3	478.6
山东省	780.6	826.6	889.5	952.3	1089.5	1307.3	1390.9	1366.9
河南省	644.5	658.5	688.1	725.2	794.8	857.9	944.3	993.1
湖北省	307.5	307.5	325.6	335.7	358.5	503.2	508.5	501.8
湖南省	336.2	352.7	364.0	382.4	425.8	552.7	569.0	583.4
广东省	822.9	805.6	873.9	954.0	1096.8	1548.6	1600.9	1644.2
广西壮族自治区	156.9	157.1	166.7	171.4	180.4	199.4	250.1	253.1
海南省	19.9	19.6	20.9	22.2	24.0	23.3	25.8	27.4
四川省	501.9	527.2	574.5	611.8	659.3	679.8	754.3	784.3
贵州省	135.4	135.4	140.6	145.6	157.2	129.3	147.9	149.4
云南省	132.5	130.1	132.1	137.6	154.4	165.4	176.3	188.1
陕西省	195.4	197.9	202.4	209.0	223.3	240.4	257.0	269.2
甘肃省	102.6	103.3	109.2	112.4	113.7	127.5	130.6	134.4

续表

省份	2001 年	2002 年	2003 年	2004 年	2005 年	2006 年	2007 年	2008 年
青海省	19.6	20.5	24.2	26.1	28.0	35.1	38.6	40.6
宁夏回族自治区	32.5	34.0	39.3	39.8	41.5	44.9	43.6	47.4
新疆维吾尔自治区	63.9	64.4	64.3	66.2	68.3	74.8	79.5	80.7

表 E-3　　　　　　　1993~2008 年中国各省制造业资本投入

（1993 年不变价）　　　　单位：亿元

省份	1993 年	1994 年	1995 年	1996 年	1997 年	1998 年	1999 年	2000 年
北京市	1000.14	1101.48	1156.06	1232.30	1315.75	1395.87	1438.42	1465.37
天津市	611.67	697.02	818.52	975.16	1127.86	1283.36	1402.02	1526.48
河北省	1226.41	1380.18	1563.09	1944.63	2357.39	2779.35	3004.39	3209.47
山西省	827.24	914.50	987.63	1065.49	1164.05	1272.93	1391.11	1551.12
内蒙古自治区	485.52	596.09	702.19	784.10	860.46	912.91	940.22	981.56
辽宁省	2173.64	2439.54	2680.77	2900.16	3090.58	3243.37	3387.29	3574.51
吉林省	818.61	923.90	1063.98	1231.68	1367.11	1470.46	1565.66	1678.71
黑龙江省	1306.74	1424.90	1550.94	1713.53	1903.86	2077.30	2203.80	2346.51
上海市	1430.54	1728.07	2079.74	2493.06	2889.31	3278.29	3624.47	3958.37
江苏省	1881.54	2339.91	2805.59	3371.04	3965.31	4594.85	5008.71	5442.87
浙江省	983.44	1254.81	1579.93	1964.02	2349.62	2755.95	3168.27	3672.92
安徽省	630.66	706.42	803.09	974.75	1123.96	1235.75	1307.34	1374.34
福建省	457.80	554.66	662.17	816.28	1002.46	1230.45	1399.37	1543.99
江西省	409.10	480.82	539.38	590.95	630.94	662.80	706.74	763.24
山东省	2061.41	2285.65	2485.86	2976.94	3505.65	4002.52	4265.35	4631.20
河南省	1122.66	1369.21	1638.22	1944.54	2240.57	2519.24	2690.00	2937.30
湖北省	1114.69	1330.83	1611.21	1891.89	2143.72	2393.20	2614.81	2887.29
湖南省	714.55	803.09	896.89	1003.49	1097.35	1158.61	1215.42	1275.06

省份	1993 年	1994 年	1995 年	1996 年	1997 年	1998 年	1999 年	2000 年
广东省	2099.04	2495.13	2820.20	3318.33	3714.97	4149.05	4456.59	4691.62
广西壮族自治区	397.75	476.07	543.80	627.90	691.11	763.99	819.09	889.30
海南省	78.42	140.82	216.30	247.07	266.08	276.00	293.20	305.01
四川省	1462.42	1648.75	1874.87	2175.25	2492.28	2779.45	2959.24	3190.11
贵州省	305.86	356.37	404.75	466.27	535.50	585.26	629.45	703.06
云南省	434.13	528.28	651.00	772.48	876.30	965.31	1016.76	1069.79
陕西省	531.45	592.90	651.56	712.31	773.93	841.81	898.67	976.41
甘肃省	455.18	493.57	548.83	607.19	666.07	728.02	774.32	818.10
青海省	152.47	173.43	192.08	226.17	258.85	292.16	318.86	338.22
宁夏回族自治区	132.96	150.63	164.61	173.50	192.12	205.79	228.03	252.90
新疆维吾尔自治区	502.28	635.36	757.66	868.28	971.17	1070.52	1158.70	1269.20

续表 E-3 　　　　1993~2008 年中国各省制造业资本投入

(1993 年不变价) 　　　单位：亿元

省份	2001 年	2002 年	2003 年	2004 年	2005 年	2006 年	2007 年	2008 年
北京市	1474.96	1513.34	1589.24	1712.16	1862.80	1989.59	2175.44	2277.53
天津市	1656.01	1806.38	2002.15	2255.11	2587.12	3030.47	3614.71	4394.15
河北省	3378.40	3800.36	4413.14	5220.64	6401.50	8086.47	10176.45	12675.94
山西省	1709.38	1917.01	2289.62	2808.04	3459.10	4219.40	5086.84	5929.79
内蒙古自治区	1047.79	1176.50	1505.92	2101.93	3042.84	4134.41	5404.43	6880.50
辽宁省	3792.58	4025.43	4395.81	5025.97	6089.89	7506.24	9401.52	11755.65
吉林省	1814.56	1977.76	2189.17	2511.67	3072.16	3942.04	5182.17	6891.27
黑龙江省	2483.59	2628.20	2806.45	3029.78	3377.96	3813.95	4376.55	5068.99
上海市	4315.48	4700.72	5179.46	5701.72	6220.28	6838.28	7535.75	8143.01

续表

省份	2001 年	2002 年	2003 年	2004 年	2005 年	2006 年	2007 年	2008 年
江苏省	5857.98	6707.82	8262.85	10058.26	12459.16	15484.28	18999.18	22912.60
浙江省	4278.20	5119.15	6449.30	8009.71	9798.55	11963.51	14237.20	16351.30
安徽省	1434.27	1590.51	1847.97	2198.89	2696.90	3470.99	4624.12	5969.06
福建省	1700.61	1964.17	2274.47	2736.50	3337.98	4030.97	5005.59	6213.34
江西省	823.73	974.37	1210.59	1531.71	1979.08	2547.04	3325.76	4603.52
山东省	5072.12	6021.84	7672.41	9794.78	12766.96	16200.56	19640.62	23033.69
河南省	3191.73	3466.13	3939.49	4698.90	5881.07	7550.58	9976.40	12871.34
湖北省	3201.61	3555.68	3929.96	4373.96	4934.70	5614.02	6490.58	7630.52
湖南省	1352.58	1532.79	1800.43	2149.85	2616.81	3170.04	3925.86	4878.91
广东省	5016.57	5883.00	7123.92	8748.60	11015.50	13358.49	15700.21	18027.89
广西壮族 自治区	942.43	1059.85	1247.15	1496.19	1867.37	2451.29	3202.74	4073.41
海南省	314.24	326.30	366.61	427.02	504.77	562.90	593.72	637.09
四川省	3422.24	3845.13	4486.11	5373.21	6575.02	7984.39	9850.96	11939.29
贵州省	808.61	939.18	1134.93	1355.20	1612.19	1931.51	2317.21	2743.04
云南省	1133.97	1243.72	1383.86	1613.80	1957.69	2381.31	2882.03	3489.43
陕西省	1048.05	1154.83	1312.96	1532.87	1805.37	2200.31	2760.49	3456.51
甘肃省	878.42	963.77	1080.26	1207.72	1348.02	1520.64	1753.38	2043.88
青海省	376.38	422.67	484.01	567.74	659.89	770.19	901.11	1037.41
宁夏回族 自治区	286.09	317.24	373.02	448.60	553.00	658.40	805.07	1003.18
新疆维吾尔 自治区	1388.80	1518.60	1669.11	1878.40	2122.03	2446.13	2886.57	2247.82

附录 F　检验流通业溢出效应数据

表 F-1　　1993～2008 年中国各省地区生产总值（1993 年不变价）　单位：亿元

省份	1993 年	1994 年	1995 年	1996 年	1997 年	1998 年	1999 年	2000 年
北京市	886.21	1007.62	1128.15	1230.06	1354.13	1482.63	1643.92	1838.00
天津市	538.94	616.01	707.63	808.95	907.04	991.65	1090.82	1208.84
河北省	1690.84	1942.78	2213.31	2512.59	2827.08	3129.75	3413.81	3738.45
山西省	680.41	750.49	840.31	939.65	1045.79	1149.21	1232.90	1348.57
内蒙古自治区	537.81	598.04	658.28	752.93	834.14	923.42	1004.63	1113.27
辽宁省	2010.80	2236.01	2394.86	2599.96	2831.21	3066.47	3317.82	3613.41
吉林省	718.58	788.28	864.45	980.86	1069.25	1166.26	1261.83	1378.24
黑龙江省	1198.35	1299.01	1418.85	1563.85	1720.83	1863.43	2003.64	2167.82
上海市	1519.23	1739.52	1988.67	2248.46	2535.60	2796.90	3087.08	3427.38
江苏省	2998.16	3432.89	3924.59	4437.28	5003.93	5519.61	6092.26	6763.85
浙江省	1925.91	2311.09	2700.13	3042.94	3379.97	3724.71	4096.41	4547.07
安徽省	1037.14	1187.53	1357.62	1529.78	1709.21	1851.30	2019.31	2187.33
福建省	1114.20	1240.38	1536.48	1740.38	1984.39	2198.32	2415.59	2640.65
江西省	723.04	786.67	840.17	938.51	1054.19	1129.39	1217.60	1315.21
山东省	2770.37	3219.17	3670.74	4114.00	4571.11	5064.24	5571.21	6144.68
河南省	1660.18	1889.29	2168.20	2470.35	2727.68	2968.40	3209.13	3514.60
湖北省	1325.83	1507.47	1706.34	1903.89	2130.61	2313.57	2493.89	2708.67
湖南省	1244.71	1376.65	1518.55	1702.76	1883.25	2043.81	2215.58	2414.74
广东省	3469.28	4152.73	4801.48	5342.69	5939.41	6581.22	7247.33	8079.95
广西壮族自治区	871.70	1004.20	1118.39	1210.79	1307.55	1438.31	1553.37	1676.28
海南省	260.41	289.84	300.77	314.84	336.19	364.83	395.82	431.50

续表

省份	1993 年	1994 年	1995 年	1996 年	1997 年	1998 年	1999 年	2000 年
四川省	2039.13	2269.55	2512.21	2779.33	3070.93	3368.64	3590.91	3896.78
贵州省	417.69	452.78	486.61	530.05	577.67	626.95	682.09	739.31
云南省	783.27	878.83	981.44	1090.31	1196.05	1293.18	1387.95	1492.13
陕西省	678.20	736.53	813.16	902.01	998.31	1114.28	1228.90	1356.40
甘肃省	372.24	412.44	455.25	509.97	556.50	610.47	665.57	729.96
青海省	109.68	118.56	128.00	139.18	151.69	165.18	178.56	194.46
宁夏回族自治区	104.49	112.54	123.19	136.67	147.44	160.39	175.02	192.89
新疆维吾尔自治区	495.25	555.18	605.69	644.82	698.80	751.29	806.76	877.09

续表 F - 1　　　　1993～2008 年中国各省地区生产总值

（1993 年不变价）　　　　单位：亿元

省份	2001 年	2002 年	2003 年	2004 年	2005 年	2006 年	2007 年	2008 年
北京市	2055.12	2291.74	2543.42	2902.34	3244.42	3660.05	4146.58	4519.67
天津市	1353.82	1525.74	1751.56	2028.57	2326.60	2663.98	3068.72	3575.33
河北省	4063.09	4453.67	4971.07	5611.90	6364.32	7216.51	8139.70	8961.45
山西省	1484.66	1675.85	1925.56	2218.14	2497.79	2792.40	3194.53	3459.89
内蒙古自治区	1232.12	1394.54	1644.09	1981.29	2452.95	2911.70	3467.80	4064.23
辽宁省	3939.16	4341.32	4840.00	5459.32	6130.93	6977.48	7988.91	9034.52
吉林省	1506.14	1649.14	1817.29	2039.33	2285.80	2628.57	3051.81	3543.32
黑龙江省	2369.14	2611.21	2877.24	3213.98	3586.66	4020.46	4503.40	5034.27
上海市	3787.44	4215.86	4733.92	5405.42	6005.52	6725.63	7687.30	8433.25
江苏省	7474.41	8319.89	9342.27	10667.45	12214.50	14034.39	16124.10	18105.89
浙江省	5028.55	5662.18	6494.17	7435.94	8387.34	9552.51	10956.50	12063.90
安徽省	2382.31	2611.52	2857.32	3236.91	3612.36	4074.92	4641.20	5230.30

续表

省份	2001 年	2002 年	2003 年	2004 年	2005 年	2006 年	2007 年	2008 年
福建省	2870.18	3163.21	3526.44	3942.04	4398.86	5049.55	5817.24	6573.78
江西省	1430.90	1581.29	1786.63	2022.34	2281.19	2561.73	2895.05	3260.19
山东省	6759.70	7549.26	8560.44	9819.14	11380.68	13065.06	14932.29	16738.58
河南省	3831.70	4195.28	4643.52	5279.37	6029.77	6898.05	7905.78	8862.04
湖北省	2949.97	3221.77	3534.66	3931.09	4407.06	4989.10	5713.00	6478.01
湖南省	2632.56	2869.06	3144.14	3525.02	3934.53	4414.99	5054.77	5702.02
广东省	8929.93	10036.63	11521.48	13228.36	15053.21	17249.26	19785.30	21783.61
广西壮族自治区	1815.75	2008.40	2213.25	2474.76	2801.64	3182.58	3662.88	4131.86
海南省	470.82	516.13	570.82	632.02	696.60	783.57	899.46	987.47
四川省	4247.51	4685.92	5216.10	5878.81	6619.02	7499.92	8564.35	9337.96
贵州省	804.47	877.57	966.12	1076.39	1201.28	1340.79	1524.57	1679.95
云南省	1593.95	1737.29	1890.03	2103.86	2293.42	2565.99	2887.13	3248.22
陕西省	1489.33	1654.81	1850.13	2088.86	2352.00	2653.12	3040.37	3514.43
甘肃省	801.43	880.72	974.90	1086.94	1215.36	1354.95	1521.72	1675.45
青海省	217.17	243.49	272.45	306.01	343.30	385.20	433.35	488.41
宁夏回族自治区	212.32	233.95	263.63	293.20	325.17	366.45	412.94	463.31
新疆维吾尔自治区	952.37	1030.62	1146.01	1276.76	1415.92	1571.43	1763.09	1957.23

表 F-2　　　　　1993~2008 年中国各省就业人员　　　　单位：万人

省份	1993 年	1994 年	1995 年	1996 年	1997 年	1998 年	1999 年	2000 年
北京市	627.8	664.3	665.3	660.2	655.8	622.2	618.6	619.3
天津市	503.1	513.0	515.3	512.0	513.3	508.1	508.1	486.9
河北省	3171.4	3210.4	3252.0	3300.2	3324.2	3367.2	3322.3	3385.7
山西省	1383.6	1403.8	1424.5	1441.2	1439.4	1398.3	1402.2	1392.4

续表

省份	1993 年	1994 年	1995 年	1996 年	1997 年	1998 年	1999 年	2000 年
内蒙古自治区	1008.2	1033.4	1029.4	1039.0	1050.3	1050.3	1056.7	1061.6
辽宁省	2006.1	2009.3	2027.8	2031.8	1967.1	1958.8	1994.4	2052.0
吉林省	1237.7	1250.2	1270.8	1257.1	1237.7	1130.9	1120.0	1164.0
黑龙江省	1500.2	1515.2	1543.1	1557.8	1647.6	1700.0	1654.2	1600.8
上海市	787.3	786.0	794.2	851.2	847.3	836.2	812.1	828.4
江苏省	4339.8	4362.8	4385.2	4387.0	4388.8	4389.9	4390.7	4418.1
浙江省	2615.9	2640.5	2621.5	2625.1	2619.7	2612.5	2625.2	2726.1
安徽省	3156.5	3119.5	3206.9	3257.7	3322.1	3379.3	3398.6	3450.7
福建省	1531.4	1553.6	1567.1	1594.4	1613.4	1621.9	1630.9	1660.2
江西省	1903.7	2007.7	2100.5	2107.2	2120.6	2094.3	2089.0	2060.9
山东省	4379.3	4382.1	5207.4	5227.9	5256.0	5287.6	5314.7	5441.8
河南省	4400.0	4448.0	4509.0	4638.0	4820.0	5000.0	5205.0	5572.0
湖北省	3157.6	3196.9	3232.5	3275.5	3311.2	3328.2	3358.1	3384.9
湖南省	3345.6	3400.3	3467.3	3514.2	3560.3	3603.2	3601.4	3577.6
广东省	3433.9	3493.2	3551.2	3641.3	3701.9	3783.9	3796.3	3989.3
广西壮族自治区	2275.0	2336.0	2383.0	2417.0	2454.0	2499.0	2514.9	2566.0
海南省	333.3	335.6	334.5	333.3	341.6	326.7	326.8	334.6
四川省	6215.9	6317.6	6328.4	6346.6	6356.6	6362.4	6353.4	6348.4
贵州省	1779.0	1828.3	1812.2	1783.2	1796.7	1844.4	1832.5	1866.3
云南省	2071.5	2108.7	2149.0	2186.2	2223.5	2240.6	2244.0	2295.4
陕西省	1708.0	1720.0	1748.0	1776.0	1792.0	1788.0	1808.0	1813.0
甘肃省	1417.8	1438.8	1483.3	1521.5	1530.3	1539.8	1489.0	1476.5
青海省	253.3	257.5	261.7	266.0	270.4	274.8	279.3	283.9
宁夏回族自治区	229.4	232.7	240.6	245.4	256.8	254.8	272.3	275.5
新疆维吾尔自治区	656.0	657.5	676.0	684.0	715.4	680.9	694.3	672.5

续表 F－2　　　　　　　　1993～2008 年中国各省就业人员　　　　　　单位：万人

省份	2001 年	2002 年	2003 年	2004 年	2005 年	2006 年	2007 年	2008 年
北京市	628.9	679.2	703.3	854.1	878.0	919.7	942.7	980.9
天津市	488.3	492.6	510.9	527.8	542.5	562.9	613.9	647.3
河北省	3409.2	3435.0	3470.2	3516.7	3569.0	3610.0	3665.0	3725.7
山西省	1399.5	1403.3	1469.5	1474.6	1500.2	1561.2	1595.7	1614.1
内蒙古自治区	1067.0	1086.1	1005.2	1026.1	1041.1	1051.2	1081.5	1103.3
辽宁省	2069.3	2025.4	2018.9	2097.3	2120.3	2128.1	2180.7	2198.2
吉林省	1167.4	1186.6	1202.5	1222.0	1238.9	1250.5	1266.1	1281.4
黑龙江省	1592.6	1603.1	1614.0	1681.1	1748.9	1784.1	1827.6	1852.4
上海市	792.3	829.7	854.6	978.3	969.2	1005.2	1024.3	1053.2
江苏省	4434.3	4458.0	4468.7	4482.5	4510.1	4564.8	4618.1	4648.9
浙江省	2796.7	2858.6	2918.7	2992.0	3100.8	3172.4	3405.0	3486.5
安徽省	3463.0	3500.5	3544.9	3605.2	3669.7	3741.0	3818.0	3916.0
福建省	1677.8	1711.3	1756.7	1814.0	1868.5	1949.6	2015.3	2079.8
江西省	2054.8	2130.6	2168.2	2214.0	2276.7	2321.1	2369.6	2404.5
山东省	5475.3	5527.0	5620.6	5728.1	5840.7	5960.0	6081.4	6187.6
河南省	5517.0	5522.0	5536.0	5587.0	5662.0	5719.0	5773.0	5835.0
湖北省	3414.5	3443.0	3476.0	3507.0	3537.0	3564.0	3584.0	3607.0
湖南省	3608.0	3644.5	3694.8	3747.1	3801.5	3842.2	3883.4	3910.1
广东省	4058.6	4134.4	4395.9	4681.9	5023.0	5250.1	5402.7	5553.7
广西壮族自治区	2578.0	2589.0	2601.0	2631.8	2703.0	2760.0	2769.0	2799.0
海南省	338.4	349.9	360.3	371.1	379.3	382.4	400.0	408.4
四川省	6345.2	6322.1	6318.3	6314.9	6313.6	6320.5	6352.0	6386.4
贵州省	2068.0	2106.1	2145.0	2186.0	2220.0	2235.0	2280.0	2292.1
云南省	2322.5	2341.3	2353.3	2401.4	2461.3	2517.6	2573.8	2638.4
陕西省	1785.0	1874.0	1912.0	1941.0	1976.0	2011.0	2041.0	2069.0
甘肃省	1488.9	1500.6	1510.9	1520.5	1391.4	1401.4	1414.8	1446.3

续表

省份	2001 年	2002 年	2003 年	2004 年	2005 年	2006 年	2007 年	2008 年
青海省	287.3	291.3	295.4	296.6	297.8	303.9	312.4	317.2
宁夏回族自治区	279.0	282.4	291.4	298.1	299.6	308.1	309.5	303.9
新疆维吾尔自治区	685.4	701.5	721.3	744.5	791.6	811.8	830.4	847.6

表 F−3 　　　　　　　　1993～2008 年中国各省固定资产投资

（1993 年不变价）　　　　　　　　单位：亿元

省份	1993 年	1994 年	1995 年	1996 年	1997 年	1998 年	1999 年	2000 年
北京市	410.40	558.35	635.57	611.93	652.99	778.71	789.35	866.09
天津市	226.56	282.37	326.56	353.17	400.85	468.18	465.05	499.43
河北省	540.20	644.72	798.74	971.93	1185.48	1361.21	1490.85	1515.37
山西省	251.30	268.61	255.49	274.49	323.11	439.00	473.97	505.83
内蒙古自治区	217.40	235.24	246.26	235.87	272.77	295.78	317.91	350.20
辽宁省	718.30	756.39	718.34	695.87	740.45	819.14	857.82	975.90
吉林省	253.60	302.50	341.90	394.60	349.14	400.10	464.00	533.55
黑龙江省	328.60	371.83	419.90	473.83	543.75	645.41	634.81	683.53
上海市	653.91	1032.44	1427.62	1625.35	1638.43	1653.90	1593.75	1604.87
江苏省	1144.20	1161.52	1364.91	1535.04	1748.49	2036.55	2240.77	2417.60
浙江省	683.80	894.58	1125.95	1323.65	1393.59	1556.78	1617.50	1939.44
安徽省	321.00	332.64	416.34	464.67	513.29	544.44	581.88	641.52
福建省	368.45	502.20	605.48	670.63	754.38	898.47	905.13	940.46
江西省	185.50	207.24	231.24	273.77	291.58	337.89	370.38	407.28
山东省	892.48	957.65	1071.35	1225.81	1404.56	1624.78	1762.23	1969.52
河南省	450.43	592.48	716.86	859.99	970.18	1056.73	1140.55	1234.91
湖北省	383.18	549.65	729.48	835.64	900.75	1018.28	1082.44	1162.35
湖南省	320.24	370.83	421.57	520.19	528.06	622.59	688.57	760.54

续表

省份	1993 年	1994 年	1995 年	1996 年	1997 年	1998 年	1999 年	2000 年
广东省	1629.87	2141.15	2327.22	2327.64	2298.14	2668.13	3027.56	3233.70
广西壮族自治区	278.07	340.69	364.66	396.03	397.51	474.05	535.12	561.71
海南省	188.30	196.17	170.63	154.53	139.02	151.99	164.02	163.98
四川省	614.50	722.81	872.40	987.27	1134.19	1482.73	1563.19	1789.49
贵州省	106.30	140.95	161.39	182.63	214.98	265.14	292.13	344.61
云南省	251.40	298.45	339.49	383.25	438.72	536.32	567.92	543.99
陕西省	228.20	253.63	269.13	286.37	310.01	391.17	439.22	510.47
甘肃省	122.10	141.30	158.04	166.25	199.25	248.69	285.79	320.32
青海省	44.70	41.70	48.73	65.79	80.35	97.16	106.84	127.09
宁夏回族自治区	52.70	54.17	56.95	58.47	65.21	78.83	94.98	111.90
新疆维吾尔自治区	248.44	254.21	279.41	307.82	343.70	391.98	407.20	448.81

续表 F – 3　　　　　　**1993 ~ 2008 年中国各省固定资产投资**

（1993 年不变价）　　　　　　单位：亿元

省份	2001 年	2002 年	2003 年	2004 年	2005 年	2006 年	2007 年	2008 年
北京市	1015.59	1199.14	1395.28	1568.42	1741.96	2069.68	2368.12	2130.95
天津市	580.33	671.02	844.13	944.47	1126.09	1364.16	1717.20	2241.01
河北省	1594.34	1688.69	2028.92	2450.38	3114.09	4000.73	4824.58	5669.16
山西省	563.48	663.74	858.69	1080.19	1319.66	1623.43	1965.88	2154.77
内蒙古自治区	400.65	571.62	941.90	1341.91	1922.60	2359.00	2938.49	3459.69
辽宁省	1089.72	1222.85	1546.18	2124.72	2916.05	3839.14	4809.31	5039.00
吉林省	611.24	718.22	852.24	989.53	1492.05	2270.69	3120.19	4072.77
黑龙江省	773.37	837.19	923.02	1085.77	1255.91	1588.00	1947.11	2280.72
上海市	1700.54	1858.17	2034.95	2398.65	2733.45	3026.28	3322.36	3335.26

续表

省份	2001 年	2002 年	2003 年	2004 年	2005 年	2006 年	2007 年	2008 年
江苏省	2644.52	3042.85	4045.34	4734.81	6006.67	6841.98	7945.66	8869.55
浙江省	2365.16	3050.30	4093.12	4690.25	5166.90	5774.68	6137.32	6215.33
安徽省	717.34	833.92	1050.25	1282.12	1671.75	2306.25	3144.26	3837.47
福建省	990.81	1077.72	1302.13	1586.55	1945.83	2534.65	3319.31	3844.59
江西省	496.24	694.67	986.42	1210.71	1435.47	1721.36	2009.68	2671.96
山东省	2144.99	2652.53	3915.09	5218.22	7009.22	7273.72	7875.01	9005.79
河南省	1356.66	1537.54	1880.02	2290.75	3191.47	4237.98	5493.90	6602.05
湖北省	1267.77	1387.25	1492.54	1761.12	2073.70	2566.59	3129.15	3658.40
湖南省	852.56	950.82	1062.07	1280.73	1599.48	1961.52	2455.32	2939.49
广东省	3529.35	3974.67	4927.10	5548.37	6495.11	7319.87	8433.17	9033.22
广西壮族自治区	609.88	694.09	805.97	986.46	1361.87	1708.42	2208.24	2603.79
海南省	174.32	194.15	230.25	256.75	295.94	328.96	370.67	455.36
四川省	2033.90	2385.78	2856.33	3331.05	4117.12	5086.43	6283.48	7216.67
贵州省	455.02	538.25	628.97	690.98	798.00	928.43	1115.21	1282.29
云南省	566.98	639.39	770.70	929.84	1172.55	1456.99	1762.53	2067.18
陕西省	567.51	637.41	823.37	952.62	1179.06	1513.16	2030.16	2470.16
甘肃省	359.46	408.66	457.15	500.00	566.02	637.38	792.74	984.01
青海省	164.98	194.29	221.70	240.62	272.00	303.62	338.54	366.37
宁夏回族自治区	134.20	157.11	211.71	241.47	276.27	315.94	369.46	468.27
新疆维吾尔自治区	506.46	581.98	694.00	769.73	871.87	988.68	1118.33	1228.25

参 考 文 献

［1］ Aigner D J, Lovell C A K, Schmidt P. Formulation and Estimation of Stochastic Frontier Production Models ［J］. Journal of Econometrics, 1977 (6): 21 – 37.

［2］ Andersen P, Petersen N C. A procedure for Ranking Efficient Units in Data Envelopment Analysis ［J］. Management Science, 1993 (10): 1261 – 1264.

［3］ Arrow K J. The Economic Implications of Learning by Doing ［J］. The Review of Economic Studies, 1962 (29): 155 – 173.

［4］ Banker R D, Charnes A, Cooper W W. Some Models for Estimating Technical and Scale Inefficiencies in Data Envelopment Analysis ［J］. Management Science, 1984 (30): 1078 – 1092.

［5］ Barro, R, X. Sala – I – Martin. Convergence Across States and Regions ［J］. Brooking Papers on Economic Activity, 1991 (1): 107 – 182.

［6］ Barro, R, X. Sala – I – Martin. Convergence ［J］. Journal of Political Economy, 1992, 100 (2): 223 – 251.

［7］ Barros, C. P. The Measurement of Efficiency of Portuguese Seaport Authorities with DEA ［J］. International Journal of Transport Economics, 2003, 30 (3): 335 – 354.

［8］ Barros, C. P. , Alves, C. An Empirical Analysis of Productivity Growth in a Portuguese Retail Chain Using Malmquist Productivity Index ［J］. Journal of Retailing and Consumer Service, 2004, 11 (5): 269 – 278.

［9］Barros, Carlos Pestana, Perrigot, Rozenn. Analysing technical and allocative efficiency in the French grocery retailing industry ［J］. International Review of Retail, Distribution & Consumer Research, 2008, 18 (4): 361 – 380.

［10］Battese E, Coelli T. Prediction of Firm – Level Technical Efficiency With a Generalised Frontier Production Function and Panel Data ［J］. Australia Journal of Economics, 1988 (38): 378 – 399.

［11］Battese E, Coelli T. Frontier Production Functions, Technical Efficiency and Panel Data: With Application to Paddy Farmers in India ［J］. Journal of Productivity Analysis, 1992 (3): 153 – 169.

［12］Battese E, Coelli T. A Model of Technical Inefficiency Effects in Stochastic Frontier Production for Panel Data ［J］. Empirical Economics, 1995 (20): 325 – 332.

［13］Battese G E, Corra G S. Estimation of a Production Frontier Model: With Application to the Pastoral Zone of Eastern Australia ［J］. Australian Journal of Agricultural Economics, 1977, 21 (3): 169 – 179.

［14］Baumol William J. Macroeconomics of unbalanced growth ［J］. American Economic Review, 1967 (57): 53 – 58.

［15］Baumol W. Productiviy growth, convergence and welfare: What the long-run data show ［J］. American Economic Review, 1986 (76): 1072 – 1085.

［16］Bernard A. B. , Jones C. J. Comparing Apples to Oranges Productivity Convergence and Measurement Across Industries and Countries ［J］. The American Economic Review, 1996, 86 (5): 1216 – 1238.

［17］Borensztein E, Ostry J. D. Accounting for China's Growth Performance ［J］. American Economic Review, 1996, 86 (2): 224 – 228.

［18］Browersox Donald J. , Closs David J. , Cooper M. Bixby. Supply Chain Logistics Management ［M］. McGraw & Hill Companies Inc, 2002.

[19] Brown J, Robert F. Lusch and Carolyn Y. Nicholson. Power and Relationship Commitment: Their Impact on Marketing Channel Member Performance [J]. Journal of Retailing, 1995, 71 (4): 363 - 392.

[20] Caves D. W. , Christensen L. R. , Diewert W. E. The Economic Theory of Index Numbers and the Measurement of Input and Output, and Productivity [J]. Econometrica, 1982 (50): 1393 - 1414.

[21] Charnes A, W Cooper, Rhodes E. Measuring the Efficiency of Decision-making Units [J]. European Journal of Operation Research, 1978 (2): 429 - 444.

[22] Cheng Z, Chenghong Z. Design and simulation of demand information sharing in a supply chain [J]. Economic Management, 2007, 15 (1): 32 - 46.

[23] Chow G, Anloh L. Accounting for Economic Growth in Taiwan and Main-land China: A Comparative Analysis [J]. Journal of Comparative Economics, 2002, 30 (3): 507 - 530.

[24] Chung - Chi Hsieh, Cheng - Han Wu. Coordinated decisions for substitutable products in a common retailer supply chain [J]. European Journal of Operational Research, 2009, 196 (1): 273 - 288.

[25] Coelli, T. A Guide to DEAP Version 2. 1: A Data Envelopment Analysis (Computer) Program [J]. Center for Efficiency and Productivity Analysis (CEAP) Working Paper, 1996 (8).

[26] Craig C E, Harris R C. Total Productivity Measurement at the Firm Level [J]. Sloan Management Review, 1973, 14 (3): 13 - 29.

[27] Davis Hiram S. Productivity Accounting [M]. University of Pennsylvania Press, 1955.

[28] Deniel Bell. The Coming of post-industrial Society [M]. Basic Books, 1973.

[29] Domar E. Capital Expansion Rate of Growth and Employment [J].

Econometrica, 1946 (14): 137 - 147.

[30] Fare R, Grosskopf S, Norris M, Zhang Z. Productivity Growth, Technical Progress and Efficiency Change in Industrialized Countries [J]. American Economic Review, 1994 (84): 66 - 83.

[31] Farrell M J. The Measurement of Production Efficiency [J]. Journal of Royal Statistical Society, Series A, General, 1957, 120 (3): 253 - 281.

[32] Feder, G. On Export and Economic growth [J]. Journal of Development Economics, 1982 (12): 59 - 73.

[33] Fernandes A. M. Structure and Performance of the Service Sector in Transition Economies [J]. Economics of Transition, 2009, 17 (3): 467 - 501.

[34] Fleisher B. M, Chen, J. The coast-noncoast income gap productivity and regional economic policy in China [J]. Journal of Comparative Economics, 1997, 25 (2): 220 - 236.

[35] Fucus V R. The service economy [M]. Columbia University Press, 1968.

[36] Geyskens Inge, Steenkamp Jan - Benedict E. M. Economic and Social Satisfaction: Measurement and Relevance to Marketing Channel Relationships [J]. Journal of Retailing, 2000, 76 (1): 11 - 32.

[37] Good, W. S. , Productivity in the Retail Grocery Trade [J]. Journal of Retailing, 1984 (60): 81 - 97.

[38] Gordon, R. Productivity in the Transportation Sector [R]. NBER Working Paper, 1993.

[39] Gouyette Claudine, Sergio Perelman. Productivity Convergence in OECD Service Industries [J]. Structure Change and Economic Dynamics, 1997 (8): 279 - 295.

[40] Harrod R F. An Essay in Dynamic Theory [J]. The Economic Journal, 1939 (49): 14 - 33.

[41] HuangY. , Meng X. China's Industrial Growth and Efficiency: A Comparison Between the State and TVE Sectors [J]. Journal of the Asia Pacific Economy, 1999, 2 (1): 101 – 121.

[42] Ingene, Charles A. Labor Productivity in Retailing [J]. Journal of Marketing, 1982, 46 (4): 75 – 90.

[43] Jan van Dalen, Johan Koerts, A. Roy Thurik. The measurement of labor productivity in wholesaling [J]. International Journal of Research in Marketing, 1990, 7 (1): 21 – 34.

[44] Jefferson G. H. , Rawski T. G. , Zheng Y. Chinese industrial productivity: Trends, measurement issues and recent developments [J]. Journal of Comparative Economics, 1996, 23 (2): 146 – 180.

[45] Jondrow J, C A K Lovell, I S Materov, P Schmidt. On the Estimation of Technical Inefficiency in the Stochastic Frontier Production Function Model [J]. Journal of Econometrics, 1982 (19): 233 – 238.

[46] Kalirajan K P, Obwona M B, Zhao S. A Decomposition of Total Factor Productivity Growth: The Case of China's Agricultural Growth before and after Reform [J]. American Journal of Agricultural Economics, 1996, 78 (2): 331 – 338.

[47] Kendrick, John W. Productivity trends in the United States [R]. NBER working paper, 1961.

[48] Kendrick John W. Long – Term Economic Projection: Stronger U. S. Growth Ahead [J]. Southern Economic Journal, 1984 (50): 945 – 964.

[49] Konopa, Leonard J. An Analysis of Some Changes in Retailing Productivity Between 1948 and 1963 [J]. Journal of Retailing, 1968, 44 (3): 57 – 67.

[50] Koopmans T. C. An Analysis of Production as an Efficient Combination of Activities, in T. C. Koopmans (ED.), Activity Analysis of Production and Allocation, Cowles Commission for Research in Economics [C]. Monograph

No. 13, Wiley, NewYork, 1951.

[51] Kumbhakar SC. Production Frontiers, Panel Data and Time – Varying Technical Inefficiency [J]. Journal of Econometrics, 1990 (46): 201 – 211.

[52] Kumbhakar S, Ghosh S, McGuchin J. A Generalized Production Frontier Approach for Estimating Determinants of Inefficiency in U. S. Dairy Farms [J]. Journal of Business and Economic Statistics, 1991 (9): 279 – 286.

[53] Kuznets S. Modern Economic Growth: Rate, Structure, and Spread [M]. Yale University Press, 1966.

[54] Kuznets S. Economic Growth of Nations: Total Output and Population Structure [M]. The MIT Press, 1971.

[55] Lambert D. K. , E. Parker. Productivity in Chinese provincial agriculture [J]. Journal of Agricultural Economics, 1998, 49 (3): 378 – 392.

[56] Leibenstein H. Allocative Efficiency vs X-efficiency [J]. American Economic Review. 1966 (56): 392 – 415.

[57] Liu Z. The comparative performance of public and private enterprises [J]. Journal of Transportation Economics and Policy, 1995 (9): 263 – 274.

[58] Lo D. Reappraising the performance of China's State-owned Industrial Enterprises, 1980 – 96 [J]. Cambridge Journal of Economics, 1999, 23 (6): 693 – 718.

[59] Lucas R. On the Mechanics of Economic Development [J]. Journal of Monetary Economics, 1988 (22): 3 – 42.

[60] Malmquist S. Index Numbers and Indifference Curves [J]. Trabajos de Estatistica, 1953 (4): 209 – 242.

[61] Mankiw N G, Romer D, Weil D N. A contribution to the empirics of economic growth [J]. The Quarterly Journal of Economics, 1992 (107): 407 – 437.

[62] Maudos J, Pastor J Manuel, Swrrano L. Human Capital in OECD

Countries: Technical Change, Efficiency and Productivity [J]. International Review of Applied Economics, 2003 (10): 419 – 435.

[63] Meeusen W, J van den Broeck. Efficiency Estimation from Cobb – Douglas Production Functions with Composed Error [J]. International Economic Review, 1977, 18 (2): 435 – 444.

[64] Min H., Joo S. J. Benchmarking the operational efficiency of third party logistics providers using data envelopment analysis [J]. Supply Chain Management, 2006, 11 (3): 259 – 265.

[65] Moreno, Justo de Jorge. Productivity growth, technical progress and efficiency change in Spanish retail trade (1995 – 2004): A disaggregated sectoral analysis [J]. International Review of Retail, Distribution & Consumer Research, 2008, 18 (1): 87 – 103.

[66] Nicholas Oulton. Must the Growth Rate Decline? Baumol's Unbalanced Growth Revisited [R]. Bank of England, 1999.

[67] Nishimizu M, Page J M. Total Factor Productivity Growth, Technological Progress and Technical Efficiency Change: Dimensions of Productivity Change in Yugoslavia, 1965 – 78 [J]. Economic Journal, 1982 (92): 920 – 936.

[68] Oum, T., M. Tretheway, W. Waters. Concepts, Methods and Purposes of Productivity Measurement in Transportation [J]. Transportation Research Part A: Policy and Practice, 1992, 26 (6): 493 – 505.

[69] Pitt M M, Lee L F. The Measurement and Sources of Technical Inefficiency in the Indonesian Weaving Industry [J]. Journal of Development Economics, 1981 (9): 43 – 64.

[70] Reifschnieder D, Stevenson R. Systematic Departures form the Frontier: A Framework for the Analysis of Firm Inefficiency [J]. International Economic Review, 1991 (32): 715 – 723.

[71] Renuka Mahadevan. Sources of Output Growth in Singapore's Services

Sector [J]. Empirical Economics, 2000 (25): 495 – 506.

[72] Riddle. Service-led Growth: The Role of the Service Sector in the World Development [M]. Praeger, New York, 1986.

[73] Romer P M. Increasing Returns and Long-run Growth [J]. Journal of Political Economy, 1986, 94 (5): 1002 – 1037.

[74] Rostow W. W. The stage of Economic Growth [M]. Cambridge University Press, 1960.

[75] Ruttan V. W. Can Economic Growth Be Sustained? A Post – Malthusian Perspective [J]. Population and Development Review, 2002, 28 (1): 1 – 12.

[76] Samuelson P A, Nordhaus W D. Economics [M]. McGraw – Hill, 1992.

[77] Schmidt P, Sickles R E. Production Frontiers and Panel Data [J]. Journal of Business and Economic Statistics, 1984 (2): 367 – 374.

[78] Seller – Rubio R, Mas – Ruiz F. An Empirical Analysis of Productivity Growth in Retail Service: Evidence from Spain [J]. International Journal of Service Industry Management, 2007, 18 (1): 52 – 69.

[79] Solow R M. A contribution to the Theory of Economic Growth [J]. Quarterly Journal of Economics, 1956 (70): 65 – 94.

[80] Solow R M. Technical Change and the Aggregate Production Function [J]. Review of Economics and Statistics, 1957, 39 (3): 154 – 155.

[81] Summers R. Service in the International Economy, Saxonhouse G. Service in the Japanese Economy, Leverson I. Service in the U. S. Economy [A]. in Inman (eds.), Managing the Service Economy: Prospects and Problem. Cambridge University Press, 1985.

[82] Tanskanen. Kari. Vendor managed category management—an outsourcing solution in retailing [J]. Journal of Purchasing and Supply Management, 2003 (4): 165 – 175.

[83] Teece, James B. The Lesson GM Could Learn for Its Supplier Shake-up [J]. Business Week, 1992 (8): 29 – 36.

[84] Thomas, R. R. , Barr, R. S. , Cron, W. L. , Slocum, J. A Process for Evaluating Retail Store Efficiency: A Restricted DEA Approach [J]. International Journal of Research in Marketing, 1998 (15): 487 – 503.

[85] Tongzon J. Efficiency measurement of selected Australian and other international ports using data envelopment analysis [J]. Transportation Research Part A, 2001 (35): 113 – 128.

[86] Triplett J. Economics Statistics, the New Economy, and the Productivity Slow down [R]. Brookings Institution Working Paper, 1999.

[87] Triplett A. E. , Barry P. B. "Bamoul's disease" has been Cured: It and Multifactor Productivity in U. S Services Industries [C]. Prepared for the Texas A & M Conference, 2002.

[88] Uzawa H. Optimum Technical Change in an Aggregative Model of Economic Growth [J]. International Economic Review, 1965 (6): 18 – 31.

[89] Wang Yan, Yudong Yao. Sources of China's Economic Growth, 1952 – 1999: Incorporating Human Capital Accumulation [R]. World Bank Working Paper, 2001.

[90] Wolfl A. Productivity Growth in Service Industries and Assessment of Recent Patterns and the role of Measurement [R]. STI Working Paper, 2003.

[91] Woo W. T. , Hai W Jin Y. , Fan G. How successful has Chinese enterprise reform been? Pitfalls in opposite biases and focus [J]. Journal of Comparative Economics, 1994, 18 (3): 410 – 437.

[92] Wu Yanrui. Is China's Economic Growth Sustainable? A Productivity Analysis [J]. China Economic Review, 2000 (11): 278 – 296.

[93] Young A. Gold into Base Metals: Productivity Growth in the People's Republic of China during the Reform Period [J]. The Journal of Political Economy, 2000 (111): 1220 – 1261.

［94］Young A. The Razor's Edge: Distortions and Incremental Reform in the People Republic of China ［J］. Quarterly Journal of Economics, 2000, 115 (4): 1091 – 1135.

［95］Zhou G., Min H., Xu c., Cao Z. Evaluating the comparative efficiency of Chinese third-party logistics providers using data envelopment analysis ［J］. International Journal of Physical Distribution & Logistics Management, 2008, 38 (4): 262 – 279.

［96］曹跃群, 唐静. 第三产业全要素生产率增长及其收敛性分析 ［J］. 山西财经大学学报, 2010 (6): 52 – 58.

［97］陈艳莹, 黄嚣. 我国生产性服务业增长的效率特征——基于 2004 – 2009 年省际面板数据的研究 ［J］. 工业技术经济, 2011 (5): 42 –49.

［98］程大中. 中国服务业的增长与技术进步 ［J］. 世界经济, 2003 (7): 35 – 42.

［99］邓学平, 王旭, Ada Suk Fung Ng, 林云. 我国物流企业全要素生产效率分析 ［J］. 系统工程, 2008 (6): 1 – 9.

［100］杜丹清. 现代流通产业经济学 ［M］. 杭州: 浙江工商大学出版社, 2008.

［101］樊秀峰, 王美霞. 我国零售企业经营效率评价与微观影响因素分析——基于22家百强零售上市公司的实证 ［J］. 西北大学学报, 2011 (5): 26 – 31.

［102］傅晓霞, 吴利学. 技术效率、资本深化与地区差异——基于随机前沿模型的中国地区收敛分析 ［J］. 经济研究, 2006 (10): 55 – 56.

［103］谷彬. 中国服务业技术效率测算与影响因素实证研究——来自历史数据修订的史实证据 ［J］. 统计研究, 2009 (8): 63 – 70.

［104］顾海, 孟令杰. 中国农业 TFP 的增长及其构成 ［J］. 数量经济技术经济研究, 2002 (10): 15 – 18.

［105］顾乃华.1992 –2002 年我国服务业增长效率的实证分析 ［J］. 财贸经济, 2005 (4): 85 – 90.

[106] 顾乃华. 我国服务业、工业增长效率对比及其政策内涵 [J]. 财贸经济，2006 (7)：3 - 9.

[107] 顾乃华. 我国服务业发展的效率特征及其影响因素——基于 DEA 方法的实证研究 [J]. 财贸研究，2008 (4)：60 - 67.

[108] 顾乃华，李江帆. 中国服务业技术效率区域差异的实证分析 [J]. 经济研究，2006 (1)：46 - 56.

[109] 郭冬乐，宋则，王诚庆，冯雷. 商业经济学 [M]. 北京：经济科学出版社，1999.

[110] 郭克莎. 中国：改革中的经济增长与结构变动 [M]. 上海：上海三联书店，1993.

[111] 郭庆旺，贾俊雪. 中国全要素生产率的估算：1979 - 2004 [J]. 经济研究，2005 (6)：51 - 60.

[112] 韩晓燕，翟印礼. 中国农业生产率的地区差异与收敛性研究 [J]. 农业技术经济，2005 (6)：52 - 57.

[113] 何德旭，姚战琪. 加快发展现代服务业的几个问题 [J]. 财贸经济，2008 (5)：5 - 10.

[114] 赫伯特·C·格鲁伯，迈克尔·A·沃克.《服务业的增长：原因与影响》[M]. 上海：上海三联书店，1993.

[115] 洪涛. 流通基础产业论 [M]. 北京：经济管理出版社，2004.

[116] 洪涛. 流通产业经济学 [M]. 北京：经济管理出版社，2007.

[117] 胡鞍钢，刘生龙. 交通运输、经济增长及溢出效应——基于中国省际数据空间经济计量的结果 [J]. 中国工业经济，2009 (5)：5 - 14.

[118] 黄国雄. 流通新论 [J]. 商业时代，2003 (4)：13 - 14.

[119] 黄莉芳，黄良文，洪琳琳. 基于随机前沿模型的中国生产性服务业技术效率测算及影响因素探讨 [J]. 数量经济技术经济研究，2011 (6)：120 - 132.

[120] 黄勇峰，任若恩，刘晓生. 中国制造业资本存量永续盘存法估计 [J]. 经济学（季刊），2002，1 (2)：377 - 396.

[121] 江小涓, 李辉. 服务业与中国经济: 相关性和加快增长的潜力 [J]. 经济研究, 2004 (1): 4-15.

[122] 蒋萍, 谷彬. 中国服务业 TFP 增长率分解与效率演进 [J]. 数量经济技术经济研究, 2009 (8): 44-56.

[123] 孔祥, Robert E. Marks, 万广华. 国有企业全要素生产率变化及其决定因素: 1990—1994 [J]. 经济研究, 1999 (7): 40-48.

[124] 李江帆. 中国第三产业发展研究 [M]. 北京: 人民出版社, 2005.

[125] 李骏阳, 余鹏. 对我国流通效率的实证分析 [J]. 商业经济与管理, 2009 (11): 14-20.

[126] 李双杰, 王林, 范超. 统一分布假设的随机前沿模型 [J]. 数量经济技术经济研究, 2007 (4): 84-91.

[127] 李治国, 唐国兴. 资本形成路径与资本存量调整模型——基于中国转型时期的分析 [J]. 经济研究, 2003 (2): 34-42.

[128] 林文益. 贸易经济学 [M]. 北京: 中国财政经济出版社, 1995.

[129] 刘秉镰, 余泳泽. 我国物流业地区间效率差异及其影响因素实证研究——基于数据包络分析模型及托宾模型的分析 [J]. 中国流通经济, 2010 (9): 18-21.

[130] 刘国光. 推进流通改革 加快流通业从末端行业向先导性行业转化 [J]. 商业经济研究, 1999 (1): 9-11.

[131] 刘向东, 张小军, 石明明. 中国流通产业增长方式的转型——基于流通增长方式转换模型的实证分析 [J]. 管理世界, 2009 (2): 167-169.

[132] 刘小玄, 郑京海. 国有企业效率的决定因素: 1985-1994 [J]. 经济研究, 1998 (1): 37-46.

[133] 刘兴凯. 中国服务业全要素生产率阶段性及区域性变动特点分析——基于 1978-2007 年省际面板数据的研究 [J]. 当代财经, 2009

（12）：80 – 87.

[134] 刘兴凯，张诚. 中国服务业全要素生产率增长及其收敛分析 [J]. 数量经济技术经济研究，2010（3）：55 – 67.

[135] 刘易斯. 经济增长理论 [M]. 上海：上海人民出版社，1997.

[136] 刘勇，汪旭晖. 对全国 30 个地区零售行业效率的分析 [J]. 统计与决策，2007（9）：75 – 77.

[137] 刘子峰. 论流通产业的战略性地位 [J]. 财贸研究，2005（2）：39 – 45.

[138] 马克思. 资本论，第一卷 [M]. 北京：人民出版社，1975.

[139] 马龙龙. 流通产业政策 [M]. 北京：清华大学出版社，2005.

[140] 乔榛，焦方义，李楠. 中国农村经济制度变迁与农业增长 [J]. 经济研究，2006（7）：73 – 82.

[141] 冉净斐. 流通发展与经济增长的关系：理论与实证 [J]. 生产力研究，2005（3）：21 – 22，62.

[142] 冉净斐，文启湘. 流通战略产业论 [J]. 商业经济与管理，2005（6）：10 – 19.

[143] 宋海岩，刘淄楠，蒋萍. 改革时期中国总投资决定因素的分析 [J]. 世界经济文汇，2003（1）：44 – 56.

[144] 宋则. 流通产业地位和效能需要重新看 [J]. 中国经贸导刊，2003（19）：37.

[145] 宋则，常东亮，丁宁. 流通业影响力与制造业结构调整 [J]. 中国工业经济，2010（8）：5 – 14.

[146] 田刚，李南. 中国物流业技术进步与技术效率研究 [J]. 数量经济技术经济研究，2009（2）：76 – 87.

[147] 田刚，李南. 中国物流业技术效率差异及其影响因素研究——基于省级面板数据的实证分析 [J]. 科研管理，2011（7）：34 – 44.

[148] 汪小勤，姜涛. 基于农业公共投资视角的中国农业技术效率分析 [J]. 中国农村经济，2009（5）：79 – 86.

[149] 汪旭晖，徐健. 服务效率、区域差异与影响因素：零售业上市公司证据 [J]. 改革，2009 (1)：97 – 104.

[150] 汪旭晖，徐健. 基于超效率 CCR – DEA 模型的我国物流上市公司效率评价 [J]. 财贸研究，2009 (6)：117 – 124.

[151] 王俊. 流通业对制造业效率的影响——基于我国省级面板数据的实证研究 [J]. 经济学家，2011 (1)：70 – 77.

[152] 王先庆，房永辉. 流通业成为"先导性产业"的约束条件和成长机制 [J]. 广东商学院学报，2007 (6)：25 – 29.

[153] 王小鲁. 中国经济增长的可持续性与制度变革 [J]. 经济研究，2000 (7)：3 – 15.

[154] 王小鲁，樊纲，刘鹏. 中国经济增长方式转换和增长可持续性 [J]. 经济研究，2009 (1)：4 – 16.

[155] 王志刚，龚六堂，陈玉宇. 地区间生产效率与全要素生产率增长分解 (1978—2003) [J]. 中国社会科学，2006 (2)：55 – 66.

[156] 夏春玉. 现代商品流通：理论与政策 [M]. 大连：东北财经大学出版社，1998.

[157] 谢千里，罗斯基，郑玉韵，王莉. 所有制形式与中国工业生产率变动趋势 [J]. 数量经济技术经济研究，2001 (3)：5 – 17.

[158] 谢千里，罗斯基，张轶凡. 中国工业生产率的增长与收敛 [J]. 经济学 (季刊)，2008，7 (3)：809 – 826.

[159] 徐宏毅. 服务业生产率与服务业经济增长研究 [D]. 华中科技大学博士学位论文，2004.

[160] 徐宏毅，欧阳明德. 中国服务业生产率的实证研究 [J]. 工业工程与管理，2004 (5)：73 – 76.

[161] 许宪春. 中国两次 GDP 历史数据修订的比较 [J]. 经济科学，2006 (3)：5 – 9.

[162] 颜鹏飞，王兵. 技术效率、技术进步与生产率增长——基于 DEA 的实证分析 [J]. 经济研究，2004 (12)：55 – 65.

[163] 杨青青，苏秦，尹琳琳. 我国服务业生产率及其影响因素分析——基于随机前沿生产函数的实证研究 [J]. 数量经济技术经济研究，2009（12）：46-57.

[164] 杨向阳，徐翔. 中国服务业生产率与规模报酬分析 [J]. 财贸经济，2004（11）：77-82.

[165] 杨向阳，徐翔. 中国服务业全要素生产率增长的实证分析 [J]. 经济学家，2006（3）：68-76.

[166] 姚洋. 非国有经济成分对我国工业企业技术效率的影响 [J]. 经济研究，1998（12）：29-35.

[167] 姚洋，章奇. 中国工业企业技术效率分析 [J]. 经济研究，2001（10）：13-28.

[168] 尤建新，陈江宁. 基于 DEA 方法的零售企业经营效率的分析 [J]. 上海管理科学，2007（3）：17-19.

[169] 余泳泽，武鹏. 我国物流产业效率及其影响因素的实证研究——基于中国省际数据的随机前沿生产函数分析 [J]. 产业经济研究，2010（1）：65-71.

[170] 原毅军，刘浩，白楠. 中国生产性服务业全要素生产率测度——基于非参数 Malmquist 指数方法的研究 [J]. 中国软科学，2009（1）：159-167.

[171] 张宝友，黄祖庆. 我国物流上市公司的绩效评价 [J]. 统计与决策，2007（4）：83-85.

[172] 章迪平. 流通业发展方式转变实证研究——以浙江省为例 [J]. 商业经济与管理，2008（8）：22-28.

[173] 张军，施少华. 中国经济全要素生产率变动：1952-1998 [J]. 世界经济文汇，2003（2）：17-24.

[174] 张军，吴桂英，张吉鹏. 中国省际物质资本存量估算：1952-2000 [J]. 经济研究，2004（10）：35-44.

[175] 张军，章元. 对中国资本存量 K 的再估计 [J]. 经济研究，

2003 (7): 35 - 43, 90.

[176] 张声书. 流通产业经济学 [M]. 北京: 中国物资出版社, 1999.

[177] 张绪昌, 丁俊发. 流通经济学 [M]. 北京: 人民出版社, 1995.

[178] 张自然. 中国生产性服务业 TFP 变动分解 [J]. 贵州财经学院学报, 2008 (2): 34 - 39.

[179] 张自然. 中国生产性服务业的技术进步研究——基于随机前沿分析法 [J]. 贵州财经学院学报, 2010 (2): 35 - 41.

[180] 赵德海, 邵万清. 对流通地位的再认识 [J]. 哈尔滨商业大学学报 (社会科学版), 2004 (1): 23 - 29.

[181] 赵凯, 宋则. 商贸流通服务业影响力及作用机理研究 [J]. 财贸经济, 2009 (1): 102 - 108.

[182] 赵萍. 中国流通服务业影响力实证研究 [J]. 商业经济与管理, 2007 (8): 15 - 19.

[183] 郑京海, 胡鞍钢. 中国改革时期省际生产率增长变化的实证分析 (1979—2001) [J]. 经济学 (季刊), 2005, 4 (2): 263 - 296.

[184] 郑京海, 刘小玄, Ame Bigsten. 1980 - 1994 年期间中国国有企业的效率、技术进步和最佳实践 [J]. 经济学 (季刊), 2002, 1 (3): 521 - 540.

[185] 中国社会科学院课题组. 商贸流通服务业影响力实证分析 [J]. 中国流通经济, 2008 (3): 9 - 12.

[186] 中国社会科学院课题组. 商贸流通服务业影响力政策分析 [J]. 中国流通经济, 2008 (4): 11 - 14.

[187] 朱钟棣, 李小平. 中国工业行业资本形成、全要素生产率变动及其趋异化: 基于分行业面板数据的研究 [J]. 世界经济, 2005 (9): 51 - 62.

[188] 庄尚文, 王永培. 商品流通结构、效率与制造业增长 [J]. 北京工商大学学报 (社会科学版), 2008 (11): 11 - 18.

[189] 庄玉良, 吴会娟, 贺超. 我国物流业效率动态变化的 Malmquist 指数研究 [J]. 统计与决策, 2009 (5): 21 - 23.

后　　记

本书是在我的博士论文基础上修改而成的。本书得以顺利完成并出版，离不开很多人的关心和帮助。

首先衷心感谢我的导师祝合良教授。祝老师宽广渊博的学识、谦和豁达的人生态度、科学严谨的治学精神、孜孜不倦的学术追求，无时无刻不在激励我前行。博士学习期间，祝老师在学业上给予了我大量悉心的指导，他治学严谨，循循善诱，使我能够在流通理论研究和实际应用上不断深入。对于本书而言，从确定选题、构思框架到研究思路的梳理、关键观点的形成、初稿的修改，直至最终定稿，祝老师都给予了非常细致的指导。在生活上，祝老师也给予学生很多关心和帮助。师恩难忘，铭记于心。在此，向祝老师致以最深的敬意和最衷心的感谢。

感谢邹昭晞教授和刘英骥教授在论文写作过程中提出的一些具体意见和建议，为论文的完善起到了重要作用。在此，向两位老师表示真诚的感谢。感谢张连城教授、廖明球教授、王军教授、戚聿东教授、蒋三庚教授、董烨然教授，博士学习期间，这些老师的课程为我基础理论的深化、专业知识的完善，以及毕业论文的写作打下了坚实的基础。

深深感谢我的硕士导师高觉民教授。当我对学术还懵懂的时候，高老师引领我进入学术研究的殿堂，教导我形成规范的思维方式，培养我掌握科学的研究方法，鼓励我了解学科前沿，开拓研究视野，为我在经济学领域的学习和研究打下了良好基础。生活上，高老师一直如亲人般关心和鼓励着我。浓浓师恩，一生难忘。在此，向高老师表达最真诚的谢意和最衷心的祝愿。

感谢所有关心帮助过我的师长、朋友、同学，感谢他们给予我奋发向上的信心和勇气。感谢我的父母和家人，感谢他们给予我温暖的力量和前行的动力，使我能够全身心投入到研究工作中。

最后，再次向所有关心和帮助过我的人致以深深的谢意。

李晓慧

2017 年 8 月